KB157383

내 옆에는
왜 양심없는
사람들이 많을까?

내 옆에는 왜 양심없는 사람들이 많을까?

초판 1쇄 발행 2016년 10월 05일
초판 2쇄 발행 2016년 11월 15일

지은이 최환석
펴낸이 인창수
펴낸곳 태인문화사
기획 출판기획전문 (주)엔터스코리아
디자인 소통문화원
신고번호 제10-962호(1994년 4월 12일)
주소 서울시 마포구 독막로 28길 34
전화 02-704-5736
팩스 02-324-5736
이메일 taeinbooks@naver.com

ⓒ최환석, 2016

ISBN 978-89-85817-55-4 03320

책값은 뒤표지에 있습니다.

• 이 책은 저작권법에 따라 보호받는 저작물이므로 무단 전제와 복제를 금합니다.
• 이 책의 전부 혹은 일부를 이용하려면 반드시 태인문화사의 동의를 얻어야 합니다.
• 잘못 만들어진 책은 구입하신 서점에서 교환해 드립니다.

타인으로부터받는고통과
상처에서벗어나행복한
삶을살고싶어하는이들을
위한정신건강의학적처방

내 옆에는
왜 양심없는
사람들이
많을까?

최환석 지음

태인문화사

그리 길지 않은 인생,
당신은 누구와 지낼 것인가

> 세상은 살아가기에 위험한 곳이다.
> 사악한 사람들 때문이 아니라
> 그와 관련하여 아무 일도 하지 않는 사람들 때문이다.
>
> **아인슈타인**

누구라도 한 번쯤은 어떤 사람 때문에 미칠 지경이 되어본 경험이 있을 것이다. 가족 중에 누군가가 당신을 힘들게 한 적이 있는가? 사귀는 사람 때문에 정신적 고통을 당한 경험은? 직장 동료나 상사 때문에 돌아버릴 것 같은가? 이런 일로 정신건강의학과를 찾아본 경험은? 아니면 심각하게 고민 중인가?

　스트레스나 우울증으로 진료를 받는 사람들 중에는 주위의 '꼴통' 들로 인한 정신적 압박감을 오랫동안 견디다가 그만 심리적으로 무너져 오는 경우가 많다. 정말 피할 수 없는 안타까운 상황도 많다. 가령 그 대상이 부모이거나 자식이라면 정말 어쩔 수 없다. 내가 선택할 수 있는 문제도 아니고 내가 피하더라도 국가와 사회는 부모 자식 간의 문제라며 책임을 지운다. 또한 자신의 직장 상사라면 부모나 자식의 경우보다는 낫지만 그래도 피하거나 선택하기가 쉽지 않다. 성질난다고 무조건 때려치우고 나갈 수도 없지 않은가. 하지만 많은 경우에서 조금만 관심을 기울이거나 편견에 휘둘리지 않았다면 최악의 상황은 피할 수 있었을 거라는 생각이 든다.

진료실에 들어오는 사람들 중 타인으로 인한 정신적 고통을 호소하는 사람들은 두 부류의 경우가 가장 많다. 배우자 및 애인으로 인해 고통받거나, 직장 동료 및 상사로 인해 고통받는 경우이다. 그외에도 이웃이나 계약을 위해 만난 사람들과 큰 갈등을 빚는 경우들이 있다. 진료실로 들어오지 않는 경우까지 생각한다면 누군가를 잘못 만나 정신적 고통을 받고 스트레스에 힘겨워하는 일은 우리 일상에서 다반사인 것 같다. 안타깝지만 우리는 살면서 이런 경험에서 완전히 자유로울 수 없다.

우리가 될 수 있으면 만나지 말아야 할 사람들 중에 사이코패스는 전 인구 중에 1%에서 4%정도로 연구자들에 따라 그 수치는 다양하다. 최소 1%로 잡더라도 100명 중 1명이며, 우리나라 성인 인구 중 30만 명을 차지한다는 이야기다. 4%라면 25명 중 1명이며 성인 인구 중 120만 명을 차지한다. 여기에다가 앞으로 나올 여러 가지 인격장애자들을 합산한다면 중복진단을 고려하더라도 그 수는 약 2배가량 늘어난다. 지금까지 한 번도 내 인생에 이런 사람들을 만난 적이 없다면 정말 복 받은 사람이다. 아니면 당신이 사이코패스이거나.

지금까지 면담한 경험으로 비추어 보면 고통을 호소하며 오는 사람들은 대부분 착하고 이타적인 성격이었다. 이 말은 안타깝지만 만나지 말아야 할 사람들이 쉽게 노리는 유형이라는 뜻도 된다. 대부분 사이코패스나 위험한 인격장애자라고 하면 납치나 살인을 떠올리지만, 사실 이런 사람들을 만날 확률은 그다지 크지 않다. 물론 이런 사람들을 늘 경계하고 조심해야 하지만, 정말 조심하고 피해야 할 사람들은 우리 사회 내에서 눈에 띄지 않게 자신의 이익을 취하는 사람들이다. 이들은 자신을 위장하는데도 뛰어나 처음에는 주위 사람들이 문제점을 알아채지 못한다. 결국 시간이 지나면 그들의 문제가 드러나지만 착한 희생자들은 그냥 자신이 감수하거나 십자가를 진다고 생각하며 참고 산다.

이렇게 우리가 그들에게 쉽게 희생당하는 가장 큰 이유는, 보편적으로 사람을 대하는 태도가 편견에 기대고 있기 때문이다. 우리는 흔히 완벽한 사람이 없다고 생각한다. 물론 틀린 말은 아니지만, 이러한 생각이 완벽하게 나쁜 사람도 없으며 항상 좋은 면과 나쁜 면을 가지고 있다고 믿게 만든다. 그래서 그들이 변할 거라는 믿음을 가지기도 하고, 종교에 의지해 변화를 꾀하기도 한다. 그러나 인간의 본성에 대해 판단하고 논할 마음은 없지만, 완벽에 가깝게 나쁘거나 혹은 좋은 면이 거의 차단된 사람이 존재하는 건 분명하다.

경험에 비추어 보면 안타깝지만 이들 대부분은 나아질 가능성이 매우 떨어진다. 또한 자발적으로 치료를 받으러 올 가능성도 희박하다. 나아질 가능성이 없다면 관계를 단절하거나 멀리 떠나는 것이 낫다. 하지만 착한 우리 희생자들은 뭔가 해결방법이 있지 않을까 지푸라기라도 잡으려고 한다. 그래서 나는 지푸라기라도 잡는 심정으로 해결책을 찾는 사람에게 이렇게 말해 주고 싶다. '인생은 그리 길지 않다. 좋은 사람 착한 사람 만나서 살기에도 모자란 시간인데, 왜 당신을 힘들게하는 사람을 위해 인생을 허비하느냐'고.

아마 당신은 내 말이 무책임하고 비도덕적이라고 여길지 모르겠다. 물론 가급적 피할 수 있으면 좋겠지만 가족처럼 그러기 쉽지 않은 관계도 많다는 것을 잘 안다. 그러나 시간이 지나면 결국 관계가 파탄이 나거나 한 사람의 인생이 처참하게 무너지는 것이 일반적인 과정이다. 그들은 당신이 가진 책임감과 도덕적 의무감마저 이용하려 들기 때문이다.

내가 위에서 한 말은 이런 모든 관계에서 도망치거나 피하라는 뜻이 아니다. 적어도 그럴 수 없다면 그들보다 당신이 우위에 서야 한다. 여기서 우위란 지위의 높음을 뜻하는 것이 아니라, 그들의 기만과 술책에 흔들리지 않는 그런 심리적인 우위를 뜻한다. 그래야만 그들이 당신을 함부로 할 수 없다는 것을 자각하고 당신으로부터 착취할 의도를 품지 못할 것이며, 좋은 사람들과의 관계를 소중하게 지켜낼 수 있을 것이다.

그렇게 하기 위해서는 누가 '꼴통'인지 가급적 빨리 알아보는 것이 가장 중요하다. 물론 쉽지 않겠지만 그들에 대한 특성에 관심을 가지고 자신의 편견에 휘둘리지 않는다면, 큰 문제가 생기기 전에 파악하고 적절한 대처를 할 수 있다고 생각한다. 그렇다면 그들을 좀 더 쉽고 빠르게 파악할 공통적인 특징이 무엇인지 알아야 한다.

　사이코패스를 비롯해 경계성 인격장애, 자기애적 인격장애, 반사회적 인격장애, 심한 강박성 인격장애 등 주위 사람을 힘들게하거나 폭행 및 학대하고 툭하면 거짓말하며 자신의 이익에만 관심을 기울이는 사람들에게 공통점이 있을까? 있다. 바로 '공감능력'이 매우 떨어지거나 없다는 것이다. 그래서 공감능력이 무엇인지, 공감능력이 떨어질 때 어떤 특징들을 보이는지, 왜 우리는 쉽게 속임수에 넘어가는지를 알아보는 것이 이 책의 목적이다.

　여기에는 많은 사례들이 등장한다. 환자의 사례도 있지만 내 주변에 있거나 스쳐지나간 사람들의 이야기도 포함되어 있다. 그래서 개인의 프라이버시를 위해 각색을 거칠 수밖에 없었음을 양해바란다. 그러나 모든 이야기는 실제로 치료를 했거나 경험했던 이야기임을 밝힌다. 또한 '그들'이라는 단어가 자주 등장할 것이다. 공감제로들을 지칭하는 말이지만 정확하게 구분하기 힘든 지나친 이분법이라는 것도 잘 안다. 그러나 편의상 이해를 돕기 위해 이렇게 사용함을 알린다.

세상은 공감능력자가 지배하길 바라며

최환석

차 례

5장 세상은 공감능력자들 것이다

에필로그

주위의 사랑하는 사람들을 통해서 믿음을 회복하고
서로 공감하라. 그게 우리가 살아가는 이유다

1장

공감의 탄생,
문제는 공감능력이다

악마는 언제나 평범한 사람의 모습을 하고 있다.
우리와 함께 잠을 자며 우리와 함께 밥을 먹는다.

위스턴 휴 오든

원자를 쪼갤 줄은 알지만
마음속에 사랑을 품지 않는 사람은 괴물이 된다.

크리슈나무르티

피해야 될
사람들

"폭력적인 면은 결혼하고 나서 조금
씩 심해지기 시작했어요. 그런데 이제는 심해지는 정도를 지나 10
년 전부터는 생명의 위협을 느꼈어요. 부엌칼로 위협하는 일이 잦
아지고 심지어는 내 허벅지를 찌른 적도 있어요. 정말 참기 힘든 건
거의 매일 저한테 성관계를 요구하는 거예요. 하루에 서너 차례 요
구한 적도 있어요. 잠을 자기 힘들 정도로요. 만약 내가 거부하거나
짜증을 내면 폭력이 더 세게 나와요. 저는 한 번도 좋아서 해본 적
이 없어요. 강압에 못 이겨 하는 거니까 그냥 빨리 지나가기를 바라
고 눈감고 버티고 있어요. 그러면 자기 욕심 다 채우고는 돌아누워
자버려요. 어떨 때는 여자가 통나무 같다며 욕을 하고 그랬어요. 이
런 얘기를 다른 사람들한테 말하면 아무도 안 믿어요. 바깥에서는
정말 예의바르고 버릴 데가 없는 사람이라는 말을 듣거든요.

한 번은 시누이한테 하소연을 했더니 저더러 이상한 사람이라며

자기 동생은 절대 그럴 일이 없다는 겁니다. 그런데 내가 그런 소리했다는 게 남편 귀에 들어가는 바람에 정말 죽을 고비를 넘겼어요. 그때는 칼로 위협만 하는 게 아니라 실제로 다리를 찔렀으니까요. 다행히 그때 딸이 집에 와 있다가 그 광경을 보고 경찰에 신고하겠다고 난리를 치니까 그냥 한풀 꺾였던 겁니다. 병원 가서 꿰매긴 했지만 상처는 깊지 않았어요. 아마 경고성으로 그랬던 것 같아요. 다음에는 무슨 짓을 할지 모른다는 생각이 들어서 밤에 잠을 잘수가 없어요. 이제는 정말 어떻게 해야 할지 모르겠어요. 정말 마지막이라고 생각하고 여기를 찾아온 거예요."

남편의 폭력에 수십 년간 시달려온 60대 초반의 아주머니는 시종 눈물을 훔치며 하소연하듯이 말했다. 사실 이전에도 한 대형 병원 정신과를 한 차례 찾은 적이 있다고 한다. 수면장애 때문에 정신과를 찾았다가 의사에게 남편의 기행과 폭력에 대해 말하자 남편과 같이 오라고 했고, 남편은 처음에는 안 가려고 했지만 이내 의사에게 자신의 치부를 들춘 건 아닌가 하는 의심이 들었던지 따라와서는 따로 의사와 면담을 했다.

그런데 어떻게 면담을 했는지 그 이후부터 면담한 의사조차도 자신을 별일 아닌 걸로 난리치는 사람으로 여기더라는 것이었다. 자신의 목적은 남편을 어떻게든 치료받게 하는 것이었는데 자신만 이상한 사람이 되어서는 단순히 수면제만 처방받았다고 한다. 부부 간의 문제로 면담을 할 때는 중립적인 태도를 일단 취하는 것이 중요하다. 대부분의 갈등이 전적으로 한쪽의 잘못으로 일어나는 것이 아니기 때문이다.

그러자 이번에는 단단히 준비를 해온 것 같았다. 같이 온 딸이 들어오더니 몇 장의 사진과 동영상을 보여 주었다. 의사가 믿지 못할까봐 미리 준비를 해왔다는 것이다. 사진은 행동의 진위를 밝혀 주기 힘들지만 동영상은 그렇지가 않다. 그녀의 남편이 그녀의 목을 한 손으로 죄고 욕을 하며 손바닥으로 얼굴을 때리는 모습은 정말 충격적이었다. 아버지가 어머니를 폭행하는 장면을 몰래 찍는 자식의 심정을 당신은 느껴볼 수 있는가?

나는 왜 이런 걸 들고 경찰서에 가지 않았는지 물었다. 그러자 벌써 갔다 왔다는 대답이 돌아왔다. 이해는 가지 않았지만 지구대의 경찰들조차도 개입하기 싫어하는 눈치였으며, 이 동영상과 사진으로는 큰 벌을 내리기 어렵다며 오히려 시끄러워질 수 있으니 다른 방법을 찾으라는 말만 했다는 것이다.

나는 다시 왜 지금까지 도망가지 않고 곁에 있었는지를 물었다. 그녀는 허탈한 표정을 지으며 애들이 어릴 때는 애들 때문에 참고 지냈지만, 애들이 크고 난 이후에는 여러 번 벗어나기 위해 친정으로 혹은 딸네 집으로 도망을 갔었다고 한다. 그러나 그럴 때마다 찾아와서는 잘못했다고 무릎을 꿇고 빌면서 다시는 그런 일이 없도록 하겠다며 다짐을 하길래 마음을 풀고 집으로 들어갔다고 한다. 그러면 한동안은 눈치를 보다가 시간이 지나면 다시 예전으로 돌아가기를 반복했다고 한다.

나는 남편을 한번 뵙기를 청했다. 그리고 이 동영상을 남편에게 공개해도 되겠느냐고 물었다. 두려움에 거절할 것으로 예상했지만 의외로 흔쾌히 보여 줘도 좋다고 말했다. 지금은 집을 나와 거처를 남편도 모르는 곳으로 옮겼으며 어떤 일이든 각오가 되어 있다는 것이다. 딸 역시도 이미 자신이 사진을 찍거나 촬영을 했다는 것을 알고 있을 거라고 말하고 공개해도 아무 문제없다는 입장이었다. 물론 나는 공개할 의사는 없었고 단지 언급했을 때 어떤 반응이 나오는지만 볼 생각이었다.

남편은 이전에 의사를 감쪽같이 속인 경험이 있었기 때문인지 아들과 딸의 설득에 쉽게 내원을 허락하였다. 문을 열고 들어올 때의 모습은 정말 평범하기 그지없는 인상이었다. 그러나 그의 눈을 바라보는 순간 어딘가 서늘한 느낌을 지울 수가 없었다. 그는 매우 공손한 태도로 인사를 한 후 자신이 얼마나 도덕적이며 성실한 사람인지를 열심히 설명했다. 그리고 비록 하급직이지만 자신이 공무원임을 강조하며 국가에 봉사하는 사람이라고 소개했다. 아내와의 갈등에 대해 묻자 그냥 집안 문제이며 여느 부부라면 겪을 자연스런 갈등이라고 말했다. 또한 자신의 아내가 예민하게 반응하는 이유를 모르겠다며 아내의 비정상적인 반응에 대해 상당히 조리 있게 설명을 했다. 나는 조심스럽게 입을 열었다.

"무슨 말씀인지 잘 알겠습니다. 그런데 지금 아내가 집을 나가 있잖아요. 제 생각엔 그 정도 반응이라면 무슨 이유가 있지 않겠냐는 생각이 드는데요."

그는 전혀 당황하지 않고 웃음을 지으며 차분하게 말했다.

"그런 적이 예전에도 있었습니다. 그런데 우리 사는 게 다 스트레스 아닙니까? 아내도 스트레스를 받다 보니 다른 데 가서 기분을 전환하고 싶을 거예요. 어찌 보면 제가 바람 좀 쐬고 오라고 보내 주는 거예요. 며칠 있으면 들어올 겁니다."

"사실은 가족 분들이 제게 동영상을 하나 보여 줬었요. 거기에는 남편 분이 나오시는데요, 솔직히 좀 충격적이었습니다. 이렇게 신사적인 분이 난폭한 행동을 하시는 것을 보니까요. 지금 제가 가지고 있는데 한번 보시겠어요?"

그러자 남편의 눈과 얼굴에 당황스러움과 분노의 눈길이 잠깐 스쳐지나갔다. 이번에는 나를 정면으로 바라보며 눈도 깜박이지 않은 채로 말을 이어나갔다.

"아니, 굳이 안 봐도 돼요. 그건 그날 어쩌다 보니 실수로 그런 겁니다. 그날 하루 딱 그랬어요. 아니 사실 말이 나왔으니 말인데, 과장님은 실수하지 않나요?"

"저도 물론 실수는 하지요. 하지만 사람을, 특히 가족을 때리지는 않아요."

그러자 남편은 목소리가 격앙되면서 사뭇 공격적인 태도를 취하였다.

"알아요. 저도요. 사람을 때리면 안 된다는 거. 하지만 과장님은 그 상황에 안 있어 봤잖아요. 그 여자가 얼마나 사람을 자극하는지 모르실겁니다. 그 정도만 하고 지나간 게 다행이죠. 다른 사람 같았으면 더한 짓도 했을 겁니다. 그리고 나서 사과도 했어요. 그럼 문제없는 거 아닙니까?"

나는 더 이상 질문을 진행하지 않고 남편을 진정시켰다. 사실 이미 결과는 나왔다. 그는 공감능력이 극도로 낮을 가능성이 높았다. 더 이상의 질문은 사태만 악화시킬 뿐이었다. 나중에 다시 찾아온 아내와 딸에게 남편의 성격 특성에 대해 설명하고 치료 자체가 매우 어려울 것임을 설명했다.

사실 위의 이야기는 수많은 사례들의 대표적인 사례일 뿐이다. 알게 모르게 저런 고통을 받는 사람들이 꽤 많다. 물론 고통받는 당사자가 아내일 경우가 훨씬 많겠지만 남편의 경우도 될 수 있다. 그럴 때마다 내가 항상 궁금해 하던 질문이 있다. 왜 처음 만날 때는 이런 사람인지 못 알아봤을까? 배우자를 만나는 일인데 조금이라도 주의를 기울이면 어떤 사람인지 대충 알 수 있지 않았을까. 이 아주머니에게도 당연히 물었다.

"남편 분은 어떻게 만나셨어요?"

"나 때는 혼기가 차면 주위 어른들이 적당한 혼처를 소개해 주고 그랬어요. 나도 그렇게 선을 봤죠."

"혹시 성격에 문제가 있겠다고 느껴본 적은 없으셨어요?"

"전혀요. 보셨다시피 인상도 좋고 예의바르고 친절하고 그러니 전혀 의심하지 않았어요. 주위 어른들도 사람 좋다고 빨리 날짜 잡으라고 성화였고… 그런데 이상했던 건 시댁 쪽에서 빨리 날 잡자고 해서 얼굴 본 지 한 달도 안 되서 결혼식을 올렸어요. 뭐 저렇게 서두르나 했지만 그냥 내가 마음에 들어서 그런가 보다 생각했죠."

개인적인 호기심에서 물어본 질문이지만 역시 보편적인 대답이었다. 그렇다면 그다지 큰 이익을 보는 것도 아닌 것 같은데, 왜 이들은 나쁘게 행동할까? 이런 사람들이 따로 존재하는 건가, 아니면 우리의 본성의 일부를 드러낸 것뿐일까? 따로 존재하는 거라면 정말 악마는 존재하는 것일까? 과연 이들은 선천적으로 타고나는가, 후천적으로 길러지는가? 물론 정답은 없겠지만, 이런 질문들에 대한 여러 가지 대답의 가능성을 알아보자.

피해야 될 부류의 사람들은 사이코패스를 비롯해, 경계성 인격장애borderline personality disorder, 반사회적 인격장애antisocial personality disorder, 자기애적 인격장애narcissistic personality disorder, 극단적인 강박성 인격장애obsessive personality disorder 등 여러 가지 인격적 문제들이 있다. 하지만 이런 사람들을 많이 대하면서 한 가지 공통점을 알 수 있었다.

일반적으로 정신과 영역에서는 한 사람이 꼭 한 가지 진단에 들어맞는 경우가 거의 없다. 정신과적 진단의 문제점은 겉으로 드러나는 증상을 조합해 진단을 내리는 체계이므로 진단명으로만 뇌에서 어떤 일이 일어나는지 파악하기는 힘들다. 이러다 보니 한 가지 진단명에 해당이 되더라도 다른 진단의 특성들을 공유하는 것이 종종 관찰된다.

그래서 우리가 조심해야 할 인격장애자들이 공통적으로 가지는 특성이 있다면 거기에 집중했을 때 이런 사람들을 더 쉽게 파악할 수 있을 것이다. 복잡한 여러 가지 진단명보다는 특성에 대한 정보를 더 단순하게 제공해 준다면 더 쉽게 파악할 수 있지 않을까?

그렇다면 과연 이들의 공통적인 특성은 무엇일까?

'공감능력의 부재' 바로 이것이 우리가 피해야 할 사람들의 공통적인 특징이다.

진단이 중요한 것은
아니다

친구들과 오랜만에 모여서 저녁을 먹는데 당시 수사를 받게 된 한 정치인이 수다의 주인공이 되었다. 그 정치인은 안으로는 지속적으로 검은 돈을 받고 주위 사람들에게 씻기 힘든 상처를 주었지만, 밖으로는 서민들을 위하는 척 혹은 국가에 대한 충성심으로 충만한 척 기만적인 모습으로 일관하였다. 그러다가 꼬리가 잡히자 지속적으로 거짓말을 일삼다가 빼기 힘든 증거가 발각되어 수사 선상에 올랐다는 것이 큰 뉴스거리였다. 나는 같은 자리에 있던 다른 정신과 의사들과 함께 그 사람에게 어떤 인격장애가 어울리는지 갑론을박하고 있었다. 사이코패스다, 아니다 경계성 인격장애다 하면서 한참 열을 올리고 있는데, 옆에서 가만히 듣고 있던 친구가 한 마디 툭 던지는 것이었다.

"그냥 개새끼네!"

농담 삼아 던진 한 마디였지만 이때 뭔가 내 뒤통수를 치는 것 같았다. '저런 사람들에게 인격장애의 진단을 내리는 이유가 뭐지? 다른 사람들에게는 아무 의미가 없잖아?' 그렇다. 정해진 기준에 맞춰 정신과적 혹은 심리학적 진단을 내린다는 게 어쩌면 단순한 지적유희일 수 있다. 또한 대중들은 소위 전문가란 사람들이 내리는 판단을 단순하게 수용함으로써 다양한 시각이 주는 모호함을 뚜렷한 한 가지 특징으로 대체해 버린다.

우리는 진화적으로 모호한 것을 싫어하도록 프로그래밍 되어 있어서 그런지 선천적으로 모호함을 싫어한다. 전문가가 판단을 내려

정리를 해 주는 순간, 우리는 "그러면 그렇지, 내 진작 그런 놈인 줄 알았어." 하고 손가락질을 한다. 문제는 그런 진단을 내리는 행위가 앞으로도 그런 사람인지 알아보는데 전혀 도움이 되지 않는다는 것이다. 당신은 진작 그런 놈이었다는 걸 절대 몰랐을 테니까.

사실 정신과적 질병은 겉으로 드러난 증상으로 진단하다 보니 전혀 다른 질병처럼 보이는데도 같은 진단명이 붙기도 한다. 어떨 때는 진단명이 잘못 붙기도 한다. 우울증이나 신체 질병으로 생긴 섬망 환자가 치매로 오인되기도 한다. 아직 두뇌의 기능에 대해 밝혀진 것이 얼마 되지 않았기 때문에 많은 정신과적 질환은 발병원인을 구체적으로 모른다. 게다가 뇌는 개인마다 성장하면서 모두 다르게 뉴런이 조직되기 때문에 다양성이 매우 크고, 한 가지 원인에 의해 문제가 생기는 경우보다 다양한 원인과 환경이 서로 영향을 미치는 경우가 더 많다. 그래서 19세기 후반에 정립된 분류방법을 여전히 쓸 수밖에 없는 것이다.

그렇다면 서로 다른 진단들이 같은 문제를 공유할 가능성도 있지 않은가? 케임브리지 대학교의 발달정신병리학 교수인 사이먼 배런코언Simon Baron-Cohen은 저서 《공감제로Zero Degree of Empathy》에서 사이코패스와 경계성 인격장애 그리고 자기애적 인격장애가 공감능력의 저하라는 공통적인 문제를 가지고 있다고 지적하였다.

그러나 공감회로가 선천적으로 기능이 떨어져 있든 성장하면서 회로가 꺼졌든 공감능력이 떨어지는 질환은 매우 많다. 정신분열병과 분열형 인격장애가 심할 경우와 조증상태에 있을 때도 공감능력이 떨어지며, 자폐증이 있는 경우에도 공감을 할 수 없다. 반사회적 인격장애나 강박장애 및 심각한 강박성 인격장애의 경우에도 공감능력이 떨어진다. 하지만 정신분열병, 자폐증, 조증, 강박장애 등의 병을 앓고 있는 사람들은 누구를 속이거나 자신의 이익을 위해 타인을 이용하지 않는다. 즉 떨어지는 공감능력이 타인에게 해를 입히는 경우가 거의 없다. 그래서 우리는 쉽게 그들을 알아볼 수 있다.

우리가 집중해야 할 질환들은 사이먼 배런코언이 지적한 세 가지 질환 외에도 반사회적 인격장애와 심한 강박성 인격장애이다. 이들은 거짓말을 잘하고 사람을 잘 이용함으로써 다른 사람의 마음이나 신체에 상처를 입힐 수가 있다. 그러나 정신과 의사들도 한 명의 진단을 내릴 때 갑론을박을 해야 하는데 일반인들이 진단을 분류해내기를 바라는 건 말이 안 된다. 분명한 건 그들의 공통점은 공감능력 부족에 있으며, 이 특성에 집중하면 진단이 뭐든 간에 우리를 힘들게 만드는 사람들을 피하거나 대처해 나갈 수 있으리라 본다. 아마도 공감능력이 우리의 관계를 부드럽고 돈독하게 하며, 서로 사랑하게 해 주는 독특한 우리만의 능력이기 때문일 것이다.

공감회로가 꺼진 사람들이 다른 사람들에게 직간접적으로 피해를 줄 수 있다는 것은 분명한 사실이다. 그러나 그렇다고 모두가 피해를 주는 사람이 되는 것은 아니다. 많은 사이코패스들은 다른 사람의 마음을 읽는 능력이 잘 보존되어 있기 때문에 사회적으로 어떻게 해야 어울리고 살 수 있는지 학습해 나갈 수 있다. 실제로 많은 사이코패스들이 정상인들과 어울려 사는 법을 배우며 살고 있다. 그러므로 몇 가지 특성이 일치한다고 함부로 누군가를 범주화해서는 안 된다. 우리는 누구도 완벽하지 못하기 때문이다.

엄격히 말하자면 사이코패스는 질환이라고 보기 어렵다. 캐나다 브리티시컬럼비아 대학교의 심리학자이자 사이코패스의 권위자인 로버트 헤어Robert D. Hare박사는 사이코패스는 가려내는 것이 아니라 측정하는 것이라고 말하였다. 진단을 내리고 환자를 가려내는 것이 아니라 사이코패스의 특성이 어느 정도 내재되어 있는지 알아보는 것이라는 뜻이다. 그래서 진단명에는 사이코패스나 소시오패스와 같은 병명은 나오지 않는다. 미국의 정신의학 진단편람인 DSM에서는 사이코패스를 정의하지 않은 대신에 반사회적 인격장애와 같은 뜻이라고 말한다.

그러나 아무리 봐도 두 가지가 같은 의미라고 생각되지 않는다. 로버트 헤어 교수에 따르면 교도소에 수감된 많은 사람들이 반사회적 인격장애를 가졌으나 그중의 일부만 사이코패스로 판명된다고 하였다. 반사회적 인격장애의 특징은 반복적인 범법행위나 거짓말로 속이는 사기성이 있으며, 충동적이고 쉽게 흥분하며 공격적이면서 자신이나 타인의 안전을 무시한다. 그리고 시종일관 무책임하면서 양심의 가책을 느끼지 않는 특징을 가지고 있다.

사이코패스 중에 이런 특징을 공유하는 자들은 주로 반사회적 사이코패스인데 반해, 사이코패스의 대부분을 차지하는 친사회적 사이코패스는 이런 범죄적이거나 충동의 제어가 안 되는 공격성을 잘 보여 주지 않는다. 반사회적 인격장애로 진단받은 제소자라도 죄의식, 후회, 공감을 비롯한 강력한 감정을 느끼는 경우가 많으므로 사이코패스와는 다르다.

또한 소시오패스sociopath라는 말을 많이 쓰기도 하는데, 어떨 때 쓰는 건지 정의가 명확하지 않다. 사회적으로 큰 문제를 일으키지 않는 친사회적인 사이코패스들을 소시오패스로 지칭한다는 의견도 있다. 하지만 편의상 쓰는 구분을 이런 정의를 내리는데 사용하기에는 그 구분의 경계가 너무나 불분명하다. 대부분 여러 가지 측면들이 섞여 있어 어느 한쪽으로 분명한 정의를 내리기가 어렵다. 또 다른 의견으로는, 사이코패스는 유전적 요인으로 인해 발생하는 선천적인 것으로서 타인의 고통에 공감하지 못하며 법적·윤리적 개념이 형성되지 않아 옳고 그름을 판단하지 못하는 것이다. 반면에 소시오패스는 후천적인 영향으로 탄생하며 나쁜 행동이라는 사실을 알면서도 자신의 이익을 위해 서슴없이 잘못된 행동을 하는 이들을 뜻한다는 것이다.

그러나 누가 선천적이며 누가 후천적인 영향을 받았는지 어떻게 구분한단 말인가? 많은 사이코패스 연구자들은 선천적으로 타고난 사이코패스가 분명히 있다고 강조한다. 그들이 인정하는 것은 대부분의 경우 선천적인 경향과 후천적인 경향이 혼재되어 있으며, 결국 유전자와 환경은 서로 영향을 주고받는 관계라는 일반적인 결론을 내린다. 하지만 우리들에게는 선천적인지 후천적인지는 중요하지 않다. 그들은 여전히 사이코패스이며 피하는 것이 상책이라는 것이다. 이 외에도 '사이코'라는 단어가 주는 느낌이 그렇게 좋지는 않고, '사이코'라는 단어를 붙임으로써 정신병이라는 느낌을 주기 때문에 피하는 것이 좋다는 의견도 있다.

결론적으로 이 책에서는 사이코패스라고 통일해서 언급할 것이다. 또한 앞으로 공감제로의 특징들을 열거하면서 진단명에 대한 설명도 나오게 될 것이다. 이는 개념에 대한 설명을 위한 것일 뿐이다. 우리들에게 중요한 것은 누가 공감능력이 심하게 떨어지며 어떻게 대처하고 피할 것인가이다. 그렇다면 이제부터 공감이란 뭔지 구체적으로 알아보자.

공감이란 무엇인가

어느 날 집으로 오는 길에 어떤 아주머니가 격앙된 목소리로 전화를 하고 있었다. "너하고는 대화가 안 돼. 도대체 내 말을 듣지 않아. 혼자 말하는 것 같다고!"라며 고함을 지르고 있었다. 분명한 건 상대방이 이 아주머니가 말할 때 귀를 막고 안 듣는 건 아닐 것이다. 아마도 아주머니는 자신의 진심을 이해받지 못하고 있다고 느끼며, 상대방은 자기 하고 싶은 말만 한다고 느끼고 있었을 것이다.

이런 것이 성격장애자와 같이 지내면서 생기는 문제의 핵심이라 할 수 있다. 앞에서 보았던 것과 비슷한 수많은 사례들에서 피해를 당한 쪽이 공통적으로 보이는 반응은 마치 벽하고 말하는 느낌이라는 것이다. 이것은 어느 한쪽이든 양쪽이든 대화를 할 때 상대방의 소리에 귀 기울이지 않는다는 뜻이다. 사실 귀를 기울인다는 것에는 자세히 듣는 것만을 의미하지는 않는다. 상대방의 마음을 이해하는 능력을 포함해야만 자세히 귀를 기울이는 게 되는데 그러기 위해서는 '공감능력'이 반드시 필요하다.

공감은 동감과 전혀 다르다. 동감同感은 같은 감정을 느낀다는 것이다. 영어로도 같다는 뜻의 'syn-'이라는 접두어를 붙여 sympathy라고 한다. 우리가 극장이라는 한 공간에서 슬픈 영화를 본다면 거기 있는 사람들은 대부분 주인공과 같이 연민이나 사랑과 같은 감정을 느낄 것이다. 극장 문을 나서면서 한 사람이 친구에게 이 영화를 보는 동안 정말 슬펐다고 말한다면, 그 친구는 "동감이야. 나도 정말 슬펐어." 하고 말할 것이다.

그러나 영화를 보는 동안 각자의 마음 상태는 주인공의 마음에 완전히 감정이입이 되어 있었을 것이다. 이런 과정에 의해 각자는 타인의 감정에 대해 완벽히 이해하면서 자신도 같은 감정을 느낄 수 있게 된다. 이러한 상태를 공감共感상태라 한다. 즉, 누군가의 마음에 들어가 그 사람의 마음을 같이 체험하는 상태에 있는 것이다. 영어에서는 'enter'의 뜻인 'en-'라는 접두어를 써서 empathy라고 한다. 즉 다른 사람의 마음에 들어가 본다는 뜻이다.

배런코언 교수의 저서 《Zero Degrees of Empathy》를 우리말 번역서에서 '공감제로'라는 멋진 말로 표현했다. 나 역시 공감제로라고 표현했다. 물론 완전한 제로의 공감능력을 가진 사람은 정말 얼마 안 될 것이다. 우리 모두는 공감능력의 종형곡선bell curve의 어느 한군데를 차지할 것이다. 그중 비록 제로는 아니더라도 제로에 가까운 그들에 대한 집단 대명사 격으로 공감제로라는 표현을 쓰는 것이다. 그렇다고 그들이 모두 위험하거나 피해야 될 사람인 것은 절대 아니다. 따라서 어떤 책에 나왔든 그 기준을 절대적인 것으로 받아들일 필요도 없으며 전체적인 관점으로 파악하여 그 사람을 이해해야 한다. 함부로 자신과 누군가를 범주화하는 것은 매우 위험한 일일 뿐만 아니라 좋은 기회를 날리는 일이 될 수 있기 때문이다.

공감은 생각보다 단순하지 않다. 공감에도 차가운 공감과 뜨거운 공감이 있다. 철학자들이 공리주의적 관점을 논의할 때 흔히 등장하는 기찻길 이야기를 통해 알아보자.

첫 번째 이야기

기찻길이 갈라져 두 개의 선로가 되는 곳에 한 테러 집단에 의해 두 군데 모두 사람들이 묶여 있다. 그런데 한 기찻길 위에는 다섯 명이 묶여 있고 다른 기찻길에는 한 명이 묶여 있다.

이때 기차가 맹렬한 속도로 달려오고 있다. 그대로 놔두면 다섯 명이 있는 곳으로 지나가 다섯 명 모두 희생될 것이다. 하지만 그 순간 당신 앞에 레버가 있어서 이걸 당기면 선로가 바뀌어 다섯 명을 살리고 대신 한 명을 희생하게 된다. 어떻게 할 것인가?

두 번째 이야기

여전히 같은 기찻길이지만 기차가 지나가는 선로에만 다섯 명의 인질이 묶여 있다. 그리고 당신의 위치도 바뀌었다. 기찻길을 가로지르는 육교의 난간에서 관찰하고 있는 것이다. 하지만 선로를 바꾸는 레버가 바로 아래 위치해 있어 육교 위에 있는 당신은 직접 레버를 조작하지 못한다.

그런데 바로 옆에 뚱뚱한 한 남자가 같이 이 상황을 구경하고 있다. 다섯 명을 살리기 위한 유일한 방법은 이 남자를 밀어 떨어트려 레버를 내리는 것이다. 어떻게 할 것인가?

첫 번째 이야기에서는 아마 크게 달갑지는 않겠지만 대부분의 사람들이 레버를 당기는 쪽을 선택할 것이다. 그러나 두 번째 이야기에서는 한 명이 죽고 다섯 명이 사는 똑같은 결과를 나타내지만 선뜻 뚱뚱한 남자를 밀어버리겠다고 말하지 못할 것이다. 이런 상황에서 누군가는 조금의 갈등도 없이 뚱뚱한 남자를 밀어버리기로 결정한다. 차이점은 뭘까?

하버드 대학교 심리학자인 조슈아 그린 Joshua Greene은 수많은 사람들을 MRI기계에 밀어 넣고 뇌 영상을 찍으면서 위의 질문을 한 후 선택하도록 하였다. 그는 첫 번째 이야기에서 일으키는 딜레마는 비개인적인 도덕적 딜레마라고 하였다. 이런 딜레마에서 결정을 담당하는 뇌 부위는 논리와 이성적 사고를 담당하는 부위로서 차가운 공감을 담당하는 부위였다. 내가 누군가를 사망에 이르게 하는데 직접적인 개입이 아니라 간접적인 개입이 이루어지는 것이므로 약간의 부담을 느낄 수는 있다. 그러나 한 명이냐 다섯 명이냐의 결정에서 더 많은 사람을 살린다는 공리적인 결정이 그런 부담을 능히 억누르고도 남는다는 것이다.

그러나 두 번째의 경우는 개인적인 도덕적 딜레마로 내가 누군가를 죽이는데 직접적인 행위를 하는 것이기에 감정이 개입될 수밖에 없다. 대부분의 사람들에게는 이런 결정을 내릴 때 감정을 담당하는 부위, 즉 뜨거운 공감을 담당하는 부위가 마치 크리스마스 트리처럼 밝아졌다. 반면에 조금의 갈등도 없이 개입을 하는 사람들에게는 뜨거운 공감을 담당하는 부위가 깜깜한 채로 남아 있었다. 사이코패스의 경우에는 이 순간 그 남자의 마음에 들어가 얼마나 두렵고 화가 날지 공감하지 못하니까 어떤 감정도 일어나지 않은 채 냉혹한 결정을 내릴 수 있는 것이다.

그렇다면 우리가 파악해야 할 공감은 차가운 공감이 아니라 뜨거운 공감이어야 한다. 공감능력이 떨어진다고 다른 사람의 마음을 못 읽을 것이라고 생각한다면 큰 오산이다. 자신과 다른 입장에 서 있는 사람들의 마음을 읽어 그의 행동을 예측할 수 있는 능력을 '마음이론 theory of mind'이라고 하는데, 보통 만 4세가 되면 이 능력을 획득하기 시작한다.

가령 "샐리와 앤이 방에서 함께 구슬을 갖고 놀다가 지겨운지 구슬을 바구니에 숨기고 나갔어요. 그런데 나갔던 앤이 혼자 방에 다시 들어오더니 구슬을 바구니에서 꺼내 상자 속으로 옮겨놓고 뚜껑을 닫는 거예요. 나중에 샐리가 혼자 방에 돌아와서 구슬을 찾는데 이때 바구니와 상자 중 어디를 열까요?"라는 질문을 상황극과 함께 보여 주면 만 3세까지는 상자를 열 것이라고 대답한다. 그러나 만 4세가 되면 바구니를 열 것이라고 대답한다.

이렇게 상대방의 마음을 읽을 수 있는 능력은 우리가 사회적 집단을 이루고 살아가는데 필수적인 능력이지만, 상대방을 지배하거나 사기를 칠 때에도 매우 중요한 능력이 된다. 상대방이 어떻게 생각하고 있을지 혹은 어떤 반응을 다음 순간에 보일지 알아야 속이거나, 위기를 벗어나기 위해 지금 어떻게 행동할지 결정할 수 있기 때문이다. 따라서 이 능력은 차가운 공감과 깊은 관련이 있다고 할 수 있다.

이제 우리는 공감제로들의 보편적인 특성을 알아보기 전에 왜 차가운 공감과 뜨거운 공감이 분리되어 있는지 알아볼 필요가 있다. 그렇다면 이런 공감능력은 왜 유독 우리 인류에게만 강렬하게 진화된 것일까?

공감능력은
왜 생겼을까?

차가운 공감능력

우리가 왜 이렇게 태어났는지는 전적으로 진화의 결과이므로, 진화에 대해 먼저 알아보자.

우리 인류는 직립보행을 하게 되면서 자유로워진 손을 가지게 되었고, 뜻밖에 자유로워진 손은 더 많은 기능을 하게 되었다. 손이 도구의 사용과 함께 의사표현의 도구로 이용되었기 때문이다. 이렇게 손은 여러 가지 손짓을 하면서 의사소통의 기능을 담당하게 되었는데 이 역시 두뇌의 발달과 함께 언어의 발달을 가져왔다.

무리지어 사는 개체들일수록 서로 간의 의사소통은 매우 중요하다. 울음소리로만 의사를 전달하기보다는 손짓을 곁들인다면 훨씬 효율적이고 정확하게 의사를 전달할 수 있다. 특히 적들이 다가왔거나 먹이를 잡을 때 울음소리보다는 손짓에 의한 의사전달이 생존 성공률을 극적으로 높였을 것이다. 이렇게 손짓에 의한 의사표현이 다양해지면서 거기에 맞춰 울음소리도 다양해져 급기야 언어의 발달을 가져오게 되었다. 이 과정이 두뇌의 팽창을 가져오는 동시에 두뇌의 팽창 역시 언어의 발달에 중요한 역할을 하는 상호작용을 했다.

이제 다양한 의사표현이 가능해졌다면 당연히 그 의사표현을 이해할 수 있어야 한다. 그렇다면 상대방의 의사를 파악하는 것은 어떤 과정을 거쳤을까? 상대방의 행동을 관찰하면서 그 행동의 의미를 파악하는 능력은 이미 유인원일 때 가지고 있었다는 것은 거울뉴런을 발견하면서 증명되었다.

이탈리아의 신경심리학자인 지아코모 리촐라티Giacomo Rizzolatti 교수는 거울뉴런을 원숭이 뇌에서 발견했다. 리촐라티 교수는 어떤 실험 도중 뜻하지 않게 이것을 발견하게 되었는데, 특정 부위의 몇몇 신경세포 뉴런들은 원숭이가 실험자의 먹는 행동을 보기만 하고 있는데도 마치 자신이 직접 그런 행동을 할 때와 마찬가지로 반응하였다.

자신이 아무런 행동도 하지 않는데도 내가 그것을 직접 할 때와 동일한 반응을 하는 뉴런의 발견은, 이후 인간의 뇌와 마음을 연구하는 사람들에게는 엄청난 발견이 아닐 수 없었다. 이 뉴런의 존재가 우리가 모방이나 학습의 기능을 넘어 어떻게 상대방의 의사를 파악하고 공감하는지의 기본이 된다는 것을 파악하였기 때문이다.

거울뉴런은 주로 운동을 담당하는 영역에서 발견되었다. 유인원들에게는 고차원적인 의사소통이나 공감능력이 필요한 것이 아니라 생존에 필요한 행동들, 즉 먹거나 공격하거나 도망가는 행동들에 대한 모방과 학습이 가장 중요하기 때문에 운동영역에서 이런 뉴런들이 많이 발견되는 것은 당연하다. 그러나 유인원들도 상대방을 속이는 행동을 하므로 다른 개체의 생각과 의도를 읽을 수는 있다. 이러한 기능을 담당하는 곳 중 하나가 두정엽과 측두엽을 연결하는 부위 측두두정접합부temporal parietal junction에 풍부한 거울뉴런들이다.

사람의 경우 이 부위에 손상을 입으면, 자신과 타인의 경계가 불분명해져 다른 사람의 생각을 상상하는데 어려움을 겪게 되고 심지어는 유체이탈을 경험하기도 한다. 그러나 유인원에게는 마음이론이라고 부를 수 있을 정도의 정교함은 갖추지 못했다. 실제로 유인원은 만 4세 아이가 이해할 수 있는 무언극에서 거울뉴런이 전혀 활동하지 않은 것으로 보아, 의도를 읽는 영역도 먹는 것과 번식에 관계된 행동들에 국한되어 있는 것으로 보인다.

그러나 우리 인류는 강력한 무기가 될 만한 손발톱이나 이빨이 없었고 다른 동물보다 빠른 발도 없었다. 유일한 장점은 자유로워진 손으로 도구를 다룰 수 있다는 것과 그로 인해 커진 두뇌, 특히 잘 발달된 전전두엽prefrontal cortex을 가지고 있다는 것이었다. 결국 유인원과 같은 단순한 모방과 학습만으로는 생존하기에 불리한 여건에 놓여 있었으므로 더 정교하고 깊이 있는 생존체계가 필요했다. 그래서 초기 인류는 한 걸음 더 나아가 상대방의 손짓과 (원시적인) 언어에 대해 그 의미를 파악하고 내면화하는 과정을 거치게 되었다. 강력한 의사소통의 체계를 발달시켰던 것이다.

한 무리가 사냥을 가게 되었는데 우두머리가 손으로 신호를 하면서 '내가 먼저 움직여서 사냥감을 저쪽으로 몰 테니 너희들은 저쪽으로 돌아가 기다리다가 사냥감을 덮쳐라'는 손짓을 했다면, 그 각각의 손짓에 대해 모방과 학습을 넘어서 이미 의미가 파악된 채로 내면화되어 있어야 무슨 뜻인지 알아들을 수 있다. 또한 이런 이해의 과정에는 미래를 시뮬레이션하는 능력이 반드시 필요하다. 어떻게 사냥을 하자는 뜻인지 머릿속으로 그려볼 수 있어야 하기 때문이다. 결국 이 기능은 전두엽 중에서도 가장 앞부분인 전전두엽이 발달되지 않고는 불가능한 작업이다.

최근 뇌 영상 기술의 발전으로 인하여 전전두엽 역시 세분화되어 반응한다는 사실이 밝혀졌다. 하버드 대학의 심리학자 제이슨 미첼Jason Mitchell 교수에 따르면 전전두엽 중 복내측전전두피질ventral medial prefrontal cortex 부위는 자신의 성향과 경험 등 자기 자신을 생각할 때 활발한 활동을 보인 반면, 등측전전두피질dorsal medial prefrontal cortex 부위는 다른 사람의 생각을 읽을 때 활발한 작용을 보였다고 한다.(그림 1. 참조)

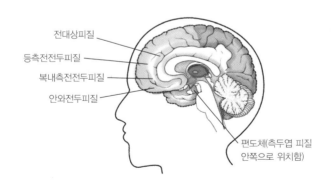

전대상피질
등측전전두피질
복내측전전두피질
안와전두피질

편도체(측두엽 피질
안쪽으로 위치함)

그림 1. 공감회로의 핵심 뇌 부위

앞에서 우리는 마음이론이 태어났을 때는 기능이 없다가 만 4세 가량 되면 발달된다는 것을 알아보았다. 이 말은 그때가 되면 등측 전전두피질의 기능이 조금씩 성숙된다는 의미이다. 그렇지만 전전 두엽의 기능은 사춘기가 지날 무렵 완전히 갖추어지기 때문에, 만 4세 즈음에 나타나는 상대방의 의도를 읽는 능력은 단순하면서 세련되지 못하다. 어린 아이들의 거짓말은 주로 뻔하고 단순하지만 사춘기 이후의 거짓말은 좀 더 복잡한 양상을 띠며 속기 쉽다는 특징을 생각해 보면 된다.

결론적으로 다른 사람의 의도를 파악하는 능력은 공감능력과는 별도로 측두두정접합부와 등측전전두엽에서 담당하는 기능으로 여겨지고 있다. 즉 마음이론과 동감이라는 기능은 차가운 공감과 매우 유사하므로, 이 기능들을 담당하는 부위라고 추측할 수 있다. 사이코패스를 비롯한 공감능력이 떨어지는 사람들은 이 부위를 활용해 다른 사람의 의도를 파악하여 남을 속이고 조정할 수 있게 된다. 이로 인해 공감한다는 것과 상대방의 의도를 읽는 것이 전혀 별개의 문제처럼 보일 수 있지만, 사실 반은 맞고 반은 틀린 말이다.

공감능력에는 복내측전전두피질을 포함하는 일련의 회로가 필요하다. 여자아이의 경우 마음이론이 발달하기 훨씬 전에도 엄마가 다쳤거나 울 때에는 같이 슬퍼하면서 운다. 차가운 공감능력이라고 할 수 있는 상대방의 의도와 생각을 파악하는 능력이 없더라도 충분히 공감할 수 있다는 뜻이다. 반면에 우리가 일반적으로 공감능력이 떨어진다고 할 때 바로 공감회로, 즉 뜨거운 공감능력이 제대로 작동하지 못한다는 것을 의미한다. 이렇게 보면 별개의 문제로 보는 것이 타당하다.

그러나 성장하면서 전전두엽이 성숙함에 따라 상대방의 의도와 생각을 파악하는 능력이 선행된다면, 공감능력은 더욱 세련되고 강력해져서 사람들 간의 유대를 더욱 튼튼하게 해 주는 역할을 한다. 궁극적으로 우리가 말하는 공감능력은 이 두 가지 기능을 모두 필요로 한다. 하지만 우리는 뜨거운 공감능력에 주목할 필요가 있다. 이 회로의 기능이 떨어지는 사람들이 우리를 힘들게 하기 때문이다. 그렇다면 뜨거운 공감은 어떻게 나타난 것일까?

뜨거운 공감능력

1848년 9월 13일, 철도 건설현장의 감독관으로 일하던 피니어스 게이지Phineas Gage는 바위에 구멍을 내고 화약을 넣은 후, 쇠로 된 막대로 화약을 밀어 넣는 작업을 하던 도중 폭발하는 바람에 쇠막대가 왼쪽 눈 밑을 뚫고 두개골을 관통하는 부상을 입었다. 모두가 죽을 것으로 예상했지만 놀랍게도 그는 병원으로 실려 가는 동안에도 의식은 멀쩡한 채로 대화를 하면서 갔다. 치료 도중 감염으로 인하여 죽을 고비가 찾아왔지만, 결국 그는 회복되어 집으로 왔고 사람들은 기적 같은 일이 일어났다고 여겼다.

그러나 주위 사람들이 그때부터 겪은 게이지는 더 이상 이전의 게이지가 아니었다. 평소 성실하고 예의바른 성격이었던 그가 전과 달리 화를 참지 못하고 상대방에게 욕을 하거나 비하하는 말을 하는 등 충동적인 성격이 되었다. 사람들과 쉽게 시비가 붙는 등 사회적 억제력을 보여 주지 못하고 비타협적인 사람이 되어 버렸던 것

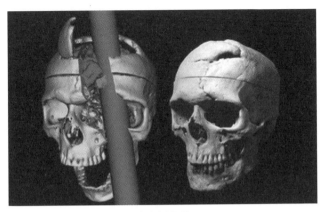

그림 2. 게이지의 두개골과 쇠막대의 디지털 복원도
(from 'The Tale of Phineas Gage, Digitally Remastered' by Peter
Ratiu and Ion-Florin Talos, NEJM 2004)

이다. 그는 일상적인 생활에 필요한 기능은 그대로 유지되었으나
공감능력은 완전히 잃어버렸다.

그가 사망한 후 그를 치료했던 의사는 현명하게도, 나중에 그의
두개골이 두뇌 연구에 큰 역할을 할 것이라고 짐작하고 유가족을
설득해 그의 두개골을 보존하도록 했다. 이후 여러 뇌과학자들이
그의 두개골을 컴퓨터로 복원하면서, 그의 뇌에서 다친 부위가 복
내측전전두엽이라고 밝혔다. 물론 양쪽 복내측전전두엽이 모두 손
상이 되었는지 왼쪽만 손상되었는지 논란이 있었으나, 중요한 건
복내측전전두엽이 사회적 기능과 사람다운 인격에 매우 중요하다
는 사실이다.

복내측전전두엽이 건강하다면 내가 지금 하는 행동의 결과를 예
측할 수 있으며, 목표를 이루기 위해 어떤 행동을 해야 할지도 선

택할 수 있다. 즉, 미래를 상상한 뒤 감정이나 충동대로 행동하지 않고 더 좋은 결과를 내는 행동을 선택한다는 것이다. 그러나 이런 기능을 수행하기 위해서는 우선 자기 자신에 대한 인식이 먼저 선행되어야 한다. 자기 자신에 대해 생각할 수 없다면 자신의 미래를 고려할 수 없기 때문이다. 자신의 마음에 대해 생각할 때 이 부위가 활성화된 것으로 미루어, 복내측전전두피질은 자기인식에 매우 중심적인 역할을 한다고 추측할 수 있다.

또한 자신을 인식할 수 있다는 것은 다른 사람의 마음을 인식할 수 있는 기초가 된다. 앞서 거울뉴런에 대한 설명에서 다른 사람의 행동을 관찰할 때 마치 자신이 같은 행동을 하는 것처럼 뇌가 반응했다는 것을 기억할 것이다. 자신의 행동에 대한 인식이 내면화되어 있어야 상대방의 행동을 이해할 수 있듯이, 자신의 생각에 대한 인식이 내면화되어 있어야 상대방의 생각을 이해할 수 있다. 그러므로 자기인식이 없으면 다른 사람의 마음속에 자기 자신을 갖다놓을 수 있는 능력도 없다.

그러나 복내측전전두엽이 '뜨거운' 공감의 중심이 되는 데는 감정이라는 요소가 반드시 필요하다. 아이오와 대학교의 신경과학자인 안토니오 다마지오Antonia Damasio는 복내측전전두엽이 손상된 환자들에게 고통스럽거나 혐오스런 장면을 보여 줬을 때, 심박동 증가나 발한과 같은 자율신경계 반응이 현저하게 떨어진다는 것을 관찰하였다. 마치 감정을 못 느끼는 냉혈한과 같은 반응을 보였다는 것이다. 이렇게 복내측전전두엽이 뜨거운 공감을 일으키도록 온도를 부여하는 곳은 변연계limbic system, 그중에서도 특히 편도체

amygdala가 중요한 역할을 한다. 이 부위가 공감할 때 감정을 같이 느끼는 과정에 관여하는 것이다.

분명한 건 공감제로들에게는 감정에 대한 이해가 감소되어 있다. 로버트 헤어 박사는 사이코패스들과 정상인들에게 일련의 문자열을 보여 준 후 단어로 구성되어 있는지 아닌지 판단하게 하면서 뇌파를 측정하는 실험을 했다. 그러자 정상인들은 감정적으로 강한 의미를 지닌 단어를 중립적인 단어보다 빨리 알아차렸지만, 사이코패스들은 두 종류의 단어 간에 별 차이를 보이지 않았다. 더 놀라운 건 그들의 뇌파 결과였다. 정상인들이 졸리거나 잠을 잘 때 나오는 세타파가 평상시에도 나올 뿐만 아니라 심리적 자극을 받았을 때에도 나온 것이다. 이 때문에 뭔가 실험이 잘못되었다는 오해를 받고 학술지에 논문 게재를 거절당하기도 했다. 사이코패스들에게는 단어는 그냥 단어일 뿐이다. '사랑'이나 '죽음'과 같은 단어가 '볼펜'이라는 단어와 큰 차이가 없는 것이다.

물론 전전두엽과 편도체가 바로 연결되어 있지는 않다. 전전두엽은 가장 나중에 형성되었기 때문에, 뇌 깊은 부위로부터 직접적인 연결을 받지 못하고 대상피질cingulate cortex이라는 부위의 중계를 받는다. 대상피질은 전두엽과 변연계의 중간에 위치하면서 이성과 본능의 조절에 매우 중요한 역할을 한다. 가령 이 부위가 손상된 사람들은 현실에 대한 검증능력이 떨어져 비현실적인 감각이나 생각을 걸러내지 못한다. 그래서 환각이나 비현실적으로 불안한 생각을 떨치지 못해 정신분열병이나 강박장애로 고통받는다.

특히 전대상피질anterior cingulate cortex은 공감회로의 한 부분으로서, 고통을 직접 경험하거나 다른 사람의 고통을 관찰할 때에 활성화된다. 어떻게 생각하면 공감을 할 때, 타인의 고통을 자신의 고통처럼 느낀다는 것이 자아의 경계가 무너지는 것처럼 보일 수도 있다. 일반적으로 자아 경계가 무너지면 자신의 사고와 감정이 지나치게 확대되어 망상과 환각으로 나타나기 쉽다. 대표적인 질병이 정신분열병이다. 하지만 그러면서도 정신분열병 환자처럼 자아의 경계가 무너지지 않고 현실에 대한 감각이 유지되는 것은 바로 전대상피질 덕분이다.

사이먼 베런코언과 동료들은 안구 바로 위에 얇은 뼈 조각을 사이에 두고 위치한 안와전두피질orbito-frontal cortex 역시 공감회로의 중요한 부위임을 확인하였다. 감정과 관련된 단어를 볼 때 역시 활성화되는 것을 관찰하였던 것이다. 이후 다른 연구에서도 바늘로 손가락을 찌르는 장면을 봤을 때 정상인들은 안와전두피질이 활성화되면서 몸을 움찔하거나 인상을 찡그리는 모습을 보였다. 그러나 이 부위가 손상된 환자들은 사회적 판단력이 손상되어 남의 감정에는 아랑곳하지 않고 충동억제가 안 되는 행동을 보였다. 이렇게 뜨거운 공감능력의 기초가 되는 공감회로가 어느 정도 파악이 되었다. 복내측전전두엽과 안와전두피질, 전대상피질과 편도체를 잇는 회로가 뜨거운 공감의 중심회로인 것이다.

이 사실을 뒷받침하는 재미있는 실험이 있다. 독일 튀빙겐 대학교의 뇌과학자인 아메드 카림Ahmed A. Karim의 연구팀은, 경두개자기자극법 TMS transcranial magnetic stimulation을 통해 강한 자기장으로 전전두엽을 자극하면 재미있게도 거짓말 능력이 향상됨을 입증하였다. 그 원인에 대해서는 아직 분명하게 밝혀진 건 없지만, 실험대상자들은 자기장 자극을 받은 후 약 1시간정도는 거짓말을 하더라도 양심의 가책을 덜 느끼고 윤리적 압박에서 벗어나는 느낌을 가진다고 하였다. 이런 자기중심성은 마치 공감제로에게서 보이는 특징과 매우 유사하다.

무엇이 뜨거운 공감능력을 발달시켰나?

뜨거운 공감능력은 우리 사회를 따뜻하게 하고 잘 굴러가도록 하는 윤활유로써 신뢰와 협력을 형성하여 더욱 복잡한 사회구조를 만드는 데 기여하였다. 그렇다면 사회를 이루는 본능이 공감능력을 발달시켰을까? 글쎄다. 사회를 이루어 사는 습성이 공감회로를 발달시켰을 거라는 생각에는 회의가 든다. 많은 종류의 동물들이 무리를 이루어 살고 있지만 따뜻한 공감능력을 발달시킨 건 인류가 유일하기 때문이다.

무리지어 지낸다고 이런 본능이 발달할 이유는 별로 없어 보인다. 가령 양심을 지닌다는 것은 강한 공감능력이 필요한 상태인데, 자연계에서 양심은 생존에 불필요하고 거추장스러운 것일 뿐이다. 양심을 가진 호랑이를 상상해 본 적이 있는가? 그런 호랑이는 굶어죽는다. 초원들쥐는 철저한 일부일처제를 이루고 산다. 그렇다면 그 좋은 양심 때문에 일부일처제를 유지할까? 그럴 리가 없다. 그냥 그렇게 행동하는 것이 생존에 유리했기 때문에 그렇게 진화된 것이다.

이렇게 상상해 보자. 당신을 포함해 약 20여 명의 사람들이 무인

도에 갇혔는데 이 중에 사이코패스가 서너 명 있다. 누가 더 생존하기 쉬울까? 법도 없는 곳에서 도덕은 무용지물이 될 소지가 많다. 결국에는 사이코패스의 세상이 될 것이고, 그들은 자신의 유전자를 더 많이 퍼트려 후손들에게 있어서는 사이코패스의 수가 훨씬 많아질 것이다. 마찬가지로 사바나 초원에서 먹이를 구하러 뛰어다니는 우리 조상들 중 양심을 가지고 있는 자는 뒤처져 번식에 실패할 가능성이 높다. 양심 때문에 하지 못할 일을 양심 없는 자들은 더 쉽게 저지르면서 공동자산을 개인 몫으로 더 많이 가져갈 것이기 때문이다. 그런데도 불구하고 인류 대부분이 양심을 가진 유일한 존재라는 것은 진화론자들에게 오랫동안 해묵은 논쟁거리다.

영국의 과학저술가인 매트 리들리Matt Ridley는 저서 《이타적 유전자virtue of origin》에서 유전자는 이기적임에도 불구하고 우리들이 이타적으로 행동하는 것을 상호 호혜주의reciprocal altruism라는 개념으로 설명하였다. 이타주의라고도 불리는 호혜주의는 네가 나를 도와주면 나도 너를 돕겠다는 전략을 뜻한다.

그는 이러한 이타적 전략은 각각 개인적인 단위에서는 불리하게 작용하지만 집단 수준에서는 강력한 이점을 제공하여 집단의 생존을 유리하게 함으로써 진화과정에서 채택되었다고 주장하였다. 다시 말해, 적자생존이 개체만을 선택 단위로 삼는다면 이타주의적 행동이 나타날 수 없지만, 선택 단위가 집단이라면 이기주의자들이 득실대는 집단보다는 서로 협동하고 도와주는 집단이 선택되어 생존한다는 뜻이다. 우리는 늘 개인이 아닌 집단을 이루면서 생존해 왔기 때문에 이는 타당한 설명이 될 수 있다.

그러나 이런 설명조차도 어떻게 공감능력이 발달하고 양심을 가지게 되는지를 설명할 수는 없다. 많은 동물 종들이 서로 음식을 나눠 먹고 자신이 천적에 노출될 위험을 무릅 쓰고 천적의 위치를 알려 주거나 먹이의 위치를 동료들에게 전달하는 등 호혜주의를 실천한다. 그러기에 호혜주의적 전략이 종의 번식에 유리한 것은 틀림없지만 그것만으로는 양심이 발달한다고 볼 수 없다. 그렇다면 공감의 진화를 촉진시키는 인류만의 독특한 특징은 무엇일까?

　일반적으로 포유류는 다른 개체에게 특별히 강한 감정을 느끼는 경우가 있는데, 주로 자신의 새끼들과 관련되어 있다. 다른 이웃 개체가 죽었을 때는 별다른 반응을 보이지 않거나 약한 반응을 보이지만, 자기 새끼가 죽었을 때는 한동안 울음을 멈추지 않거나 곁을 떠나지 못하는 반응을 보인다. 우리는 이런 동물들의 모습에 우리들의 감정을 투사하여 그들도 자식이 죽으면 매우 슬퍼한다고 느낀다.

　그러나 이러한 행동이 공감의 결과라고 할 수는 없다. 종을 보존하려는 본능은 자신의 새끼에게 더 집착하고 돌보도록 진화하였으며, 그런 행동은 단지 종족 보존 본능의 결과일 가능성이 높다. 그리고 죽음이라는 개념을 이해하고 있는 것인지 알 수 없으며, 그들이 보이는 행동이 우리가 생각하는 슬픔이라는 감정에 의한 것인지도 정확히 알 수 없다. 그럼에도 우리가 느끼는 것과 같은 슬픔이든 혹은 비슷한 것이든 일종의 감정을 느끼고 있는 것은 틀림없다. 포유류에게는 감정을 담당하는 변연계가 공통적으로 있기 때문이다. 여기에 뜨거운 공감의 단서가 있지 않을까?

다시 우리가 직립보행을 시작할 때로 돌아가 보자. 가끔 침팬지가 서서 걸어 다닐 때 보면, 양다리의 간격이 넓고 벌어져 있어 뒤뚱거리며 걷는 것을 볼 수 있다. 인류가 처음 서서 다닐 때도 이런 모습이었을 것이다. 그러나 도망가거나 사냥을 할 때 속도는 생명과 직결될 정도로 중요한데 이 상태로는 절대 빨리 달릴 수가 없다. 그래서 다리 간격이 좁아지도록 하기 위해 골반의 폭이 줄어드는 쪽으로 진화적 압력을 받게 된다. 이때 산도産道 역시 같이 좁아지게 되는데, 우리 두뇌는 점점 커지는 쪽으로 진화 압력을 받고 있었으므로 이 두 가지 진화적 압력이 충돌하게 되었다. 진화는 그 해결책으로 아기의 머리가 더 커지기 전에 미숙한 상태에서 출산을 하도록 한다. 이제 아기가 스스로 걷기 시작하는 생후 1년까지는 완전히 무력한 상태로 있어야 한다. 게다가 뇌가 완전히 성숙하여 성인의 역할을 할 수 있을 때까지 10년 이상의 오랜 시간이 걸린다.

미숙한 상태에서 오랜 시간을 보낸다는 것은 자연 생태계의 온갖 위험에 노출되기 쉬운 매우 위험한 일이다. 그러므로 우리 인류는 완전히 무력한 아기를 돌보기 위해 뭔가를 하도록 특별한 진화적 압력을 받게 된다. 그중 한 가지가 옥시토신oxytocin과 같은 호르몬으로 자신의 아기에게 강한 애착을 느끼도록 하는 것이다. 그러나 애착만으로는 아기를 제대로 키울 수 없다. 배가 고파서 우는데 왜 우는지 이해하지 못하고 아기를 안고 어르기만 한다면 아기가 제대로 성장하기 어렵다.

그래서 아기의 울음소리와 행동과 눈빛만으로도 엄마들은 귀신같이 왜 우는지 알아내는 능력을 보편적으로 가지게 된다. 나는 이

것이 공감의 원초적 능력이라고 생각한다. 무력한 아기가 원하는 것을 빨리 읽어내기 위해서는 공감회로를 발달시킬 필요가 있었던 것이다.

EBS 다큐프라임 〈아이의 사생활 – 제1부 남과 여〉에서 24개월 된 유아들을 상대로 실험을 실시했다. 이 실험에서, 엄마가 고통을 호소하자 남자아이보다 여자아이에게서 더 큰 공감을 보여 줬다. 그렇다고 그 실험이 여자가 공감능력이 더 뛰어나다는 결과를 보여 주는 것은 아니라고 생각한다. 그보다는 더 빨리 발달한다는 증거를 보여 줬다고 생각한다. 많은 연구들에서 성인 남녀 간에는 공감능력 차이가 크지 않다고 보고 있기 때문이다.

공감능력은 인류에게서 남녀 공히 발달하였다. 만약 공감능력의 원천이 무력한 아기의 의도를 읽기 위한 것이라고 가정한다면, 아주 어릴 때부터 여자들에게서 훨씬 더 빨리 공감능력이 발달하는 것에 대한 설명이 충분히 가능하다. 그런데 진화과정에서는 A를 위해서 진화된 어떤 능력이 우연히 B에서 큰 영향을 미치는 경우가 종종 있다. 이 경우에도 자식의 생존, 더 나아가 인류라는 종의 연속성을 위해 진화된 공감능력(A)은, 집단 내의 다른 개체들에게도 발휘(B)되어 뜻밖에도 집단의 결속을 더 단단하게 만드는 결과까지 낳았을 거라는 게 나의 생각이다. 이렇게 공감능력은 사회집단의 상호작용을 부드럽고 매끄럽게 만드는 동시에 더 복잡하면서 규모가 커지게 되는 단초가 되었다.

게임이론을 연구하는 사람들이 공통적으로 하는 말은, 집단에 이기주의자가 많을수록 그 집단은 무너질 가능성이 높다는 것이다.

집단은 집단 간의 충돌, 자연재해, 질병뿐만 아니라 기아의 위험에 항상 놓여 있어서 서로 협력하지 않으면 안 되는 상황이 늘 반복된다. 이런 조건에서 이기적인 사람이 득실댄다면 그 조직은 무너질 수밖에 없다. 반면에 아기를 돌보기 위해 진화된 공감능력이 다른 개체들에게도 발휘된다면 더 탄탄한 협력의 발판을 마련하게 된다. 협력을 하려는 경향이 높은 조직일수록 위기를 더 잘 극복하여 살아남게 되고, 결국 자연 선택되어 후손을 이어나갈 수 있게 된다.

그럼에도 불구하고 초기 인류사회에서는 사이코패스와 같은 공감제로들이 분명히 필요했던 것으로 보인다. 만약에 구성원 모두가 공감능력이 뛰어난 집단이 있다면, 그 집단은 아무래도 쉽게 어려움에 처할 수 있다. 집단 간의 충돌, 자연재해, 먹을 것을 찾기 위한 모험 등 수많은 위기의 순간에 필요한 것은 공감능력보다는 냉철한 판단과 두려움 없이 행동할 수 있는 과감함이 필요하기 때문이다. 심지어 잔인함이 생존에 필요할 때도 있다. 이런 순간에 공감능력이 발휘되고 있다면 생존을 위한 특단의 조치를 못해 살아남기 어려울 수도 있다.

아마도 진화과정은 사회가 가장 잘 유지되는 적절한 사이코패스의 비율도 찾아내지 않았을까 생각한다. 그러나 자연 선택은 우리 인류에게 대다수가 공감할 줄 알고 양심을 가지도록 하였다. 그만큼 인류의 생존에 소중한 기질이기 때문이다.

결론적으로 다른 사람의 마음을 읽는 능력으로 인하여 협력과 배신의 게임이 시작되었고, 서로 공감하는 능력을 키움으로써 상대방을 더 잘 이해하며 협력을 촉진하였다. 또한 공감능력은 '양심'이라는 특별한 능력을 키워 도덕적인 사회의 기초를 다졌다. 이제 우리의 공감능력은 우리 사회의 윤활유이면서 접착제이며 없어서는 안 되는 소중한 능력이 되었다. 그렇다면 지속적으로 다른 사람들에게 피해를 입혀 사회적 협력을 방해하는 그들은 과연 어떤 특징들을 가지고 있을까?

공감능력과 유전자

산악들쥐는 대부분의 포유류처럼 새끼를 가지면 잠깐 동안만 암수 간 유대관계를 지속하지만, 초원들쥐는 한 번 인연을 맺으면 지속적으로 새끼를 돌보면서 일부일처제를 유지한다. 1980년대 후반에 뇌과학자 토마스 인젤Thomas Insel은 두 종간에 뇌의 구조 차이는 없지만 애착 호르몬인 옥시토신oxytocin과 바소프레신vasopressin을 받아들이는 뇌세포의 수용체 수에서 큰 차이가 있음을 발견한다. 초원들쥐의 수용체 빈도가 압도적으로 더 높았던 것이다. 실험에서 초원들쥐에게 옥시토신 수용체를 막는 물질을 주입하였더니 자신의 반려자를 모른 채하는 행동이 시작되었고, 산악들쥐 수컷의 뇌에 초원들쥐 수컷의 바소프레신 수용체 유전자를 심었더니만 초원들쥐처럼 헌신적으로 일부일처제를 유지했다.

　일련의 생쥐 연구들은 엄청난 파장을 일으켰고 인류의 사랑과 공감, 신뢰의 연구가 줄지어 나오게 되었다. 가령 옥시토신을 코로 흡입한 사람들은 자신에게 주어진 일정한 돈을 다른 사람과 나누는 실험에서 신뢰가 증가하여 눈에 띄게 많이 배분하였다. 우리와 가장 가까운 침팬지는 일부일처제를 유지하지 않는데, 이는 옥시토신 수용체 빈도가 우리보다 훨씬 적기 때문이다.

　뉴질랜드 남섬에 위치한 더니든에서 1972~1973년에 태어난 1037명을 성년이 될 때까지 심리적, 신체적 건강과 사회적 상황 등을 추적 조사하는 연구가 시행되었는데, 지금까지도 97%의 참여도를 보이며 연구를 진행하고 있다. 이 연구에서 남자들의 약 10% 정도가 어려서부터 반사회적 행동을 보이기 시작하고 30세부터 심각한 범죄에 연루된다는 통계가 나왔다.

런던 킹스 칼리지의 심리학자이자 뇌과학자인 아브샬롬 카스피Avshalom Caspi는 이들을 연구대상으로 삼아 어릴 적 학대받은 아이들 중 저활성의 MAOA 유전자를 가진 아이들이 반사회적인 문제를 더 일으킨다는 사실을 확인했다. 저활성 MAOA 유전자는 공감능력에 영향을 주며, 특히 남자들에게서 더 큰 영향을 미친다. 이 유전자는 공격성이 높은 사람과 관련이 높아 '전사戰士 유전자'라는 별명이 붙었다.

전사 문화가 발달한 마오리족과 같은 부족에서는 MAOA 유전자가 변이를 일으킨 비율이 훨씬 높다. 그러나 마오리족이 유전자 때문에 폭력적이라고 단정하는 것은 그들에게는 억울한 일이다. 낮은 MAOA 유전자를 가진 인구의 평균이 백인 남성이 34%이고, 마오리족 남성이 56%로 더 높은 건 사실이지만, 중국 남성은 77%에 달한다. 그럼에도 중국의 살인율은 미국보다도 낮다. 그러므로 다른 유전자와의 관계나 환경적 영향을 무시하고 집단 간에 단순한 비교는 매우 위험하다.

물론 같은 집단 내에서의 낮은 MAOA 유전자와 공격성은 분명한 연관성을 보인다. 어느 민족을 막론하고 낮은 MAOA 유전자를 가진 사람들이 더 높은 공격성을 보인다. 최근 연구에서는 낮은 MAOA 유전자 수준은 대인 과민성을 높이고 비판에 민감하게 만들어 다른 사람들보다 쉽게 마음의 상처를 받고, 이러한 경향이 공격성 증가로 이어진다고 밝혔다.

남자들이 공감에 더 취약하게 만드는 또 하나의 물질은 남성 호르몬인 테스토스테론testosterone이다. 높은 수준의 테스토스테론은 공감을 촉진시키는 옥시토신과 바소프레신을 억제하는데, 이들 호르몬들이 수용체에 들러붙는 것을 방해한다.

테스토스테론은 남성에서 근육을 발달시키는 역할을 한다. 근육을 이용하여 사냥을 하거나 다른 집단과 싸움을 벌일 때 상대를 제압하는 쪽은 주로 남자들이다. 그런데 이런 상황에서 대상이 되는 사냥감이나 자신이 공격하는 사람에게 공감을 지나치게 한다면, 애잔함을 느끼거나 슬픔에 젖어 있다가 사냥감을 놓치거나 오히려 공격당한다. 이런 사람은 쉽게 목숨을 잃어 그의 유전자는 퍼져나가기 힘들다. 그러므로 테스토스테론을 통해 공감능력을 어느 정도 떨어트리는 편이 생존에 유리했을 것이다.

이 외에도 세로토닌serotonin과 도파민dopamin에 관계된 여러 가지 유전자들이 관여하고 있다. 자동차에 비유하자면, 도파민은 액셀러레이터이고 세로토닌은 브레이크이다. 도파민의 지나친 작용은 자신이 원하는 것에만 집중하도록 만들어 공감능력의 저하를 불러올 수 있다. 세로토닌은 스트레스를 완화시켜 주고 평상심을 잘 유지할 수 있도록 해 준다.

세로토닌 생성에 관여하는 유전자 중에 세로토닌 전달체 유전자serotonin transporter gene라는 것이 있다. 이 유전자의 여러 가지 변이체 중 짧은 형태의 유전자를 지닌 사람들은 세로토닌이 더 적게 생성된다. 인구 중 16% 정도가 짧은 대립형질 유형을 가지고 있다고 하는데, 이들은 자동차 브레이크가 잘 안 들 때와 마찬가지로 충동의 억제에 어려움을 느끼기 쉽다. 그러나 사이코패스들은 충동적인 공격성보다는 지나치게 냉혹하고 계획적인 면이 문제이다. 최근 연구에서 오히려 세로토닌 전달체 유전자의 상대적으로 긴 대립형질이 지나치게 낮은 스트레스 반응을 보이는 냉혹하고 계획적인 사이코패스와 관련이 있다고 한다.

2장

공감제로들의 12가지 특징

선량한 사람은 서로 의심하는 일 없이 남을 돕는다.
사악한 사람은 한 사람을 배반시키기 위하여 고심한다.
중국 속담

벌떼에게 좋지 않은 것은 벌에게도 좋지 않다.
마르쿠스 아우렐리우스

극단적 사고와
이간질을 한다

박 씨 할머니는 처음에는 치매로 진단을 받고 치료를 받다가 지인의 소개로 나에게 왔다. 그녀의 아들과 며느리는 아무리 치료를 해도 호전이 없다며 다른 문제가 있는 건지 궁금해 했다. 주된 증상은 금방 한 일을 도무지 기억하지 못한다는 것이다. 뭔가 마음에 안 들어 역정을 내다가도 얼마 안 되어서 자신이 무슨 말을 했는지 전혀 모른다는 것이다. 물론 일상생활에서 보이는 기억의 장애도 많이 보였지만, 가장 큰 문제는 자신의 행동이나 말을 나중에 전혀 기억을 못한다는 것이라고 말했다.

입원 전에 실시한 치매 간이검사에서 치매로 진단되고도 남을 만큼 높은 점수가 나왔다. 그런데 좀 이상한 점이 눈에 띄었다. 보통 초기 치매환자들은 자신의 기억에 구멍이 나는 것을 매우 당황스럽게 느껴 기억을 하기 위해 애를 쓰거나, 기억 안 나는 부위를 대충 끼워 맞춰 괜찮아 보이려고 노력하는 경우가 많다. 그 정도는 아니더라도 뭔가 표정에서 답답함이나 스스로 안타까움을 느끼는 것이 역력한 게 일반적이다. 그러나 박 씨 할머니는 그런 모습이 전혀 보이지 않고 기억이 나지 않는 것을 당연하게 받아들이는 모습이었다. 그렇다고 치매가 아니라고 단정하기도 힘들어 일단 입원후 관찰하기로 했다.

할머니는 자신을 집에 데려가지 않는 것에 대해 역정을 냈지만 어쨌든 설득 후 입원을 하게 되었다. 그러나 며칠 안 되어 할머니는 절대 치매가 아니라는 것이 드러났다. 치매라면 절대 할 수 없는 행동인 이간질을 수시로 하는 것이었다. 항상 주위 사람들을 편 나누고 자신을 편들어 주는 사람은 좋은 사람이라며 추켜세웠으며, 자신이 싫어하거나 눈에 벗어난 사람은 천하의 몹쓸 예의 없는 것들이라며 치료해 줄 필요도 없으니 당장 내보내라며 역정을 부렸다. 또한 싫어하는 사람 주변의 사람들에게 거짓말이나 과장된 말로 서로 싸움을 붙이고 자신은 짐짓 아무 상관없는 채 행동하였다.

싸우는 당사자들은 자기들이 왜 싸우게 되었는지 그 이유를 알지 못한 채 정말 두 사람 간의 문제로 싸웠다고 알고 있었다. 그러나 흥분을 가라앉히게 하고 무엇 때문에 싸웠는지 물어보면 원인은 박 씨 할머니로 향하는 것이었다. 이 문제를 할머니에게 직면시켜 물어보면 자신은 전혀 기억을 못한다며 둘러대고, 늙은 자신이 무슨 영화를 보겠다고 그런 말을 하고 다니겠냐는 말을 꼭 빠트리지 않았다. 아마 가족들이 말한 기억력의 문제가 바로 이런 것이 아닌가 싶었다. 하지만 주위의 사람들이 싸움의 원인을 제공한 것에 대해 화를 내거나 욕을 하면 감당이 안 될 정도로 울고 불며 히스테리성 발작을 일으켰다.

물론 일상생활에서는 전혀 기억력 장애를 보이지 않았다. 오히려 칠순을 넘긴 노인 치고는 더 또렷한 기억력을 가진 것으로 보였다. 나는 가족들을 불러 지금까지 관찰한 결과에 대해 설명을 하였다. 기억력 장애가 아니라 자신의 행동을 감추거나 부인하기 위해 기억이 나지 않는다고 말하는 것으로 보이며, 이간질을 하거나 감정을 폭발시키는 모습 등을 봤을 때 경계성 인격장애가 의심된다고 말했다.

그러자 아들은 이해가 된다면서도 곤란한 표정을 지었고 며느리는 헛웃음을 지으며 충분히 예상한 일이라고 말했다. 며느리는 할머니의 그런 모습 때문에 동서간에 철전지 원수가 되었고, 아들은 이제 어느 정도 자기 어머니의 문제를 알기는 하지만 이러지도 저러지도 못하는 입장이었다. 아들은 차라리 치매였기를 바랐는데, 그게 할머니 문제의 연장이 되어 버리니 난감한 처지가 되어 버렸다며 한숨을 쉬었다. 얼마 뒤 할머니의 손자라며 한 젊은이가 찾아와서 면담을 하고 싶다고 하였다. 그는 정말 묻고 싶은 게 많아 보였다.

"보통 할머니라고 하면 참 따뜻하게 느껴지잖아요. 그런데 저의 할머니는 전혀 그렇지 않으셨어요. 제가 맏손주인데도 한 번도 저더러 귀엽다든지 안아 준다든지 한 적이 없어요. 참 이상하고 속상했어요. 다른 친구들의 할머니들은 전혀 그렇지 않으셨거든요. 돌아가신 할아버지께서는 저희 손자들이 보고 싶어서 간식거리를 사 가지고 오시어 놀다 가시곤 했어요. 그런데 항상 할머니는 오시지 않고 할아버지 혼자 오셨어요. 더 웃긴 건 뭔지 아세요? 우리 집에는 안 와도 제 숙모의 친정집, 그러니까 사돈네 집에는 먹을 걸 사들고 수시로 가시는 거예요. 그 집의 손자들 먹으라고… 이해되세요. 왜 그럴까? 항상 고민했는데, 어머니가 말씀하시길, 그 집이 부자라서 그런 거라고. 그 집에서 콩고물 주워 먹으려고 그런다고….”

역시 예상한 것 이상의 과거를 가지고 있었다. 나는 좀 더 캐묻기로 작정했다.

“혹시 할머니 때문에 상처받은 일이 있으세요?”

“제가 가장 충격적으로 느낀 일은 어머니와 고모가 싸웠던 일이에요. 그런데 싸운 곳이 숙모네 집 바로 앞이었어요. 어머니는 얼굴에 상처를 입고 울면서 집으로 갔는데 우리도 같이 울면서 버스 타고 집으로 왔던 기억이 있어요. 아직도 기억이 생생하고 그날만 생각하면 화가 나요. 왜 싸웠는지 기억은 잘 안 나는데 분명히 할머니가 이간질을 하신 거예요. 당시에는 두 분 다 할머니가 한 거짓말을 사실로 믿을 수밖에 없었으니까요.”

“할머니와 할아버지의 사이는 어땠나요?”

“할아버지는 내가 10살 즈음에 돌아가셔서 두 분 사이가 어땠는지 잘 몰라요. 할아버지는 마음이 약하고 심성이 고운 분이셨어요. 아마 할머니가 꽉 쥐고 조정하셨을 거예요. 할아버지는 돌아가시기 1~2년 전에 중풍이 왔어요. 이후에는 말도, 거동도 못하시고 집에서 누워서만 지내셨어요. 저는 지금도 이해가 안 가고 의심이 가는 게 있어요. 할머니가 할아버지를 돌아가실 때까지 돌보신 건 맞아요. 그런데 재활운동은커녕 계속 누워 있게 하면서 담배를 주시는 거예요. 평소에 담배를 즐기긴 하셨지만 그런 병이 왔는데 담배를 주시는 건 아니잖아요?

더 가관인 건 항상 설탕을 옆에 놔두고 수시로 한두 스푼씩 먹이시는 거예요. 내가 설탕은 왜 주시는 거냐고 물었을 때 할머니는 그냥 담배 피우고 나면 입이 쓰다고 말해서 그런 거라는 거예요. 말도 못하시는데도 말입니다. 할아버지는 누워계시면서 우리든 누구든 오면 항상 소리 내어 우셨어요. 계속 뭔가 손짓을 하시면서요. 할머니는 반가워서 그런 거라고 그래서 저도 그렇게 생각했고 아무도 의심하지 않았어요. 그런데 지금 생각해 보면 혹시 살려달라는 애원이 아니었을까 하는 생각이 드는 거예요. 아마 생각보다 무서운 일이 있었을 가능성도 있어요. 할아버지가 돌아가셨을 때 염을 하는데 몸과 다리에 멍이 많이 들어 있었다고 들었거든요.

저는 할머니가 할아버지를 죽이셨다고 믿어요. 아버지는 제가 이런 얘기를 하면 불같이 화를 내시지만 이제는 충분히 가능한 이야기라고 생각해요. 저희 할머니는 그런 행동을 하시고도 남을 사람이에요. 이제 할머니가 싫은 정도가 아니라 무서워요. 여기서 영원히 안 나왔으면 좋겠어요.”

이 사례에는 '분리splitting'라는 기제의 특징이 거의 모두 드러나 있다. 분리는 경계성 인격장애의 특성을 나타내는 가장 기본적인 기제이면서, 공감제로들의 두드러진 특징이다. 또 사이코패스나 다른 공감제로 진단에서도 잘 나타나는 특징이기도 하다. 분리는 정신적인 분리와 행동 측면의 분리를 모두 포함한다. 그들에게는 세상은 흑백논리로만 비쳐진다. 타인에 대한 평가가 항상 극과 극을 향하여 사람을 매우 좋은 사람과 매우 나쁜 사람으로만 구분한다. 그 평가도 고정되어 있지 않고 극찬을 마다하지 않던 사람이 어느 날 갑자기 악인으로 전락하곤 한다.

자신의 기분도 이렇게 극과 극을 향하는 경향이 있어 매우 변덕스럽다. 사랑한다며 지나치게 애정을 보이다가도 작은 자극에 민감하게 반응하여 불같이 화를 내거나 입에 담기 힘든 말을 쏟아내며 달려들기도 한다. 주위 사람들을 가장 힘들게 하는 것은 사람들을 분리시키는 것, 바로 이간질하는 특성이다. 이간질에는 반드시 거짓말이 뒤따른다. 개인의 지적기능에 따라 다르지만 거짓말은 주로 교묘한 편이라 사람들이 쉽게 속는다. 만약 거짓말이 들통이 나거나 뒤에서 조정했다는 것이 발각되면 경계성 인격장애는 주로 불같이 화를 내거나 발작에 가까운 행동을 보일 가능성이 높으며, 사이코패스인 경우에는 어깨를 으쓱이며 그래서 뭐 어쩌라고 식의 반응을 보일 수 있다.

정신분석학자인 오토 컨버그Otto Kernberg의 정의에 따르면, 분리는 발달 중에 발생하는 정상적인 기능이다. 그러나 어떤 트라우마나 장기간 지속되는 심리적 스트레스에 의해 발생하는 나쁜 감정들을 고립시키기 위해 분리라는 기제를 지속적으로 유지함으로써 자아의 통합에 실패하는 것이라고 말했다. 그렇다면 어린 시절의 장기간 학대나 애정결핍 상태로 인하여 생길 수 있는 여러 가지 부정적인 기제의 한 가지라고 볼 수 있다. 최근의 연구에서는 단순히 애정이 결핍된 상황보다는 불규칙적이고 변덕스러운 애정이 분리불안을 일으켜 경계성 인격장애 형성의 원인이 된다고 말하기도 한다.

박 씨 할머니는 1940년대 초에 태어나 혼란스러운 시기에 소아기와 유년기를 보냈다. 그러면서 어릴 때부터 부모의 손에 큰 것이 아니라 남의 집에 맡겨져 길러졌다고 한다. 당시에는 가난 때문에 그런 경우가 매우 잦았다. 어린아이가 남의 집에서 길러진다는 것은 심리적인 상처나 트라우마를 받을 가능성이 매우 높다. 다들 어려운 시기에 남의 자식을 자신의 자식처럼 키우는 것이 쉽지 않았기 때문이다. 또한 그 시기에는 자식을 데리고 있는 부모라도 경제적인 어려움에 전쟁까지 겹쳐 자식에게 충분한 애정을 주기가 힘들었던 시기이다.

할머니의 경우는 어느 정도가 선천적이며 어느 정도가 후천적인지 알아보기가 힘들다. 부모가 정말 목숨을 부지하기 힘들 정도로 어려워서 자식을 먹이기 위해 남의 집에 위탁했을 수 있지만 책임감이 부족해서 그럴 수도 있다. 후자의 경우에는 선천적인 경향을 좀 더 많이 물려받았을 수 있다. 그리고 위탁된 집의 양부모가 얼마나 애정을 주었는지도 변수이며 위탁된 시기와 기간도 매우 중요하다. 할머니는 꽤 어린 나이에 위탁이 되어 성인이 될 때까지 그렇게 지냈다고 한다. 참고로 나의 어머니도 어릴 때 먼 친척에게 위탁이 되었으나 10대 중반에 가서 몇 년간만 지냈기 때문에 다소 마음의 상처는 있었을지언정 성격상의 문제가 나타나지는 않았다.

박 씨 할머니는 어린 시절부터 남의 집에서 많은 눈치를 보며 자랐을 것이다. 그 집의 친자식들과 상대가 되지 않는 경쟁을 하면서 애정을 갈구했지만 애정은 잘 오지 않으니 분노를 항상 숨기고 삭였을 것이다. 감정을 느끼면 항상 슬픔과 아픔뿐이니 그 감정을 분리시켜 무의식 깊숙이 숨겨놓을 수밖에 없다. 이제 감정을 느끼지 못하면 뜨거운 공감능력은 꺼지고 차가운 공감능력만 켜져 있게 된다. 애정을 포기하면 이제 생존의 문제가 되어 게임에 돌입하게 된다. 생존을 위해 먹을 것이나 자신의 영역을 확실하게 가질 필요가 있다. 이때 어떤 수단을 쓰더라도 확보가 중요하다. 거짓말, 이간질, 공격성, 히스테리적 발작, 뻔뻔함 등 이 모든 것들이 게임에서 이기기 위해 상대방을 이기고 조정하기 위한 수단이 되는 것이다.

공감제로의 첫 번째 단서에 대해 알아보았다. 누군가 만났을 때 당신을 지나치게 추켜세우고 대단하게 본다면 혹시 이런 성향이 있는지 지켜보라. 혹은 다른 누군가를 지나치게 비하하거나 당신이 아는 것과 다르게 지나치게 우상화한다면 조심하라. 감정이 변덕스럽고 조절이 안 되는 모습이 자주 보이거나 히스테리에 가까운 반응을 보인다면 공감능력이 없는 것은 아닌지 심각하게 고민해야 한다. 공감능력이 떨어진다면 당신과 대화하거나 지내면서 충분히 알 수 있을 것이다. 내가 이해받지 못한다는 느낌은 매우 예민하게 작동하기 때문이다. 그래도 테스트를 해보고 싶다면 이렇게 물어보라.

"당신이 만약 그런 입장이라면 기분이 어떨 것 같아요?"

당신은 상대방이 타인의 마음에 들어가 충분히 감정을 느낄 수 있는지 아니면 그런 척 하는지 충분히 알 수 있다. 우리 뇌에는 상대방의 속임수를 간파하기 위한 회로 또한 내장되어 있기 때문이다.

이중적이며 위선적인
모습을 취한다

알코올 중독 환자들을 치료하는 일은 절대 쉽지 않다. 단순한 알코올 중독으로 입원치료를 하는 사람은 실제로 얼마 안 되기 때문이다. 대다수는 인격장애나 사이코패스의 문제를 동반하고 있다. 알코올에 중독이 되어 있더라도 술을 마시고 조용히 누워 자기만 하면 가족들이 굳이 입원시키지 않는다. 일반적으로는 식사를 잘 못해 몸이 망가졌거나 금단증상을 보여 심각한 상태에 이르렀을 때 입원한다고 알고 있지만, 사실 대부분이 술을 마시고 가족들에게 난폭한 행동을 반복적으로 보일 때 입원치료를 하러 온다.

그러나 그 과정은 말처럼 쉽지 않다. 처음에 가족들은 생명의 위협을 느끼고 경찰에 도움을 요청하지만, 뚜렷한 증거도 없고 거짓말의 달인인 그들을 상대로 법적인 처벌을 가하기가 쉽지 않다. 결국에는 주위의 권고로 정신과에 입원시키려고 하지만 이런 사람들은 강제입원이 여의치 않은 경우가 많다. 설득에 의해 입원하면 다행이지만 대부분이 자신은 아무 문제가 없다거나 술은 언제든지 끊을 수가 있다며 강하게 입원을 거부한다. 심지어 고함과 욕설을 내뱉으며 폭력을 쓰려고 하면서 주위에 있는 사람들을 난감하게 만든다. 가끔은 경찰에 의해 응급입원 형태로 입원하는 경우가 있지만 이런 경우에는 72시간 내에 본인 동의가 없으면 퇴원을 시켜야 한다.

이렇게 입원과정을 구구절절 설명하는 이유는 인격장애나 사이코패스들에게 알코올 문제가 대부분 병합되어 있으며, 그들의 본질적인 문제가 알코올 문제에 가려지거나 그 속에 숨겨져 있기 때문에 주위 사람들과 치료과정에 엄청난 피해를 준다는 것을 보여주기 위함이다. 가족들이 말하는 10년 혹은 20년 이상의 고통을 듣다 보면 어떻게 견디고 살았나 싶어 절로 한숨이 나올 정도다. 그들에게는 공감능력이 전혀 없으며 아울러 양심도 결핍되었다는 공통점을 발견할 수 있다.

문제가 되는 사람들은 대부분 남자들로서 아내와 자식들에게 폭력과 욕설로 씻을 수 없는 상처를 남긴다. 그러나 이보다 더 견디기 힘든 것은, 다른 사람들에게는 예의 바르고 친절하게 대하면서 호인好人으로 통한다는 것이다. 뿐만 아니라 다른 사람에게 힘들다고 호소하면 오히려 그 사람에게 무슨 짓을 했기에 저렇게 되었냐며 책임의 화살과 비난이 가족에게 돌아오기도 한다. 물론 안팎으로 장소를 가리지 않고 늘 공격적인 사람들도 있는데, 이런 사람들은 일반적으로 충돌조절에 어려움을 가지고 있다.

안팎으로 다른 이중적인 모습에 쓰이는 기전도 역시 분리라고 할 수 있다. 이렇게 남자들이 분리의 수단을 사용하는 경우에는 이중적인 모습을 자주 보인다. 1장의 〈피해야 될 사람들〉에서 나오는 처음 사례처럼 이들은 밖에서는 신사이고 안에서는 폭군처럼 행동한다. 물론 여자도 이런 모습을 보일 수 있어 성별로 행동을 구분할 수는 없으나, 폭군처럼 행동하는 모습은 여자보다 남자에게서 더 자주 관찰된다. 여자의 경우에는 주로 자식들에게 강압적인 모습을 보이는 형태를 가진다.

요즈음에는 스마트폰 보급으로 인하여 대부분 사람들의 손에 카메라와 녹화장치가 쥐어져 있는 셈이다. 이런 위선자들이 자신들의 최대 적이 스마트폰이 될 줄은 몰랐을 것이다. 앞에서 보았듯이 이들은 자신들이 집안에서 하는 행동에 대해서는 뻔뻔하게 부정하다가도 가족들이 사진이나 영상을 가져오는 경우에는 특수한 경우로 만들려고 애쓴다. 그리고 화를 내거나 공격적인 태도를 보임으로써 의사와 가족들에게 심리적인 압박을 가해 전세를 역전시키려고 한다. 또한 알코올이나 폭력의 문제를 축소하면서 합리화시키고 원인을 가족들에게 돌리는 시도를 한다.

"제가 술을 조금 마시긴 합니다만, 지금까지 문제가 될 정도라고는 생각지도 못했어요. 이 정도는 웬만한 남자라면 다 마시는 정도인데 정말 너무한 거 아닌가요? 그래요, 막걸리 한두 병 정도는 먹어요. 그런데 막걸리는 술이 아니라 밥이에요. 신문에도 그렇게 나오잖아요. 그리고 애들을 저렇게 키우기까지 내가 안 하는 일 없이 돈을 벌어서 갖다 주었는데 그깟 술 좀 먹었다고 이러는 건 양심이 없는 짓이에요. 저 여자가 나를 얼마나 무시하는지 들으셨죠? 동네 사람들은 다들 제가 불쌍하대요. 원하신다면 통화하게 할 수 있어요. 내가 어떤 사람인지 다른 사람은 다 알기 때문입니다. 전에 제가 조금 흥분해서 마누라 한두 번 때리기도 했어요. 그땐 정말 참다 참다 못 참겠어서 그랬습니다. 그런데요. 저는 마누라한테 더 많이 맞았어요. 이래도 제가 문제입니까?"

가족들에게 원인을 투사할 때에는 대부분 자신의 잘못을 일부 시인하거나 축소하여 인정한 후, 상대방에게는 더 큰 잘못이 있는 듯

씌워놓고 자신에게 유리한 정세를 만드는 방법을 쓴다. 그런데 이런 방법이 일부 심리학자들이 말하는 일반적인 설득의 기술이기도 하다. 사실 상대방을 속인다는 것은 자신의 말을 믿도록 설득한다는 것과 별반 차이가 없다. 나는 이전에 가족들과 충분히 면담했고 그 지역 경찰과도 문제에 대해 상의를 했다. 그래서 이 말을 믿지 않았지만, 몇 번 안 본 사이이거나 늘 좋은 모습만 보고 지낸 사람이라면 충분히 믿을 수 있을 만큼 설득력이 있는 사람이 많다.

그러나 공감능력이 떨어지는 사람은 이런 일이 반복되기 때문에 충분히 알아볼 수 있다. 자신의 문제를 축소시켜 인정하거나 일부만 인정하면서 상대방 마음의 빗장을 살짝 연다. 그리고 자신이 인정한 문제가 어쩔 수 없는 일이었다고 말하거나, 일반화시켜 누구나 그럴 수 있는 일로 치부하면서 궁극적인 원인은 상대방이나 외부에 있음을 주장한다. 살짝 열어놓은 빗장은 결국 이해하는 수순으로 넘어가기 쉽다. 하지만 이런 일이 반복된다면 공감능력이 떨어짐을 의심해 봐야 한다.

혹시라도 말싸움이 붙거나 논쟁이 붙었을 때 상대방이 생각지도 못했던 엉뚱한 걸로 따지고 드는 것을 경험해 본 적이 있는가? 이런 특징은 공감제로들의 아주 중요한 특성이다. 논리적으로 밀리거나 자신의 문제점이 노출된다면, 대화 중 있었던 상대방의 사소한 행동이나 본질과 관계없는 약점을 물고 늘어지면서 우위를 점하려고 한다. 내가 들었던 말 중 몇 가지를 예로 들면 다음과 같다.

"그런데 왜 말하는 중간에 번번이 반말이야. 네가 의사면 다야?

너 몇 살이야?"

"왜 나만 가지고 그래요. 다른 사람들도 그렇게 하는데 그 사람들한테는 아무 소리 안 하고. 정말 이러기예요?"

"나는 그런 행동을 했는지 기억이 안 난다니까요. 그러는 과장님은 다 잘했어요? 어제 왜 회진 안 도셨어요? 그거 직무유기 아녜요?"

'나도 이런 말을 한 적이 있는데'라는 생각이 들었더라도 크게 걱정할 필요는 없다. 다툼이라는 것 자체가 우위를 누가 점하는지에 대한 경쟁이므로 누구라도 조금씩은 이런 식으로 말할 수 있다. 그러나 공감제로들은 툭하면 시비를 걸면서 이런 식으로 주장을 하고 우위를 점하려고 애쓴다. 결국 논쟁은 본질과 상관없는 이상한 방향으로 향하고 그들이 유리한 쪽으로 기울기 십상이다. 이럴 때는 당황하지 말고 지금 하는 이야기의 주제가 그게 아님을 주지하고 원래의 논점으로 되돌아가야 한다.

"제가 반말을 했었나요? 그렇게 들렸다면 죄송합니다. 그러나 지금은 어제 했던 당신의 행동에 대해 이야기하고 있어요."

"저는 지금 다른 사람들에 대해 이야기하는 것이 아닙니다. 바로 OO 씨에 대해 이야기하고 있어요. 다른 사람들이 당신이 이런 이야기하는 것을 지금 모르듯, 당신도 그냥 모르고 있을 뿐이에요. 그러니까 이야기의 주제를 바꾸지 말고 OO 씨에 대해 계속 이야기합시다."

"OO 씨가 그런 행동을 한 것과 내가 회진 도는 것은 아무 상관이 없는 일입니다. 내가 하는 일에 대해서는 내 상관이 판단할 테니 지금은 OO 씨의 행동에 대해 집중하시길 바랍니다."

또한 이런 사람들이 자신을 변명하거나 주장할 때에는 독특한 억양과 표정이 있다. 이런 독특한 느낌을 눈치 채는 건 사실 매우 어렵다. 전문적인 훈련을 받은 사람들에게도 쉬운 일이 아니다. 특히 관찰하는 입장이 아니라 본인이 대상자가 되어 있을 때는 더 알아채기 힘들다. 감정적인 문제에 얽혀 논쟁이 벌어지고 있을 때에는 자신의 직관이나 느낌에 충실하기 힘들기 때문이다.

몇 년 전 한 시사 프로그램에서 오래된 미해결 살인사건에 대해 방영을 했다. 마침 주위 사람들에 대한 인터뷰 중에 죽은 여자의 남편을 인터뷰할 때였다. 갑자기 몸에 전율이 느껴지면서 등골이 서늘한 느낌을 받았다. 순간 나는 남편이 거짓말을 하고 있을 가능성이 높다고 생각했다. 사실 내 느낌은 남편이 범인임을 거의 확신하고 있었다. 역시 프로그램이 진행되면서 말미에 갈수록 남편에게 의심을 가장 많이 두었으며, 얼마 후 결국은 남편이 살해의 주범으로 체포되었다는 소식을 접할 수 있었다.

인터뷰 영상에는 모자이크 처리가 되어 있었기 때문에 오로지 목소리만으로 느낌을 전달받았다고 말할 수 있다. 그럼에도 그런 느낌을 받았다는 것이, 혹시 내 직업상 이런 이중적이며 공감능력이 떨어지는 양심 없는 사람들을 자주 접해 봐서 그런 것이 아닌가 하는 의심이 들었다. 그래서 나는 그 동영상을 구해 남편의 인터뷰와 다른 남자의 인터뷰만 편집해서 주변 사람들에게 들려줘 봤다. 둘

중에 범인이 한 명이 있다고 말해 주고 누구일까 질문했더니 대부분 남편을 지목하는 것이었다. 놀라운 마음에 왜 그렇게 생각했는지 물었지만, 대부분 "잘 모르겠어요. 그냥 그 사람이 더 사기꾼 같아요." 하고 말했다. 과학적인 연구나 데이터도 아니고 대상자도 몇 명 되지 않았지만, 관찰자 입장에서는 충분히 직관을 발휘할 수 있을 것이라는 확신을 가지게 되었다.

그러나 이와 비슷한 연구는 이미 나와 있다. 하버드 대학교의 심리학자 낼리니 앰버디Nalini Ambady와 로버트 로젠탈Robert Rosenthal은 여러 강사의 강의 동영상을 음소거한 채 30초간 대상자들에게 보여 주고 평가하게 했다. 그 결과 30초간 음성 없는 동영상을 본 학생이 내린 강사들에 대한 평가가 전체 강의를 모두 수강한 학생들이 내린 평가와 큰 차이가 없음이 입증되었다. 이후 시간을 6초까지 줄여도 마찬가지 결과를 보였다.

워싱턴 대학교의 심리학자인 존 고트먼John Gottman은 어떤 부부의 모습을 15분 정도만 살펴봐도 이혼할 가능성을 95% 이상 알아맞힐 수 있다는 것을 발견했다. 심지어 3분만 봐도 결과는 비슷하게 나왔다고 한다. 말콤 글래드웰Malcolm Gladwell은 저서 《블링크blink》에서 이런 현상에 대해 '얇게 조각내서 관찰하기thin slicing'라고 표현했다. 무의식적 과정 중에 필요 없는 현상은 무시하고 중요한 것에 집중하는 직관적 사고력을 강조한 내용이다.

그렇다면 어떤 부분이 구체적으로 거짓말을 하고 있다는 느낌을 주었을까? 범인인 남편은 자신이 받은 의심이 정말 부당하다며 자신을 믿어줄 것을 호소하였다. 그러나 그 말투가 자신의 말을 믿게 하려고 애쓴 나머지 지나치게 과장적이고 악센트가 많이 들어가 있었다. 그리고 '정말'이나 '진짜'와 같은 추임새를 많이 넣었으며, 자신의 감정과 상황에 대한 묘사가 매우 극적이었다. 전반적으로 자신은 감정을 많이 실어서 말하지만 듣는 사람에게는 공감이 되지 않는 느낌이었다. 실제로 표정까지 본다면 더 나은 판단을 내릴 수 있었을 것이다. 거짓말을 할 때와 진실을 말할 때의 뇌는 판이하게 다르기 때문이다.

진실을 말할 때의 뇌 영상은 활성화되는 곳이 별로 없는 반면에, 거짓말을 할 때는 활성화되는 부위가 눈에 띄게 많아진다. 진실을 말할 때는 그냥 있는 기억을 끄집어내서 언어중추의 작업만 거치면 된다. 그러나 거짓말을 한다는 것은 없는 이야기를 실제 사건에 맞게 재구성해야 하고 미래에 생길 일까지 예상해야 하므로 전두엽이 매우 바빠진다. 또한 상대방의 반응에 민감해져야 하기 때문에 시각적 반응을 활성화시켜야 하고, 거짓말이 드러날 수 있다는 불안과 없는 사실을 재구성할 때의 긴장을 억제하기 위해 전두엽과 변연계의 상호작용이 매우 두드러진다. 그러므로 일반인들이 거짓말을 할 때는 아무리 감정을 억누르려고 하더라도 얼굴이 붉어지거나 손에 땀이 나면서 긴장하는 모습과 같은 자율신경계 반응이 잘 나타난다. 두뇌가 너무 바빠서 완벽한 통제가 어렵기 때문이다.

그러나 공감능력이 떨어지는 사이코패스나 인격장애가 있는 사람들은 이런 거짓말들을 아주 매끄럽게 해낸다. 특히 사이코패스들은 불안을 잘 느끼지 못하고 위기상황에 자율신경계 반응이 매우 떨어져 거짓말에 매우 능숙하고 천연덕스럽다. 그렇다고 해서 진실을 말하는 사람을 완벽히 흉내 내지는 못한다. 우리가 진실을 말하는 사람에게 보통 공감을 느끼는 이유는, 진실을 말하는 사람 역시 그에 합당하는 감정을 느끼기 때문이다. 그리고 그 감정에 대한 자율신경계 반응이 얼굴과 목소리에 드러나면서 우리는 무의식적으로 그 신호를 받아들이게 되기 때문이다.

그러므로 아무리 사이코패스가 유연하게 거짓말을 한다고 해도 새로 이야기를 지어낸다는 것은 두뇌에 큰 압박으로 다가오기 때문에 미세한 표정과 진실을 담은 목소리까지 흉내 내기는 어렵다. 설령 흉내를 낸다고 해도 감정을 잘 못 느끼는 그들의 특성이 단점으로 나타나 표정이나 행동, 목소리에 연결된 감정이 어색하게 다가올 수밖에 없다. 이렇게 우리는 그런 미세한 특징들을 알아채고 감정으로 느끼도록 진화되었으며 그것이 곧 직관의 형태로 나타난다.

로버트 헤어에 따르면 사이코패스들이 말할 때 유난히 손동작이 크다고 한다. 특히 영상 분석 결과 감정의 단어를 사용해서 상대방을 설득하거나 거짓말을 할 때 더 심해지는 것으로 나타났다. 그들이 감정의 단어를 사용할 수는 있어도 그 감정을 떠올릴 수는 없다. 그들이 감정적 단어나 문장을 말하는 것은 색맹인 사람이 신호등을 알아보는 방법과 같다. 색맹인 사람은 신호등의 색깔을 보는 것이 아니라 맨 위의 불이 켜지면 빨간 불이 들어오는 것이라고 배운다.

그러므로 그들에게 감정의 말은 외국어를 처음 배우는 사람이 그 외국어의 섬세한 감정적 의미를 모르는 것과 같다. 우리는 손을 사용하면서 언어가 진화되었다고 진화학자들은 말한다. 그래서 우리는 말할 때 손짓을 많이 한다. 손을 묶어놓고 말하게 하면 말하는 게 훨씬 힘들게 느껴진다고 한다. 그리고 어설픈 외국어로 말할 때는 손동작이 더욱 바빠진다. 마찬가지로 사이코패스들이 감정을 사용한다는 것은 어설픈 외국어를 쓰는 것이나 마찬가지라서 손동작이 더 많아질 수밖에 없다는 것이다.

또한 그들의 단어 선택이나 말투에는 특유의 패턴이 있다고 한다. 코넬 대학교의 심리학 교수인 제프리 핸콕Jeffrey Hancock은 52명의 살인범과 인터뷰를 하고 그들의 말을 컴퓨터를 이용해 분석하는 작업을 했는데, 사이코패스는 그중에 14명이 포함되어 있었다고 한다. 그 결과 사이코패스는 일반 살인범과 다르게 사건을 과거형으로 이야기하는 경향을 보였으며 '그러니까', '음' 등의 말을 잇기 위한 감탄사를 사용하는 경향이 있었다. 그리고 그 원인과 결과를 이야기하기 위해 '왜냐하면', '그래서' 등의 접속사를 사용하는 경우가 많았다. 또한 이야기의 내용도 일반 살인범의 경우 가족과 신앙을 언급하는 경우가 많았지만 사이코패스는 음식물이나 현금과 같은 생필품 등에 보다 강한 관심을 보였다고 한다.

이제 그들의 이중적이고 위선적인 모습에 더해서 말과 행동의 특징까지도 알아봤다. 그리고 자신의 문제를 축소 및 합리화하고 원인을 다른 데로 돌리는 특성을 알아보고, 그들의 거짓말을 눈치 채기 위한 직관적인 느낌을 가져야 한다는 것도 알았다. 그런데 당신이 만약 공감능력이 떨어진다면? 많은 연구에서 공감제로들이 얼굴 표정에서 감정을 읽는 능력이 떨어진다고 확인했듯이, 당신은 직관적인 느낌을 파악하는 능력이 매우 떨어진다고 볼 수 있다. 일반적으로 남자들보다 여자들이 공감능력이 더 뛰어나다. 많은 남편들은 아내 몰래 뭔가를 하는 것이 얼마나 힘든지 잘 알고 있을 것이다. 자신은 아무 표시내지 않는다고 애를 썼는데도 아내는 이미 눈치를 채고 있는 것은 물론 밖에서 안 좋은 일이 있었다는 것도 귀신같이 알아내지 않던가.

즉각적인 만족과 자극 추구 그리고 무모한 행동을 저지른다

오래 전에 한 친구와 연락을 끊기로 결심을 했다. 오랫동안 나 자신이 이용당하고 있다는 것을 깨달았기 때문이다. 이제부터 그를 A라고 부르겠다. A는 고교시절부터 비슷한 친구들과 기행을 주로 일삼았다. 장난삼아 창문 난간에 서서 누가 멀리 오줌을 누는지부터 지루한 수업시간에는 선생님 골려먹기까지 그야말로 아슬아슬한 짓을 즐기곤 했다. 수업을 빼먹기 위해 책상과 의자를 창문 밖으로 내놓아 숨겨놓고 도망가는 등 생각하기 힘든 창의성으로 기이한 행동을 반복하고는 했다. 마치 두려움이라고는 없는 모습이었다.

어릴 때는 그가 하는 행동이 청소년기의 반항적인 행동이라고 생각하고 그냥 웃어넘기곤 했지만 시간이 지나면서 그게 아니라는 것을 알게 되었다. 뭔가 특별한 사람이라고만 생각했지 정확히 뭐가 문제인지는 알 수 없었다. 기행에도 불구하고 A는 뛰어난 암기력을 가지고 있어서 늘 성적이 좋았다. 그의 뛰어난 학업적 성취는 대학에 진학 후 여자들에게 쉽게 어필할 수 있는 계기가 되어 난잡한 여자관계를 가지는데 큰 역할을 했다.

나는 바람둥이들은 여자를 꼬드기는 특별한 기술이 있는 줄 알았다. 하지만 그들은 기술이 아니라 특별한 매력을 바탕으로 통계학을 철저히 이용하고 있었다. 즉, 열 명의 사람에게 작업을 걸면 그 중 최소 한두 명 정도는 걸린다는 것이다. 만약 그게 안 된다면 작업 거는 횟수를 더 늘리면 된다. 그러면 누구라도 걸리게 된다는 것을 분명히 알고 있는 것 같다. 그렇게 하려면 거절의 두려움이 있어서도 안 되고 낯이 팔리는 걸 두려워해서도 안 된다. 그들에게 체면은 거추장스런 관습일 뿐이다.

A의 작업 성공률은 꽤 높았다. 그렇다고 그의 외모가 걸출할 정도는 아니다. 외모는 평범해 보였으며 언변도 그렇게 뛰어나 보이지 않았다. 그래도 그에게 여자들이 관심을 보이는 이유는, 그가 자신이 어느 대학에 다니고 있다는 것을 적극적으로 활용했으며 또한 여자들이 어떤 모습을 원하는지 재빨리 간파하는 능력이 있었기 때문이다. 물론 거짓된 모습을 보이더라도 매우 당당한 태도 역시 빠지지 않는다.

한 번씩 만나 길을 같이 가다 보면 특히 여자들에게 부끄러움이 많은 나로서는 도저히 얼굴을 들기가 힘들었다. 젊고 예쁜 여자가 지나가기만 하면 그냥 두지 않고 말을 걸기 때문이다. 그 순간이 되면 나는 마치 투명인간이 된 것 같았다. 그에게는 나란 존재가 안중에도 없었다. 내가 지금 어떻게 느끼는지 티끌만큼도 관심이 없었으며, 심지어 나를 당황스럽게 만들기도 한다. 여자에게 불쑥 다가가 "혹시 저 본 적 없어요?"라고 묻자, 그 여자는 당황하며 기억을 떠올리려고 잠시 애쓰다가 본 적 없다고 말한다. 그러면 "저도 처음 봐요." 하면서 제 갈 길을 가버린다.

혼자 남은 나는 그 여자의 '뭐 저런 사람이 다 있어'라는 듯한 눈길을 받으며 급히 사과한 후 A를 뒤쫓아 간다. 나는 도대체 뭐하는 짓이냐며 책망하지만 그는 그냥 씩 웃고 말 뿐이다. 정말 웃기는 건 다음 달에 그를 만나면 그 여자와 팔짱을 끼고 나온다는 것이다. 물론 수개월 뒤면 또 바꾸지만 말이다.

A는 근처 몇 군데 대학교 안에서 만난 예쁜 여자들은 다 기억할 정도로 기억력이 뛰어나다. 그 여자도 어느 대학교의 어디에서 몇 번 봤는지 알고 있었던 것이다. 그 주변을 맴돌며 그 여자의 동선을 어느 정도 파악한 후 말을 걸거나 기억에 남을 만한 행동을 한다. 그리고 그 여자와 식당이나 특정한 장소에서 우연히 만나는 것처럼 꾸며 인사를 한다. 알고 보면 이렇게 치밀한 계산 하에 접근을 한다. 심지어 아버지와 같이 있는 여자에게도 접근하여 정중한 태도로 인사하고 여자와의 만남을 허락받고 올 정도이다. 도무지 두려움이라고는 느끼지 않는 모습이었다.

또한 그는 주변의 사람들을 자신의 목적을 위해 적재적소에 이용할 줄 알았다. 자신이 작업을 시작한 여자가 아무래도 낯선 남자와 만나는데 두려움을 느껴 친구와 같이 나오겠다고 그러면 자기도 자신의 이미지를 좋게 만들어 줄 사람들을 같이 데리고 나가기도 한다. 그런 제안을 친구나 지인에게 할 때는 마치 만남을 주선하는 것처럼 말하지만, 막상 가보면 A의 연애를 위해 이용당할 뿐이다. 가기 전에 이런 말을 해 주고 저런 말은 하지 말아 달라고 철저히 당부한다. 그 자리에서는 자신이 스포트라이트를 받도록 분위기를 만들고 동행한 사람은 전혀 신경 쓰지 않는다. 여러 번 친구들에게서 이런 일에 관한 불평불만을 들었지만 그때는 그냥 웃어넘길 일이라고 생각했다. 그보다 더한 기행도 많았기 때문에 그 정도는 별일 아니라는 생각이 들었기 때문이다.

심지어 친구가 좋아하는 줄 알면서도 그 친구를 이용해 여자를 사귀는 일도 있었다. 그 여자는 최악의 선택을 했다. A가 보여 주는 달콤한 거짓말과 두둑한 지갑과 자동차에 넘어간 뒤 결국 결혼까지 했지만 이들은 결국 끔찍한 파국에 직면한다. 그리고 나를 비롯한 주변 사람들을 여자에 대해 의심하는 회의주의자로 만들어 연애라는 걸 회피하도록 만들었다. 물론 시간이 지나면서 주위에 서로 의리를 지키며 예쁘게 사랑하는 사람들이 훨씬 많다는 것을 알게 되었지만 말이다.

나는 A를 통해 사람들이 누군가를 파악하는 능력이 정말 형편없다는 것을 실감할 수 있었다. A는 앞의 여자관계뿐 아니라 다양한 방면에서 사람들을 위험에 빠트렸다. 특히 그는 돈을 만들고 투자하는 데 재주를 보였다. 하지만 돈도 많이 날렸다. 대학교 시절부터 돈 되는 일이라면 무엇이든지 기웃거리기 시작했다. 자신의 대학 친구들을 설득해서 투자금을 모아 대학가 근처의 옷집을 인수하여 꽤 큰돈도 벌었다. 그러나 한 가지를 절대 진득하게 하는 법은 없었다. 잘되면 얼른 팔아치우고 다른 사업에 손대거나 한꺼번에 두세 개의 사업을 동시에 하기도 했다. 심지어는 불법적인 술집을 운영하기도 하면서 돈 되는 일이라면 물불을 가리지 않았다. 빚을 꽤 많이 지고 있었으나 현금이 마르는 일은 없었다. 항상 씀씀이가 좋고 지갑은 두둑했다.

결혼 후에도 여자를 만나고 외도를 하는 일을 멈추지 않았다. 한번씩 모임을 가질 때면 자신이 어떤 여자를 만났고 몇 명을 만났는지 휴대전화에 저장된 사진을 보여 주며 마치 전리품을 자랑하듯이 늘어놓았다. 주위 사람들을 이용하는 일 역시 멈추지 않았다. 그가 나를 보자고 한다면 당장 같이 술 먹을 사람이 없거나 뭔가 부탁할 것이 있는 것이다. 반면에 우리가 그를 찾으면 절대 응답하지 않는다. 이런 A의 모습에 지쳐 이미 그의 주위에는 사람이 하나 둘씩 떠나가고 있었다.

사는 도시가 달라 한동안 보지도 못하고 연락이 없다가 어느 날 그가 이혼했다는 사실을 제삼자를 통해 알았다. 그의 아내는 줄곧 A의 욕설과 폭언에 시달렸고, 그 스트레스로 오랫동안 정신과 치료를 받았다는 충격적인 소식도 듣게 되었다. 그의 아내는 그래도 아이들을 키우겠다는 생각 하나로 견디며 살았는데 시간이 갈수록 자신에 대한 폭언이 도를 넘어 폭행으로 이어졌고, 몇 번의 폭행을 당하고는 생명의 위협을 느껴 이혼을 결심하게 되었다고 한다.

그러나 A는 이혼을 거부하고 모임에 나와 술을 마시고는 자신의 아내를 욕하면서 자신의 재산이 탐나 이혼을 하자고 그런다며 흉을 보았다고 한다. 주위 사람들도 모두 그가 이혼을 거부한 이유는 돈을 빼앗기기 싫어서일 것이라고 수군댔다. 결국은 이혼소송까지 갔고, 그의 아내가 제출한 증거들은 너무 명백한 것들이어서 그의 패배가 확실했음에도, 마지막까지 아내를 이기기 위해 어떤 짓이든 하려는 모습이 마지막 발악이라고밖에 느껴지지 않았다고 한다.

이혼 후 어느 날 A가 불쑥 전화를 해서는 지금 근처에 있으니 얼굴 한번 보자고 했다. 나는 보고 싶지 않았지만 이혼한 걸 알면서 만남을 거절하기가 힘들었다. 또 한편으로는 그런 큰일을 겪었으니 뭔가 변화가 있지 않을까 싶은 생각이 들어 약속 장소로 나갔다. 그러나 전혀 변함이 없었다. A는 자신이 찾은 좋은 투자처에 같이 투자할 사람을 찾는 것이 주된 목적이었다. 그러면서 여전히 자기가 사귀는 여자의 사진을 보여 주며 자랑을 해댔고, 자신이 이혼한 것에 대해서 힘들다는 푸념을 하면서도 자신의 아내가 얼마나 비열한 사람인지만을 강조하였다. 나는 듣다못해 그가 한 폭언과 폭행에 대해 들어서 이미 알고 있다고 말했다. 그러자 그는 누가 그딴 소리를 했냐며 노발대발했다. 나는 그를 진정시키고 돌려보낸 후 집으로 돌아오면서 이제 그와의 인연을 끊기로 결심했다.

그는 전형적인 사이코패스이다. 친사회적과 반사회적 스펙트럼에서 굳이 구분을 하자면 친사회적 사이코패스에 가까운 것으로 분류할 수 있다. 이전에는 단지 그가 흔히 조울증이라고 불리는 양극성 장애bipolar disorder라고만 생각했지만, 항상 그 이상의 무언가가 필요하다는 느낌을 지울 수가 없었다. 항상 조증인 상태에서 지내는 것처럼 보이지만 뭔가 인격적인 문제가 있었기 때문이다.

일탈을 하더라도 사회적으로 큰 문제가 되지 않을 정도로 즐기는 모습이었으며 반사회적 행동을 일삼는 것도 아니었다. 게다가 그의 행동이 매우 충동적인 것처럼 보이지만 알고 보면 계획적이며 자신의 이익을 위한 쪽으로 계산되어 있었다. 물론 계산이 충동적으로 이루어질 수 있지만, 분명한 건 조증에서 보이는 충동성과 무모함과는 차이가 있다는 것이다. 그리고 자기애적 인격장애의 성향을 분명히 지니고 있었으나 이것만으로 다 설명할 수 없다. 결론적으로 사이코패스의 가능성을 염두에 두자 좀 더 그에 대해 설명하기가 쉬워졌다. A를 가장 크게 포괄하고 있는 것은 사이코패스였다.

진단보다 중요한 건 그의 공감능력이 바닥상태라는 것이다. 공감제로를 가진 정신과적 질환에서 즉각적인 만족을 추구하는 행동은 공통적으로 발견된다. 그러면서 미래에 대해 걱정하지 않고 그냥 질러버리는 특성이 있다. 왜 그들은 현재의 만족에 무서우리만큼 집착하는 것일까?

우리는 앞에서 공감회로가 무엇인지 알아보았다. 뜨거운 인지와 공감을 담당하는 회로 중에 복내측전전두엽은 행동의 결과를 예측하고 목표와 일치하는 행동을 선택하는 데 중요한 기능을 한다. 앞서 소개한 피니어스 게이지가 손상되었던 부위이다. 이 부분이 작동하지 못하면 미래에 어떤 결과를 나을지 예측하는 능력이 떨어지게 된다. 또한 감정과 관계된 변연계와 매우 가깝게 연결되어 있어서, 사람들과 정서적으로 교류하고 사회적으로 상호작용을 하는데에도 중요한 역할을 한다. 공감능력이 떨어지는 사람들은 이러한 뇌 기능이 저하되었기 때문에 충동적이고 즉각적인 만족을 지연시키는 능력이 떨어지고 두려움 없이 무모한 행동을 일삼게 되는 것이다.

스탠포드 대학교에서 재직할 당시 이른바 '마시멜로 테스트'를 기획하고 실험하였던 심리학자 월터 미셸Walter Mischel은, 마시멜로 테스트에서 훌륭한 자제력을 보였던 아이들을 추적조사하면서 두 개의 마시멜로를 먹기 위해 15분을 견뎌낸 아이들이 성장해서도 더 좋은 성과를 거두고 있다는 것을 알게 되었다. 그는《마시멜로 테스트the marshmallow test》에서 자제력에 관해 이렇게 밝혔다.

> "자제력은 장기적인 목표를 성공적으로 추구하는 필수적인 요소다. 서로 지원하고 배려하는 관계를 구축하기 위해서는 인내심과 공감능력이 필수인데, 이때도 자제력이 큰 몫을 한다. 이 요소는 청소년기에 학교를 중퇴하거나 나쁜 길로 빠지지 않도록 해주고, 결과에 연연하지 않도록 도우며, 싫어하는 직업에 갇혀 살게 되지 않도록 삶을 이끈다. 또한 충만한 삶을 영위하는데 필수적인 감성 지능의 기초를 이룬다."

물론 약한 자제력을 보유했다고 하더라도 일상생활에서는 충분한 자제력을 발휘한다고 한다. 그들이 자제에 어려움을 느끼는 문제는 매우 매력적인 유혹에 직면했을 때이다. 그렇다고 이런 사람들이 문제를 가지고 태어났다는 뜻은 아니다. 이들은 더 강력한 엔진을 장착한 셈이며, 지연을 잘하는 사람들은 더 나은 정신적 브레이크를 보유한 셈이다.

과거 인류 초기에는 지연을 잘하는 사람들이 굶어죽거나 맹수에게 잡힐 가능성이 조금 더 높다. 음식을 아껴두고 나중에 먹겠다는 생각은 남에게 뺏기거나 상한 음식을 먹을 수 있기 때문이다. 그래서 자제력이 높고 창의적인 사람들이 가축을 기르고 농사를 시작했을 것이다. 동물을 바로 잡아먹지 않고, 또한 거두어들인 곡식을 바로 먹지 않고 더 많은 수확을 위해 오랜 시간을 지연함으로써 인류의 문화가 번성하는 계기가 된 사실이 그 증거라 할 수 있다. 그 이후부터의 인류 사회는 자제력을 보유한 사람들에 의해 더 나은 삶을 사는 환경이 지속적으로 만들어졌다.

그렇다면 A의 양육은 어땠는지 살펴보자. A는 홀어머니 밑에서 여동생 한 명과 컸다. A 자신은 아버지가 어릴 때 돌아가셨다고 말했지만 취중에 한 말로 봐서는 실제로는 이혼을 한 듯하다. 어머니가 홀로 힘겹게 생활을 했기에 아이들에게 안정감을 주는 애착을 충분히 줬다고 보기는 어렵다. 게다가 우리 제도권 교육이 이런 아이들에게 가정에서 부족한 부분을 메워 주고, 자제력과 같은 인성을 북돋워 줄 것 같지는 않다. 공감능력을 키우지 못한 A는 미래를 위한 자제력 역시 키우기 힘들었을 것이다. 또한 어릴 적 힘겨운 환경에 의한 애착의 결핍은 동료 그룹들과 무모한 행동을 반복함으로써 보상을 받았을 것이다.

이제 세 번째 단서인 즉각적인 만족 추구와 자극을 추구하는 행동 그리고 무모한 행동에 대해 알아보았다. 당신이 만난 사람이 미래의 계획보다는 현재의 만족에 지나치게 집착하며, 무모하게 투자를 하거나 위험한 행동 및 일반적으로 기이한 행동을 반복한다면 공감능력이 떨어져 있을 가능성이 높으므로 주의해서 관찰해 봐야 한다. 그러나 그들을 따라다니는 것이 뜻밖의 재미를 주기도 하기 때문에, 그럴 경우 그들의 본모습을 쉽게 놓칠 수 있으니 더 주의해야 한다. 그냥 재미와 자극을 추구하면서 그들을 따라다니다 보면 당신 자신의 공감능력도 갉아먹을 수 있다. 그들이 벌이는 일들에는 최소한 하면 안 되는 일들이 포함되어 있기 마련이다. 또한 그들은 남에게 어떤 피해가 가는지 전혀 신경 쓰지 않는 경향이 있는데, 당신도 같이 어울리다 보면 동화되기 쉽다.

데이트 폭력, 가해자로부터 벗어나기 힘든 이유

미디어나 상담을 통해 데이트 폭력 가해자들의 말을 들어 보면 대부분 공감능력이 상당히 떨어져 있음을 알 수 있다. 힘이 없는 상대방을 폭행한다는 것은 오로지 자신의 감정에만 충실해 있을 때 할 수 있는 일이다.

그래서 폭행 후에 자신을 합리화하는 모습을 보면 이 책에 나오는 특징들을 고스란히 보여 준다. 자신의 행동을 일정 부분 인정하면서도 어쩔 수 없는 방어행동으로 합리화하며, 상대방의 방어행동을 공격적인 행위로 둔갑시키거나 과장하여 표현한다. 그리고 자신의 행동을 사랑하는 사람들 사이에 흔히 있을 수 있는 다툼으로 한정시키거나 다른 사람들도 그렇게밖에 할 수 없다며 일반화시킨다.

이들이 폭력을 행사한 후에 가장 많이 하는 행동으로는 싹싹 빌거나 자신을 학대하면서 동정심을 유발시켜 관계를 유지하는 것이다. 그러나 상대방이 더 이상 관계를 유지하기를 원치 않으면 협박이라는 도구를 사용한다. 동영상이나 사진을 유포하겠다고 엄포를 놓거나 가족들을 해치겠다는 협박도 서슴지 않는다. 한국형사정책연구원에서 최근 10년간의 연구를 바탕으로 내놓은 '여성 대상 폭력에 대한 연구' 결과를 보면, 연인을 대상으로 살인이나 폭력 등 범죄를 저지른 사람들 중 76.6%가 전과자였다고 한다.

이들의 특징 중에 하나는 자아존중감이 매우 낮다는 것이다. 무시당했다고 느끼면 충동조절이 잘 안 된다. 또한 어린 시절부터 폭력에 노출되었을 가능성이 높다. 경찰청의 발표에 따르면 폭력이 대물림된다는 것을 알 수 있다. 부모간의 폭력을 본 경험이 있다는 응답자 중 41.2%는 배우자를 구타한 적이 있는 반면, 그런 경험이 없는 응답자는 4.9%만이 배우자를 구타한 적이 있었다. 더구나 부부간의 폭력에 노출된 사람일수록 아무 이유 없이 직접적인 폭력을 당한 경우가 많았으며, 이런 사람들일수록 배우자나 애인의 폭행 빈도는 급상승하였다.

그럼에도 피해자들이 그들로부터 벗어나지 못하고 관계를 유지하는 이유는 무엇일까? 평소의 다정다감한 모습과 달리 극단적으로 이중적인 모습을 보이면 진절머리를 내고 도망가야 할 것 같지만 대부분 그러지를 못한다. 그 이유는 일반적으로 피해자들은 폭력 경험을 그 자체 그대로 받아들이지 못하고 왜곡시켜 인지하기 때문이다.

어떻게 왜곡되는지 최근에 가장 지지받는 이론에 의하면, 우선은 관계에서 만족스러운 점도 분명히 있다는 것이다. 우리는 한 번 형성된 믿음을 유지하려는 특성이 있는데, 이런 심리적인 충격이 왔을 때 기억 속의 긍정적인 면을 크게 받아들이고 폭력행동을 사소한 일로 치부하면서 기존의 믿음을 유지하려고 한다.

두 번째는 소위 '매몰 비용' 때문이다. 지금까지 들어간 물질적, 심리적 투자가 크면 클수록 발을 빼기가 쉽지 않다. 세 번째는 벗어나더라도 별다른 대안이 없다고 느끼는 경우가 많다. '학습된 무기력'이라는 상태를 보이면서 벗어날 길이 보이는데도 무기력과 우울증으로 아무런 대응을 못하고 그냥 눌러앉아 버리는 것이다. 그러므로 만남의 시간이 짧을수록, 즉 초기에 적극적인 대응할수록 벗어나기가 수월하다.

그러나 연인간이든 부모간이든 폭력을 목격하더라도 남의 일이라며 참견하지 않으려는 사회적 분위기와 경찰과 사법당국의 미온적 대응태도가 지금까지 문제를 키워온 제일 큰 주범일 수 있다. 대중들의 인식변화와 사법체계 재정비가 반드시 필요하며, 개인적인 대응방법 역시 반드시 알고 있어야 한다.

충동조절이 안 되는 행동과
동정 연극을 꾸민다

나는 결혼을 앞둔 사람들, 특히 여자들에게는 상대방이 취할 정도로 술을 한 번 같이 먹어보라고 권한다. 물론 취했을 때 행동이 변했다고 무조건 문제가 있다고 보면 안 된다는 것을 전제로 한다. 지금까지 살아오면서 부부간의 문제로 힘들어하는 사람들을 보면, 젊었을 때 술버릇이 아주 고약한 경우가 많았다는 것이 우리 친구끼리의 중론이다. 물론 과학적이지도 않고 통계적이지도 않기 때문에 반드시 어떤 상관관계를 주장할 수는 없으나, 누군가를 판단하고 싶을 때 약간의 참고자료는 될 것이다.

어쨌든 알코올은 뉴런을 억제하는 역할을 하므로 이성적 판단이나 개입을 약화시켜 좀 더 본능적인 반응과 행동을 엿볼 수 있다. 취했음에도 끝까지 행동과 말투가 흐트러지지 않는 사람은 이성적 판단과 개입의 능력이 매우 뛰어날 것이다. 이런 사람은 매우 뛰어난 자제력을 지니며, 미래를 계획하는 능력이 뛰어날 가능성이 크다. 폭력적으로 변하는 사람은 최악이다. 앞에서 본 A는 젊었을 때 술을 많이 마시면 항상 사람 붙들어 놓고 했던 말을 반복하거나 울면서 자기 과거 얘기를 밑도 끝도 없이 끄집어낸다. 이런 유형보다는 차라리 술 마시고 취하면 그냥 자는 사람이 훨씬 낫다.

그렇다고 같이 술을 마셔보는 것이 썩 좋은 방법은 아니다. 알코올에 대한 개인적 반응이 매우 다양하고 술에 대한 선호도도 차이가 많기 때문이다. 그리고 사회문화적으로 술을 마시고 흐트러지는 모습을 보이는 것이 적절치 못한 행동이라고 교육받았기 때문에 자신의 모습을 잘 드러내지 않을 수도 있다. 심지어 취했음에도 냉정함을 유지하는 사이코패스들도 많다. 따라서 이보다는 사회적으로 행동패턴이 고정되지 않는 활동을 같이 해보는 것이 더 좋다. 갈등 상황이 쉽게 유발되는 활동을 통해서 상대방의 반응을 관찰할 수 있기 때문이다.

듀크 대학교 경제학과 교수인 댄 에리얼리Dan Ariely는 강에서 카누를 타보기를 권한다. 카누는 뜻하지 않은 방향으로 가기가 일쑤라 둘이서 같이 노를 저어야지 그렇지 않으면 엉뚱한 방향으로 가 갈등 상황이 자주 유발되기 때문이다. 이럴 때 쉽게 상대방을 비난하거나 분노조절과 충동조절이 안 된다면 상대방에 대한 평가를 다시 고려해 보는 것이 좋다. 우리나라에서 쉽게 탈 수 없는 카누를 대신해 행동패턴이 정해져 있지 않은 다른 생소한 경험, 예를 들면 테니스나 탁구 같은 스포츠를 같은 조가 되어 해보거나 같이 컴퓨터 게임을 즐겨보는 것도 괜찮은 방법이다. 또는 같은 프로젝트를 진행하면서 갈등 상황을 어떻게 헤쳐 나가는지 알아보는 것도 좋은 방법이다. 어쨌든 부정적인 행동패턴이 반복된다면 그 사람으로부터 멀어지는 것이 현명하다.

여기 그런 반복적 패턴을 무시했다가 어려움에 처한 여인이 있다. 그녀의 결혼생활이 어려워질 것이라는 사실을 주위 사람들은 모두 알았지만 오직 그녀만 장밋빛 결혼생활을 꿈꾸고 있었다. 그녀의 남자친구 B는 키도 크고 호남형으로 아주 매력적인 외모를 가지고 있다. 그녀 자신이 키가 크고 매력적인 외모를 가졌기에 평소 남자의 외모를 아주 중요하게 생각했다. 최소한 하이힐을 신어도 자신보다 큰 남자여야 한다는 게 평소의 소신이었다. 게다가 잘 생기고 매너 좋으며 집안도 어느 정도 재력을 가지고 있는 그에게 그녀는 처음부터 푹 빠져 버렸다.

그런데 사귄 지 얼마 안 되서 술자리를 가졌는데 약간의 언쟁을 벌이고 있는 와중에 B가 갑자기 욕을 하며 그녀의 따귀를 때렸다. 문제는 그 자리에 그녀의 친구 두 명이 같이 자리를 하고 있었다는 것이다. 친구들은 너무 놀라 어쩔 줄 몰라 하는 그녀를 남자와 떼어 놓고 집으로 가려는데, B가 급하게 뒤따라와 갑자기 무릎을 꿇으면서 자신이 잘못했고 왜 그랬는지 모르겠다며 빌더라는 것이다. 그래도 분이 풀리지 않는 그녀는 울면서 집으로 왔고, 왜 이런 일이 생겼는지 곱씹으며 그에 대해 다시 생각하고 있었다.

다음 날부터 B는 집요하게 만나줄 것을 졸랐다. 무릎을 꿇고 한 번만 용서해 달라고 비는가 하면 선물공세를 퍼부으면서 다시 만나줄 것을 요구하였다. 물론 '나는 너를 정말 사랑한다.' '너 아니면 내 인생은 아무 의미가 없다.' 등의 달콤한 말도 쏟아 부었다. 결국 그녀는 그를 용서하고 다시 만나기 시작했다. 그러나 그런 장면을 본 친구들은 그런 그녀를 극구 말렸다. 한 번 그런 행동을 보이면 계속 보일 것이니까 지금 그만두는 것이 좋겠다고 경고하였지만 그녀의 마음은 이미 그에게로 한참 기울어져 있었다.

"누구나 한 번은 실수할 수 있잖아. 그 한 번 가지고 사람을 내치는 건 너무 잔인하지 않니. 그리고 그 사람 지금도 반성하고 있어. 예전보다 나에게 더 잘해 주는 걸. 나도 그를 진심으로 사랑하고 있어."

그러나 친구들의 걱정은 현실이 되고 말았다. 한참을 잘 자제하는 것 같더니만 또 다시 그녀에게 취중에 폭언을 행사했다. 그녀는 또 맞을까 봐 집으로 가려는데 뒤쫓아 와서는 울면서 미안하다며 붙잡고 놓아 주지를 않았다. 조금 전의 그 무서운 얼굴은 어디가고 없고 마치 버림받기 싫어하는 세 살짜리 아이 같았다.

그녀는 이제는 정말 마지막이라고 생각하고 계속 화를 내면서 놓으라고 윽박질렀다. 이제 읍소가 통하지 않자 B는 자신을 받아 주지 않으면 죽어 버리겠다고 협박을 했다. 그녀가 마음대로 하라고 하자 갑자기 도로 한가운데로 뛰어들었다. 놀란 그녀는 B를 붙잡아 인도로 끌어오려 했지만 자신을 용서하고 받아 주지 않으면 이대로 죽어 버리겠다고 버티는 바람에 용서하고 만나 주겠다는 약속을 했다고 한다.

B의 문제 행동을 알게 된 그녀의 부모는 빨리 괜찮은 남자를 소개해 주고 결혼을 시켜야겠다는 생각으로 그녀를 의사와 맞선을 보게 하였다. 내키지는 않았지만 맞선을 본 그녀는 안정되어 보이는 그 의사가 싫지 않았다. 그런 맞선남을 한 번 더 만나는 자리에서 일이 터졌다. B는 이상한 낌새를 눈치 채고 그녀의 핸드백을 뒤져 맞선남의 명함을 가지고 있다가 맞선남에게 전화를 걸었다. B는 상대방에게 온갖 욕을 하며 지금 그 여자와 헤어지라며 윽박질렀다. 결국 그녀는 맞선남에게 사과하고 급하게 B에게 따지러 갔으나 그는 이미 제정신이 아니었다. 화를 냈다 빌었다 하며 차라리 죽어 버리는 게 낫다며 극단적인 말을 서슴지 않았다.

문제는 이때부터였다. 읍소와 사과, 달콤한 말들이 그녀를 붙잡아 두는데 큰 효과를 발휘하지 못하자 이제는 협박이라는 무기를 자주 사용하기 시작했다. 그 뒤로도 이런 일이 계속 반복되었는데 그 주기가 점점 짧아졌다. 취중에 난폭하게 굴었다가 미친 듯이 사과하거나 안 받아 주면 죽어 버리겠다고 협박을 하면서 각종 선물 공세와 이벤트를 반복했다.

더 큰 문제는 그녀도 이제는 이런 모습을 집착으로 받아들이지 않고 사랑이라고 여기고 있었다는 것이다. 드라마나 영화에서 이런 격하고 극단적인 감정을 오가는 모습을 사랑으로 묘사하는 일처럼 말이다. 이런 일이 있을 때마다 B가 손을 부여잡고 사과하면서 울고불고하면 자신도 같이 울면서 화를 내고 남자를 때리다가도, 그 뒤 격한 사랑의 행위를 하면 마치 영화의 한 장면처럼 극적인 사랑을 하고 있다고 느끼게 된 것이다.

그녀가 결혼을 한다고 했을 때 주위 친구들뿐만 아니라 부모님까지도 걱정을 하며 말렸다. 그녀는 결혼을 하면 B가 달라질 것이라고 믿고 있었고, B는 그녀의 부모님에게 항상 공손하고 의젓한 모습으로 안심시켰다. 그리고 그의 언변은 어른들이 보기에 매우 믿음직하게 들려 그에 대한 불안을 누그러뜨리기 충분했다. 물론 B의 집안 경제력을 바탕으로 한 고급스런 선물도 그에 대한 믿음을 회복하는 데 일조하였다.

결국 이 모든 기대들은 결혼 이후부터 조금씩 무너지기 시작하였다. 남편이 된 B는 그녀를 마치 아이들이 무언가를 가지고 싶어 안달하다가 소유하고 나면 관심이 시큰둥해지는 물건처럼 취급하였다. 그녀의 말대로 결혼 후 달라지기는 했는데 전혀 뜻밖의 모습으로 달라진 것이다.

이제는 취중에만 난폭한 행동을 하는 것이 아니라 멀쩡할 때도 감정과 행동 조절이 안 되었다. 마치 세 살짜리 아이가 원하는 것이 안 되면 엄마에게 울면서 화를 내는 모습을 연상시켰다고 한다. 실제로 남편과 시어머니와의 관계를 보면 아직 세 살에서 더 크지 못한 게 아닌지 의심되었다. 시어머니는 아들을 자신의 주변에 맴돌도록 항상 과잉보호하고 교묘히 조작하였다. 사실 B는 결혼 전까지 뚜렷한 직업을 가지지 못했었다. 남들이 부러워하는 대학을 졸업하기는 했으나 뭐든 꾸준히 하지 못했다. 고시를 준비한다고 그랬다가 얼마 안 되서 그만두고 부모를 졸라 더 공부를 하겠다고 미국으로 갔으나 공부는 뒷전이고 돈만 진탕 쓰고 몇 년 만에 귀국하였다. 그러면서 항상 곧 대기업에 입사할 것처럼 떠들고 다녔다.

그러다가 결혼을 하고 아내의 설득으로 지방에 직장을 구하기도 했다. 그녀는 아들의 문제를 항상 자신에게 원인을 돌리는 시어머니 근처를 떠난다는 것이 우선 기뻤다. 그러나 시어머니는 그 회사에 대한 트집을 잡으며 아들에게 가지 말 것을 종용했다. 그럼에도 불구하고 그녀는 남편을 직장에 밀어 넣었지만 겨우 한 달을 일하고는 그만뒀다. 시어머니는 항상 가까운 곳에 아들을 살도록 하면서 자신의 의도대로 움직이도록 알게 모르게 압력을 넣어왔다. 물론 아들은 어머니가 이 세상에서 자신을 가장 사랑하며, 자기는 어머니의 뜻을 거스르는 일을 하지 못한다며 아내에게 참을 것을 요구하였다.

B는 아내를 의심하기도 했다. 툭하면 결혼 전에 맞선 봤던 일을 말하면서 마치 아무 남자나 만나고 다니는 사람처럼 취급했다고 한다. 심지어 결혼 후에도 자기 몰래 누구를 만나고 있다고 의심까지 했다. 이런 일로 싸우고 어린 딸을 데리고 친정에 가면 찾아와 또 무릎 꿇고 빌면서 잘못했다고 사과를 했다. 그걸 안 받아 주면 또 무슨 짓을 저지를지 모르기 때문에 할 수 없이 집으로 가야 했다. 그녀의 유일한 즐거움이 친구들과 만나서 수다를 떠는 일인데 혹시라도 귀가 시간이 늦어지면 B는 전화를 수십 번 하면서 안절부절 못했다. 정말 친구들 만난 건 맞는지 화를 내면서 영상통화를 요구하기도 했다.

그녀의 부모는 딸에게 이혼을 권유했으나, 그녀는 남편이 딸들을 무척 사랑하고 딸들 역시 아빠를 좋아하기 때문에 이혼으로 딸들이 상처받을 것을 염려하였다. 나는 그들이 이혼을 하지 않는다면 최선의 방법은 아들과 시어머니를 떨어트려 놓는 것이라고 충고했다.

과잉보호는 집착이며, 또 다른 학대의 모습이기도 하다. 물론 학대받은 아이들에게는 충동적이고 극단적인 감정을 자주 오가는 모습이 더 많이 나타난다. 과잉보호라는 이름으로 학대받은 사람들도 이런 모습을 보이지만, 다른 점은 과잉보호 받은 이들은 자신은 자신의 보호자와 정신적으로 묶여 있고 보호자가 자신을 사랑하는 유일한 사람이라고 여긴다.

과잉보호의 특징은 아이를 세상과의 교류와 상호작용을 차단한다는 것이다. 다른 사람과 상호작용하는 과정에서 다른 사람의 마음을 읽고 자신의 감정을 조절하는 법을 배울 수가 있는데, 과잉보호 속에서는 이럴 기회가 차단되어 현실과 동떨어진 자신만의 세상을 만들기 쉽다. 그 안에서는 자기 멋대로 할 수 있다는 착각에 빠지게 되면서 자신에 대한 과대 망상적 사고를 키우게 되고, 다른 사람의 감정을 고려할 필요가 없다고 여겨 공감능력을 꺼버리게 된다.

일상생활의 어려움이나 장애물에 대해 대처하는 능력을 키우지 못한 채 세상에 나가면, 마치 기타를 치지도 못하면서 자신감 하나로 공연장 무대에 서는 것과 마찬가지가 된다. 이렇게 되면 보호막이 쳐진 어릴 때의 세계로 다시 들어가는 것이 가장 쉽고 편한 방법이라는 것을 알고 성장을 거부해 버린다. 그가 사람이 느낄 수 있는 부정적인 감정, 즉 실망, 분노, 죄책감, 외로움, 좌절과 같은 감정들을 극복해 나가기 위해서는 그에게 공감하고 안정감을 줄 수 있는 성인이 곁에 있어야 한다.

B에게 아버지는 거의 존재감이 없고, 어머니는 추측컨대 경계성 인격장애의 경향을 가진 것으로 보인다. 어머니의 행동에 분리적 사고의 경향이 뚜렷이 보이기 때문이다. 이런 성격의 부모 밑에서 자란 아이들은 공감능력이 떨어져 강박적이거나 감정을 주체하지 못해 공격적이다가 죄책감에 휩싸이는 등 안정감이 떨어지게 된다. 설령 직업적인 성취를 이루더라도 가정 내에서는 가족들이 고통 받는 경우가 흔하다.

이렇게 충동조절이 안 되는 행동 뒤에는 동정을 유발하는 연극적인 행동이 나오는 경우가 많다. 마치 자신이 어쩔 수 없는 장애를 가졌거나 피해자인 양 행동을 하면서 상대방이 가진 자신에 대한 의구심이나 분노를 무력화시킨다. 그리고 자신에 대해 불쌍하고 측은한 마음을 갖도록 하여 자신을 떠나지 못하게 한다. 구타를 하고는 자신이 잘못했다며 싹싹 빌거나 눈물을 흘리며 내가 왜 그런 행동을 했는지 자신도 이해하기 힘들다며 머리를 쥐어뜯는다. 혹은 자신은 필요 없는 존재라며 주먹으로 벽을 내리치거나 머리를 박으면서 상대방에게 동정을 유발하는 동시에 자신을 떠나면 더 무서운 일이 일어날 것임을 암시한다. 이러한 동정연극은 다양한 형태로 나타난다.

자신이 병에 걸렸거나 심하게 아프다는 동정연극은 가족이나 연인이 자신 주위에 맴돌도록 만드는 훌륭한 도구가 된다. 한 여자는 처음 보는 사람들마다 자신이 암에 걸렸으며 몇 년 살지 못한다고 말한다. 이렇게 동정심을 유발한 다음 자신이 원하는 계약을 하도록 유도한다. 이 여자가 10년 가까이 잘 살고 있는 것을 본 사람이 그 정도면 이제 완치된 것이 아니냐고 말했다가, 힘겹게 살고 있는 불쌍한 사람을 사기꾼으로 매도했다며 그녀로부터 거센 비난을 감수해야 했다.

B의 어머니는 히스테리적 증상을 보이면서 상대방을 구속하였다. 뜻대로 되지 않거나 불리해졌을 때 가쁜 호흡을 몰아쉬며 쓰러지거나 극심한 불안 증상이나 우울증을 호소하여 주위 사람들을 조종한다. 실제로 B의 어머니는 이런 증상으로 응급실을 자주 들락거렸다. 그녀는 병원에서 정신과 진료를 받도록 권유 받은 뒤, 공황장애로 진단받고 약물치료를 받았다. 항상 자신의 심장에 문제

가 있다고 믿고 있었으며, 실제로 최근에 부정맥이 발견되면서 가족들을 옥죄는 일이 더 심해졌다. 이들은 이렇게 병을 만들어 내기도 한다.

어떤 할머니는 요양원을 가게 되자 가족들에게 죄책감을 유발하고 조종하기 위해 못 걷는 시늉을 하였다. 물론 주위에 보는 눈이 없을 때는 잘 걷는다. 그러나 시간이 갈수록 누워 있는 시간이 많아져 근육위축으로 정말 못 걷게 되자 자신의 불행한 현실을 가족들 탓으로 돌리며 비난하거나 가족들을 항상 자기 옆에 머물도록 강요했다.

지금까지 우리는 공감제로의 네 번째 단서인 충동적이며 극단적인 감정을 오가는 행동과 동정연극에 대해 알아보았다. 이와 같은 모습이 자주 보인다면 공감능력이 떨어짐을 의심해야 한다. 내가 아는 최악의 의사 중 한 명은 근무지를 옮기자마자 별 문제가 아닌데도 마음에 안 든다고 하면서 병동 간호사에게 불같이 화를 내고는, 몇 시간 후에 마치 아무 일 없었다는 듯이 웃기지도 않은 농담을 하며 친숙하게 행동하는 것을 반복하였다. 때로는 성질을 부리고 나서 갑자기 음식을 배달시켜 주거나 식사하라고 돈을 준다는 것이다. 간호사들은 주는 건 고맙게 받겠지만 도대체 어떤 반응을 보여야할지 난감해 하며 이상한 사람이라고 푸념했다.

시간이 지나면서 나는 그가 공감능력이 많이 떨어짐을 확인하였다. 그는 다른 사람들의 감정을 느끼는 능력이 떨어져 충동적인 행동을 해놓고도 미안한 마음을 갖기가 힘들었다. 그러나 그런 행동을 하고 나면 다른 사람들이 싫어한다는 것은 학습할 수 있기 때문에 행동에 대한 보상으로 먹을 것이나 돈을 내놓는 것이다.

모순적인 언어 사용과
혼란스러운 표현을 쓴다

앞에서 살펴본 알코올 중독이 있는 인격장애나 사이코패스들이 보이는 독특한 부정denial 반응을 다시 한 번 알아보자.

"외출 나가시기 전에 술 마시지 않는다고 약속하지 않으셨어요?"

"네. 안 마셨어요."

"그런데 지금 얼굴도 평소보다 벌겋고 술 냄새가 많이 납니다."

"정말입니다. 술 안 마셨어요. 그냥 막걸리 딱 한 병 먹고 왔어요."

이런 말을 들으면 보통은 정말 할 말을 잃어버린다. 딱히 거짓말이라고 하기에도 힘든 것이 그렇다고 진실을 말하는 것도 아니기 때문이다. 대부분 말도 안 되는 소리로 둘러댄다고 말할 것이다.

그런데 이런 말 정말 많이 듣지 않았는가? 가끔 매스컴에서 터지는 연예인 가십거리나 일부 정치인들의 어록에서 보듯이 음주상태에서 자동차 사고를 내놓고는 '술은 마셨지만 음주운전은 하지 않았다.' 혹은 '돈은 받았지만 뇌물은 아니다'와 같은 논리라는 것을 언뜻 봐도 알 수 있다. 어떤 수감자는 '강력범죄를 저지르지는 않았지만 사람을 죽여본 적은 있다'고 말해 우리를 아연실색을 하게 만들었다. 이런 말을 하는 사람들은 분명히 말장난으로 우리를 웃기려는 의도를 가진 건 분명 아니다. 누가 봐도 노련한 거짓말이 아님에도 공감능력이 떨어지는 사람들은 왜 이런 앞뒤가 맞지 않는 말을 반복하는 것일까?

어느 날, 형사가 찾아와서 내가 진료를 보던 환자에 대해 수사협조를 원했다. 그 사람을 C라고 하자. 형사가 찾아오기 1년 전쯤, C는 아내를 폭행하다가 신고를 받고 나타난 경찰에게 엉뚱한 소리와 함께 횡설수설하는 모습을 보여 정신 이상자로 의심받아 응급입원의 형태로 입원하였다. 일반적으로 경찰에 의해 응급입원을 한 경우에는 입원을 거부하고 3일 만에 퇴원하기 마련인데 C는 웬일인지 계속 입원하기를 원하였다. 아마 계속 입원해 있는 것이 경찰조사를 피하고 위기를 넘기는데 유리할 것이라고 판단한 것 같았다.

엉뚱한 말과 횡설수설하는 모습은 정신병 때문은 아니었다. 술은 못 마시기 때문에 입원 전에 측정한 알코올 치수는 제로였다. 마약 투여도 의심되었지만 팔에 주사바늘 자국이 없었다. 지나치게 흥분한 상태에서 일시적인 뇌 기능의 장애를 보였거나 위기를 모면하기 위해 일부러 그랬을 가능성이 가장 높았다. 며칠이 지나자 그런 모습이 많이 줄어들기는 했지만 특이하게 모순된 언어 사용이 굉장히 많았다.

가령 내가 아내에 대한 폭행에 대해 물으면 '때리기는 했지만 폭행은 하지 않았다'는 식으로 대답하곤 했다. 처음에는 TV에서 저런 말투를 배워서 하는가 싶었지만 병동 내에서도 다른 사람의 물건을 훔치다가 발각이 되면 '가져가긴 했지만 훔치지는 않았다'는 식으로 둘러대곤 했다. 아내와의 면담에서 그런 식의 말투가 항상 지속되었다는 것을 알 수 있었다. C와의 면담에서 특징적인 것은 정서적인 사건을 묘사하는 것이 매우 서툴고 이야기가 산으로 가는 일이 많다는 것이다. 가령 내가 경찰이 왔을 때 기분이 어땠냐고 물으면 이렇게 대답했다.

"아! 그때요? 음, 기분이 좀 묘했죠. 내가 조금 때리기는 했지만 나도 많이 맞았기 때문에 나 때문에 왔으리라고 생각하지 못했어요. 그 두 사람이 갑자기 내 팔을 잡는데 힘이 정말 세다고 느꼈어요. 아, 위압적이었어요. 내가 설명을 하니까 일단 정신과에 입원을 좀 하자고 하대요. 나는 경찰서에 가는 건 정말 싫거든요. 그래서 왔는데 생각보다 지낼 만 해요. 아까 나하고 있던 사람은 별 문제도 없어 보이던데 왜 왔는지 모르겠어요."

아마 이런 특징이 경찰에게는 횡설수설하는 것으로 느껴졌을 수 있다. 그에게 진실은 조각조각 파편화되어 보였다. '나는 아내를 때렸다'는 생각과 '나는 아내를 폭행하지 않았다'는 생각이 서로 독립적인 단위로 작용하고 있었다. 일반적으로 두 가지 생각이 일관되지 않다는 것을 알고 같이 말하면 모순된다는 것을 안다. 만약 같이 쓴다면 말이 안 되는 소리를 한다는 것을 다른 사람들이 알 것이고 나는 비난받을 것이라고 생각하게 된다. 즉, 이 두 가지를 같이 쓰지 못하게 하는 것은 다른 사람의 생각과 느낌을 자기 것으로 만드는 공감능력과 비난받지 않으려는 양심의 힘 때문이다. 학습이 가능하기는 하지만 공감능력이 없으면 양심도 생기기 어렵다.

앞에서 예로 든 알코올 중독자가 말한 독특한 부정도 같은 원리를 보이고 있다. '나는 술을 마시지 않았다'와 '막걸리는 술이라고 볼 수 없다'라는 두 가지 생각을 떨어트려 독립화한 후, '나는 술을 마시지 않고 막걸리를 마셨다'고 하는 자가당착적이고 비논리적인 생각으로 자신을 변론한다. 문제는 그들이 이 말을 농담 삼아 하는 것이 아니라 진심으로 한다는 것이다.

결론적으로 공감능력이 떨어지면 진실을 파편화시키고 남들의 시선은 아랑곳하지 않고 자신이 가장 유리하다고 생각하는 조합을 만들어 내게 된다. 일부 정치인과 연예인들이 이런 어법을 자주 사용하는 이유도 공감능력이 떨어지거나 당장 위기를 벗어나기 위한 임기응변으로 꽤 훌륭하기 때문이다.

사고의 파편화는 일관적인 주제를 가지고 논리적으로 설명하는 것을 방해한다. 특히 공감제로는 감정적인 사건을 설명할 때 매우 서툴다. 그들에게 감정적인 묘사는 처음 배우는 외국어와 같다. 그래서 감정에 관련된 질문에 잘 대답하지 않거나 반응이 늦기도 하고, 묘사하려고 손짓이 커지면서 겨우 몇 마디 하다가 자신이 편하게 말할 수 있는 객관적인 사실로 넘어가기도 한다. 동시에 이야기가 일관되지 못하면서 논리적이지 못하고 부적절한 말들을 나름대로는 논리적이라고 생각하며 마구 말하게 된다.

그러나 생각보다 이런 어법의 문제를 파악하지 못하는 사람들이 꽤 많다. 실제로 많은 정상적인 사람들도 약간의 의사소통 문제를 가지고 있기 때문에, 그들도 그런 사람의 일종일 것이라고 생각하거나 재미있는 사람이라고 웃으며 넘기기 쉽다. 또한 그들의 말은 주제의 전환이 논리를 잃지 않고 서서히 바뀌는 것이 아니라 마치 영화에서 화면과 화면이 전환되는 것처럼 급작스럽다. 하지만 수많은 영상물에서 이런 편집이 난무하기 때문에 우리는 이런 급작스런 주제 전환에 꽤 익숙해져 있으며, 누가 이렇게 말하더라도 크게 불편해하는 사람들이 많지 않다. 더구나 그 사람이 말하는 내용에 몰두해 있다면 이런 모순점을 알아차리기는 더욱 어렵다.

나는 어렵게 C의 아내를 불러 면담하면서 어떻게 만났는지 물었다.

"직장에서 만났어요. 성격이 내성적으로 보였는데 말을 걸어도 말을 잘 못하는 게 부끄러움을 많이 타는 것 같았어요. 저는 아버지가 항상 술 마시고 고함지르고 밤새도록 잔소리하는 게 너무 싫어서 항상 술 못 마시는 사람하고 결혼하겠다고 마음먹고 있었거든요. 근데 이 사람이 술을 전혀 못 마시는 거예요. 게다가 인상도 좋고 착해 보여 제가 먼저 접근을 했어요."

"그럼 그때는 별 문제 없었나 보죠?"

"몇 번 데이트를 했는데 그때도 이야기를 하다 보면 자꾸 산으로 가는 느낌이었어요. 그때는 이 사람이 수줍어서 말을 잘 못하는 거라 생각했어요. 긴장하다 보면 나도 내가 무슨 말을 했는지 모를 때가 있잖아요. 그리고 회사 사람들 이야기를 많이 했어요. 그 사람들 흉을 좀 많이 보더라고요. 물론 틀린 말들은 아니었지만 그래도 데이트하는 데 어울리는 이야기는 아니라고 생각했어요. 그래도 저한테 잘해 주려고 애쓰는 게 보였어요. 그때는 엉뚱해 보이는 게 또 매력적으로 보이기도 하고… 그런데 몇 번 만나지도 않았는데 어느 날 갑작스레 정말 사랑한다며 결혼을 하자는 겁니다. 나는 아직 그럴 사이는 아닌 것 같아서 좀 더 기다려달라고 했어요. 그런데 어쩌다 보니 그만 애를 가지게 되었어요."

"그렇게 결혼하게 되었네요. 결혼 후에 많이 변하던가요?"

"그렇지는 않았어요. 그냥 말이 안 통해서 답답한 정도. 저는 같은 직장을 계속 다녔는데, 남편은 다른 곳으로 이직을 했어요. 그런데 눈치가 좀 이상했어요. 다른 여자를 만나는 것 같아서 제가 따졌어요. 그랬더니 얼굴이 확 변하면서… 그 표정은 정말 평생 못 잊을 겁니다. 그러면서 뭔가를 막 설명하는데 도대체 앞뒤가 안 맞는 거예요. 무슨 말을 하는지 잘 모르겠는데, 중요한 건 내가 문제라는 겁니다. 만나는 여자가 누군지 알아내고 내가 찾아가기도 했어요. 그 여자는 이 남자가 결혼한 줄 몰랐다는 거예요. 저도 너무 기가 막혀서 눈물밖에 안 나왔어요. 그런데 더 기가 막히는 건, 남편은 나 때문에 자기가 거짓말쟁이가 되었다고 화를 내는 거예요. 저건 무슨 소린가 싶어 아무 말도 못하고 있는데, 대뜸 나더러 너는 만나는 남자 없냐는 거예요. 그래서 무슨 말도 안 되는 소리냐고, 증거 있으면 대보라고 했더니만 갑자기 저를 때려요. 너무 놀라 제가 반항을 하니까 제 목을 조르는데, 그 남자 눈을 보니 살기가 서려 있다는 게 뭔지 그때 처음 느꼈어요. 이렇게 죽겠구나 싶어서 그냥 온몸에 힘을 뺐어요. 그러자 남편도 손에 힘을 빼더군요. 그러더니 저를 내려다보며 너무 태연하게 저를 사랑한다고 말하는 거예요. 갑자기 온몸에 소름이 끼쳤어요. 그래서 이 사람 제 정신이 아니구나 싶어서 경찰에 신고했어요."

C는 보름 만에 스스로 퇴원을 했고 이후에는 어떻게 지내는지 알

길이 없었다. 그런데 1년 만에 형사가 사건을 조사하기 위해 방문한 것이다. 형사에 의하면 그 이후 별거를 하면서 지냈는데 아내는 이혼을 요구했지만 C는 이혼하기를 거부하고 다시 합치기를 요구했었다고 한다. 아내가 소송을 걸겠다고 하자 C가 얘기 좀 하자며 직장까지 찾아와 행패를 부리다가 아내를 다시 폭행했다고 한다. 그러자 C는 자기한테는 정신병이 있다며 그 병원에 가면 알 수 있다고 말해서 확인 차 왔다는 것이다. 나는 정신병이 아니라 인격장애로 보이며 최근 진료기록이 없어서 진단서 발급은 불가능하다고 설명했다.

C의 아내는 공감제로의 다섯 번째 단서인 모순적인 언어의 사용과 혼란스러운 표현을 통해 C의 문제점에 대해 알 수도 있었으나, 그녀가 가진 남자에 대한 편견 때문에 C의 본모습을 놓치고 말았다. 그 편견은 알코올 문제와 인격적 문제를 가지고 있던 아버지에 의해 심어졌다는 것이 중요하다. 그녀가 아버지에 대해 무서워하고 싫어하자 그녀의 어머니는 아버지가 평소에는 좋은 사람인데 술 때문에 그런 거니까 우리가 이해해야 한다고 버릇처럼 말했다고 한다. 그러니까 아버지를 저렇게 만든 것이 술이라는 변명이 술을 마시는 사람에 대한 편견으로 자리 잡았던 것이다. 왜곡되거나 결핍된 애정은 스스로의 공감능력마저 떨어트려 상대방을 전체적으로 보는 것을 어렵게 만들면서 단순한 사실에만 의존해 사람을 판단하게 만들었다. 정신적인 문제는 이렇게 세대를 넘어 이어지게 된다.

무책임한
행동을 한다

오랜만에 만난 사람에게 10년도 훨씬 전에 이혼한 전 부인에 대해 물어보기는 쉽지 않다. 이혼한 전 부인을 D라고 하자. 나는 내가 책을 준비하고 있으며 공감능력이 떨어지는 사람에 대해 자료를 준비하고 있다는 사실을 밝히고 조심스레 물어보았다. D가 아이를 전혀 돌보지 않고 책임감 없는 행동 때문에 이혼했다고 오래전에 들어서 알고 있었지만, 확인하고 싶었다.

그의 지인 한 명은 그와 D의 결혼식장에서 D를 보고 자신의 눈을 의심했다고 한다. D는 자신이 아는 다른 남자와 한동안 사귀던 사람이었고, 그 사람이 D에 대해 넌덜머리를 내며 헤어졌던 기억이 있기 때문이다. 아름다운 외모를 지닌 덕에 수많은 남자들과 사귀고 헤어지기를 반복하면서 낙태도 여러 번 했으며, 여러 남자를 동시에 사귀는 등 품행이 좋지 않았다고 한다.

그녀에게는 조용한 성격이면서 사회적 관계가 좁은 편인 그가 자신의 과거를 숨길만한 적당한 결혼 상대자로 보였을 것이다. 그 지인은 아마 결혼 전에 알았더라면 틀림없이 그 사실을 말해 주었겠지만, 그 상황에서는 자신이 사람을 잘못 봤기를 바랄 수밖에 없었다고 한다.

그는 D를 악마라고 표현하면서, 사람이라면 자기 자식에게 그렇게 대할 수가 없을 것이라고 말했다. 처음 결혼할 당시 그녀의 친구들을 봤을 때 정상적이라고 느껴지지는 않았다고 한다. 뭔가 노는 게 틀려 그녀의 과거에 대해 어느 정도 눈치를 챘고, 누군가 그녀에 대해 넌지시 말해 주는 사람도 있었다고 한다. 그러나 그는 자기가 사랑을 많이 주면 변할 것이라고 믿었고, 애를 낳고 1년까지는 친구들을 만나는 것도 자제하면서 별 문제가 없었다고 말했다. 그러나 얼마 못가 자기는 물론 말 못하는 아기한테 짜증을 내는 일이 많아지면서 집밖으로 나돌기 시작했고, 친정은 집이 머니까 시어머니에게 이런 저런 핑계를 대면서 애를 맡기는 일이 많아지자 고부간의 갈등도 심해졌다고 한다. 급기야는 남편에게 애를 맡기고 밤 늦게 들어오는 일이 잦아졌다는 것이다.

그의 가족들이 난리가 난 것은 당연한 일이었다. 그는 어떻게든 아내를 변호하려고 가족들을 설득했다고 한다. 그러나 그녀는 아무런 문제가 안 된다며 무책임한 말만 내뱉을 뿐이었다. 한 번은 이웃이 자기한테 혹시 애기가 아프냐고 묻더라는 것이다. 왜 그러냐고 되물으니 한 번씩 집에서 애 우는 소리가 오랫동안 들리는데 그게 불편하기도 하고 걱정되기도 한다는 것이었다. 그 말을 들으니 도저히 일이 손에 안 잡혔다. 다음 날 낮에 집에 들렀을 때 그는 너무 놀라고 말았다. 엄마는 어디 가고 없고 애는 혼자 자다 깨서 울고 있는 것이었다. 그는 애를 달래고 먹을 것을 먹인 뒤, 아내를 기다렸으나 그가 집에 들어온 뒤 한 시간이나 지나서 들어왔다.

그가 화가 나서 어떻게 된 일이냐고 따지니 그녀는 마치 별일 아니라는 표정으로 애가 자길래 쓰레기 버리러 갔다가 아는 사람을 만나 잠시 이야기하다 보니 늦었다고 둘러댔다. 그러면서 이야기하다 보면 한 시간 정도는 지날 수 있지 않느냐며 오히려 그에게 예민하게 구는 것으로 몰아붙였다고 한다.

그는 이제 그녀를 믿지 못하겠다는 생각이 들었고 관리실에 부탁을 해서 CCTV를 조회한 뒤 아내가 자신이 들어오기 두 시간도 훨씬 전에 나갔다는 사실을 알게 되었다. 그리고 그는 혹시 나가기 전에 애한테 약을 먹인 것이 아닌가 의심이 들었다고 한다. 항상 집에 코감기 약이 있었던 것과 자신이 퇴근해 와서 보면 애가 기운 없이 처져 있었을 때가 많았던 사실 때문이었다.

그에게는 그녀가 밖에 나가서 뭘 했는지 아는 것은 더 이상 중요하지 않았다. 아이를 시댁으로 보내고 그는 아내에게 이혼을 요구했다. 만약 엉뚱한 요구를 하면 모든 법적인 조치까지 각오하고 있었다. 그러나 뜻밖에도 그녀는 마치 기다렸다는 듯이 순순히 이혼에 응했다고 한다.

그는 담담히 이야기를 털어놓은 후 가장 후회되는 게 결혼 당시 뭔가 이상하다고 느꼈을 때 아무것도 하지 않았다는 것이라고 말했다. 사실 파혼을 하게 될까봐 두려웠다고 한다. 인생의 중요한 일이 완성되어 가는데 그것을 되돌린다는 것은 자신뿐만 아니라 가족에게도 엄청난 충격을 주는 일이다. 그래서 스스로에게 좋아질 수 있다고 합리화를 시킨 것 같다고 한다. 그리고 그녀의 아름다움에 자신의 이성이 마비되었던 것 같다고 털어놓았다. 다행히 그는 재혼에 성공하였고 지금은 행복하게 잘 지내고 있다.

반면에 다른 한 여인이 있다. 그녀는 무책임한 사이코패스 남자를 만난 덕분에 힘겨운 삶을 살고 있다. 그녀는 남편과 일찍이 사별하고 딸 하나를 키우고 있었다. 오랜 기간 경제적인 문제로 어려움을 겪고, 외로움에 시달리던 그녀는 재혼을 하기로 마음을 먹었다.

친척의 소개로 사업을 한다는 한 남자를 만났다. 그를 E라고 부르자. E는 키도 크고 호남형이어서 보는 순간 마음에 들었다고 한다. 게다가 자신에게 딸이 하나 있는 것은 아무 문제가 되지 않는다 하여 자주 만나게 되면서 가까운 사이가 되었다. 그러나 행복을 꿈꾸던 시간은 얼마 되지 않았다.

그녀가 임신을 하게 되자 갑자기 E의 연락이 뚝 끊긴 것이다. 전화번호도 바꾸었는지 전화를 해도 없는 번호라고 뜨고, 소개해 준 친척을 찾아가도 자신도 한 다리 건너서 소개받은 거라 어디 있는지 모른다는 것이었다. 그러고 보니 그에 대해 아는 것이 별로 없었고 알고 있는 사실조차 사실인 것이 없었다는 것에 매우 놀랐다. 무슨 일이 벌어졌는지 정신 차리고 보니 자기가 사기를 당했다는 것을 알게 되었다. 단지 잘 아는 사람이 소개해 줬다는 이유만으로 신분을 의심하지 않고 그에 대해 알아볼 생각을 하지 않았던 것이다.

그가 만남 초기에 언뜻 말했던 일터가 기억이 났다. 그녀는 수소문 끝에 E의 회사를 찾았지만, 그가 결혼도 하고 애도 있다는 사실에 충격을 받았다. E는 그녀를 만나자마자 얼굴색 하나 변하지 않고 그녀에게 그 애가 내 애가 맞냐고 물었다. 너무 기가 막혀 말을 못하고 눈물만 흘리고 있는데, 그는 허튼 짓하면 가만히 있지 않겠다는 협박만 남기고 조용히 자리를 떴다. 그녀는 너무 무서워 아무런 대응을 못하고 있었다. 주위에서는 애를 지우기를 종용했으나 그녀는 아이를 낳기로 결정했다. 그녀는 그가 무책임한 사람인 줄 만날 때는 생각지도 못했다고 했다.

사실 무책임한 행동을 할 것이라고 미리 알기는 매우 어렵다. 무책임하다는 것을 알 때에는 이미 무책임한 행동을 한 뒤이기 때문이다. 물론 책임을 다른 사람에게 미루거나 회피하는 모습이 자주 보이거나, 잘못의 원인을 다른 사람에게 돌리는 행동이 반복된다면 그 사람이 무책임하다는 것을 알 수 있을 것이다. 그러나 사이코패스들은 자신을 포장하는데 아주 능숙하여 오랜 시간을 알고 지내지 않는 이상 알아차리기 어렵다.

그렇다면 D와 E, 두 사람에게 공통점은 없을까? 다행히 그들이 말한 이야기 중에 한 가지 공통점을 가지고 있었다. D의 남편이었던 사람의 말을 들어보자.

"결혼하기 전에 연애하면서 그녀한테 한 가지 특징이 있었어. 약속을 잘 어긴다는 거야. 만날 약속을 해서 기다리면 몇 시간을 늦는 게 아니라 아예 안 올 때가 많았어. 전화해도 연락도 안 되고. 그러면 별 생각이 다 들지. 내가 차인 건가? 아니면 무슨 일이 생긴 건가? 그러다가 나중에 연락해서는 바빠서 깜박했다고 미안하다고… 화도 났지만 안도하는 마음이 더 커서 또 만났지. 그런데 지나고 보니 그녀한테는 나와의 약속은 중요한 일이 아니었어. 그냥 안정적인 현금 보급처를 확보하기 위한 어쩔 수 없는 선택이었으니 더 재미있는 일이 있으면 당연히 무시했던 거야. 당시 내가 무시받는다는 느낌을 받았어야 했는데, 내가 어리석었지. 그녀가 이혼할 때 이런 말을 했어. "자기가 아이를 가진 게 실수였다"고. 이건 가정을 잃는 것에 대한 후회가 아냐. 만만한 현금지급기를 잃는 것에 대한 아쉬움이지."

그녀 역시 비슷한 말을 했다.

"그 남자는 툭하면 약속을 어겼어요. 전화해도 연락도 안 되고요. 화가 나서 연락을 끊고 있으면 어느 날 전화가 오거나 찾아와요. 자기가 급한 일이 생겨서 바빴다는 둥, 출장 갈 일이 있어서 연락도 못하고 갔다는 둥 이유를 대요. 그래서 전화하고 메시지 한 번 보내는 게 그렇게 힘드냐고 따지면, 급한 일일 때는 대부분 안 좋은 일인데 통화할 때 안 좋은 목소리로 말하게 되지 않느냐는 거죠. 그러면 그게 자기는 마음이 아프대요. 말을 얼마나 잘하는지 이런 소리를 들으면 또 마음이 싹 풀려요. 거기다가 나를 좋아한다거나 사랑한다는 말을 들으면 눈물이 나면서 마음의 빗장이 다 풀리는 느낌이에요. 지금 생각해 보면 그런 것들이 그가 나를 마음대로 다루는 방법이었던 것 같아요. 나중에는 그가 원하는 걸 다 해 주게 되거든요. 나도 모르게 그의 노리개가 되었던 것 같아요."

물론 약속 몇 번 어긴다고 공감능력이 떨어지거나 사이코패스라고 단정할 수는 없다. 누구나 약속을 어길 수도 있고 피치 못할 사정으로 못 나갈 수도 있다. 그러나 약속을 잊어버리는 일이 자주 일어난다면 뭔가 문제가 있는 것이다. 최소한 기억력의 장애나 집중력에 문제가 있는 것이다. 잊어버리지 않았지만 약속을 어기는 것이 그렇게 자주 반복된다면 공감능력의 저하를 의심해 봐야 한다.

만약 당신이 급한 사정이 생겨 약속을 어겨야 한다면 맨 처음 무엇부터 할 것인가? 당연히 연락을 먼저 해서 사정을 알릴 것이다. 마냥 기다리게 한다면 그 사람이 실망하고 화가 난다는 것을 공감하기 때문에 그런 행동을 취하는 것이다. 물론 말 못할 사정이 생기면 말도 하기 싫어질 수 있기에 전화도 끄고 연락도 차단할 수 있지만, 그런 일이 자주 반복된다면 의심을 하는 것이 좋다.

지금까지 수많은 공감제로의 사람들에게서 들은 다짐들은 모두 부질없는 허언일 뿐이었다. 다음부터는 그런 일이 없도록 하겠다는 다짐이 계속 반복된다면, 다음에 또 그런 일을 할 가능성이 높다고 생각하는 것이 맞다. 그러나 그런 생각을 방해하는 요소 중에 빼어난 매력을 생각하지 않을 수 없다. 그런 매력을 지닌 공감제로는 더 쉽게 속이고 무책임하게 행동하기 쉽다. 자신의 매력을 발산할 때 상대방은 자신에게 더 관대하고 잘 속는다는 것을 알기 때문이다. 또한 그 자리를 떠나더라도 자신의 매력을 이용해 다른 곳에서 다른 사람을 쉽게 속이고 자신의 이익을 취할 수 있기 때문이다. 무책임함은 상대방에 대한 존중이 없기 때문에 나온다. 당신이 존중받지 못한다고 느낄 때 상대방의 매력에 눈 감거나 취하지 말고 좀 더 관계의 본질에 대해 생각해 보길 바란다.

아동학대가 공감능력에 미치는 영향

공감제로들에 의한 가장 악질적인 행위는 아동학대 및 아동살해라고 생각한다. 최근 벌어진 일련의 아동살해 사건들을 보고 있자면, 우리나라의 아동복지 시스템과 아동학대에 대한 사회인식이 얼마나 열악한지 알 수 있다. 분명한 건 매스컴에 드러난 사건들은 빙산의 일각일 뿐이다. 아동학대 사례 건수는 2014년에 만 건을 돌파했으나, 아동학대 발견율이 1% 초반 대에 머무르는 우리 현실을 감안한다면 실제 사례 건수는 상상 이상이 될 것이다. 또한 대부분의 아동학대는 부모에 의해 자행된다는 현실이다. 우리는 어떻게 부모가 되어서 자기 자식에게 그런 짓을 할 수가 있냐고 분노하지만, 공감제로들에게는 자신의 자식이라도 그냥 하나의 개체로 여겨질 뿐이다.

문제는 학대를 당한 아동들이 성장해서 같은 공감제로가 될 가능성이 매우 크다는 것이다. 앞에서 본 뉴질랜드 더니든의 추적연구에서, 저활성의 MAOA 유전자 변이를 가진 사람들이 사회적 문제를 더 일으키고 공감능력이 떨어졌다고 밝혔다. 그러나 이 유전적 변화가 부정적인 결과를 보이려면 부정적인 환경의 영향이 필요하다. 이 유전적 변이를 가지고 아동학대를 당한 사람들 중 80%가 청소년 시기부터 반사회적 행동을 보였으나, 유전적 변이를 가졌지만 좋은 환경에서 자란 사람들에게는 별다른 영향을 미치지 못했다. 반면에 유전자 변이가 없으면서 학대를 당한 사람들은 20%만이 반사회적 행동을 보였다. 놀라운 점은 고활성의 MAOA 유전자를 가진 사람들이 학대를 당했을 경우에는 마치 면역력을 지닌 것처럼 큰 문제를 일으키지 않았다는 것이다. 이 결과를 종합해 볼 때 선천적인 범죄자는 존재하지 않으며, 유전적 영향이 발휘되기 위해서는 환경의 조건이 반드시 필요하다는 것을 알 수 있다.

루마니아의 독재자 차우셰스쿠는 집권한 후 단기간에 인구를 늘리기 위해 모든 종류의 피임과 낙태를 금지했고, 한 여성에게 최소 4명의 아이를 낳게 했다. 그러자 여성들은 원치 않은 임신을 해야만 했고, 키울 여력이 안 되는 많은 가난한 사람들은 아이를 버렸다. 1989년 차우셰스쿠 정권이 무너질 당시 이 아이들은 극심한 경제난 때문에 고아원에서 아무런 환경적 자극을 받지 못했다. 아이들은 하루에 20시간 이상을 침대에 누워 있어야 했고, 돌봐 주는 사람들이 얼마 없었기 때문에 애들을 일일이 안아 주거나 만져 줄 기회가 없었다.

발견 당시 아이들은 울지도 말하지도 않고 사람에게 관심이나 호기심을 거의 보이지 않았으며, 한두 가지 정도의 행동에만 집착하며 반복하는 경향을 보였다. 절반 이상의 아이들에게서 몸무게가 정상의 3퍼센타일percentile 이하로 가벼웠고, 운동기능 및 정신기능과 같은 발달지수도 평균에 한참 못 미쳤다. 결국 독재 정권이 붕괴되고 나서야 일부 아이들은 미국, 캐나다, 영국 등으로 입양됐다.

입양 이후 이들을 대상으로 한 몇 가지 연구에서, IQ는 낮은 수치에 머물렀으며 두뇌 이미지 촬영 결과도 커서 입양이 된 아이들일수록 두뇌 크기가 작은 것으로 나타났다. 또한 ADHD, 자폐증상 그리고 인지기능 저하와 같은 문제를 나타내는 경향이 일반 인구에 비해 더 높았는데, 특히 최소 2살까지 루마니아 고아원에 남아 있던 아이들에게서 더 많이 나타났다. 반면에 생후 6개월 이전에 루마니아를 떠난 아이들은 대부분 정상적으로 성장했다.

차우셰스크는 이런 시설에서 자란 아이들을 이용해서 정부의 친위대이자 비밀경찰인 '세쿠리타테'를 양성했는데, 이들은 공감 제로인 상태로 감정을 느끼지 못하는데다가 잔인했으며 무슨 일이든 시키는 대로 했다고 한다.

이 이야기들은, 발달의 지도는 비록 우리 유전자 안에 장착되어 있더라도 어떻게 발현이 될지는 환경에 의존한다는 것을 잘 보여 준다. 문제는 아동학대로 인해 유전자 발현에 변화가 생겼다면, 나중에 환경이 호전되더라도 정상적인 유전적 발현이 어렵다는 것이다. 여기에 관한 많은 연구가 이루어지면서 유전자에 무슨 일이 생기는지 조금씩 드러나게 되었고, 이를 '후성유전학'이라는 이름으로 부르게 되었다.

지나친 강박적 성향이 있다

하루는 60대 초반의 남자가 손에 서류뭉텅이를 쥔 채 외래환자로 방문하였다. 그를 지금부터 F라고 부르겠다. 그러고는 다짜고짜 지금부터 내 상태를 설명할 테니까 진단을 내린 후 진단서를 발급해 달라고 하는 것이었다. 나는 정신과 특성상 외래 당일 진단서 발급이 안 된다고 설명하였으나, 그렇다면 진단서 발급될 때까지 다닐 테니까 꼭 발급해 줘야 한다고 했다. 한마디로 막무가내였다. 그가 장황하게 설명한 자기 문제의 요지는 이렇다.

"지금 내가 스트레스를 너무 많이 받아서 머리도 아프고 잠도 잘 못자요. 너무 억울해서 말입니다. 두 달 전부터 그랬어요. 그때 무슨 일이 있었냐 하면, 내가 여섯 달 전부터 어느 아파트의 경비원으로 일했어요. 그러던 어느 날 어떤 주민이 내가 인사를 안 한다고 소장한테 일러바친 모양이에요. 나는 그런 적이 없다고 소장한테 말했지만 일이 잘못 될라고 그랬던지 대판 싸움이 났어요. 또 한 달 전부터는 아파트에 사는 노인 한 명이 자꾸 잔소리를 하는 겁니다. 청소하라고 말입니다. 나는 경비일 등 내 할 일이 있어서 못한다고 그랬죠. 그랬더니 그날 바로 해고통지가 왔어요. 너무 기가 막히고 억울해 지금 노동청에 알아보고 있는 중이에요. 법적인 조치까지 하려고 서류도 준비하고 있어요."

부당한 해고라면 싸우는 게 마땅하다. 하지만 모든 해고가 부당하지는 않다. 경험상 이렇게 서류 준비를 위해 찾아오는 경우를 보면 한두 번 이런 일이 있는 게 아니라 자주 반복되는 경우가 많다. 또 여러 병원을 거치는 경우가 다반사다. 그래서 어느 병원 갔다왔는지 이전에 해고당한 경험은 없는지 묻자 짐짓 놀라며 대답했다.

"선생님 컴퓨터에는 그런 것도 나옵니까? 어느 개인병원에 다녔는데 글쎄 그 원장이 진단서를 못 써준다는 것 아닙니까. 그래서 대판 싸우고 이리로 왔죠. 이전에도 경비일도 하고 주차일도 하고 그랬는데, 맞아요. 몇 번 해고당하고 그랬어요. 나는 항상 억울하게 당하기만 해요. 소송을 하면 법은 나 같은 약자 편이 아니에요. 정말 나처럼 사는 사람만 있으면 세상에 아무 걱정이 없을 겁니다. 나는 정확해요. 일을 빠트린 적이 없거든요. 그리고 나처럼 나라를 사랑하는 사람도 없어요. 그런데도 다들 나를 이렇게 대합니다."

여기까지만 보면 F는 마치 피해의식이 심한 고집이 센 남자로 보이기 쉽다. 그러나 피해의식은 겉으로 드러나는 문제의 단면일 뿐이지 문제의 핵심은 아니다. 그가 해고를 당한 것도 사실이고 정해진 일을 완벽하게 해내려는 것도 사실이기 때문이다. 굳이 그에게 정신과적 진단을 내린다면 강박성 인격장애OCPD obsessive compulsive personality disorder라고 내릴 수 있다. 하지만 그에게 진단보다 더 큰 문제는 공감능력이 매우 떨어져 있다는 것이다.

강박성 인격장애를 가졌다고 모두 공감능력이 떨어지지는 않는다. 정도가 가벼운 사람들은 일하는데 완벽함을 기함으로써 윗사람으로부터 일을 잘한다는 평가를 많이 받는다. 하지만 그 아래에서 일하는 사람들은 그가 완벽함을 추구하는 성격 때문에 죽을 지경이다. 일반적으로 이런 진단을 내릴 정도가 되면 매우 경직되어 있고 완고한 성격이라서 다른 사람의 마음에 대해서는 신경을 전혀 못쓴다. 또한 공감능력이 떨어지는 정도가 심할수록 정상적인 대인관계나 사회생활이 어려워진다.

F는 공감능력이 떨어지는 강박성 인격장애의 전형적인 모습을 보여 주었다. 자신의 감정과 생각에만 집중하고 있기 때문에 상대방이 어떻게 느끼는지 관심을 기울이지 못한다. 그러다 보니 다른 사람과의 관계가 항상 매끄럽지 못하다. 상대방은 그가 자기 말만 하거나 자기 생각만 옳다고 주장하는 모습에 마치 벽에 대고 말하는 느낌을 받을 수 있다. 하지만 그는 상대방의 문제점에 대해 집요하게 따지거나 공격적인 태도를 보일 수가 있다. 이렇게 되면 상대방은 두고 보자는 생각을 가지게 되고, 그의 단점이나 문제점에 대해 어떻게든 공격을 하게 된다. 이렇게 공감능력이 떨어지는 강박성 인격장애자는 다른 사람이 자신의 문제점을 지적하거나 자신의 주장에 동의하지 않으면, 다른 사람의 관점을 받아들이지 못하고 공격적인 태도를 보여 자주 싸움을 벌이기도 한다.

흔히 이들은 자신이 매우 도덕적임을 강조한다. 그래서 누가 길거리에 휴지 하나 버리는 것에도 흥분하거나 직접 따지기도 한다. F 역시 직장에서 해고되어도 관계의 문제라는 것을 전혀 이해하지 못하고 자신은 도덕적으로 사회적으로 아무 문제가 없다는 것만 강조하였다. 이런 과정 중에 충돌이 있으면 경찰에 신고하거나 소송을 자주 걸기도 한다. 이들은 위법적인 행동은 하지 않지만 법적 테두리 내에서 자신이 옳다는 것을 증명하기 위해 할 수 있는 일은 다한다. 심지어 자신의 도덕심을 증명하기 위해 종교에 심취해 있기도 한다. 또한 이들은 정치적으로도 극단적인 태도를 가지고 있는 경우가 많다. 자신이 지지하는 사람에게는 마치 종교적인 믿음을 보이지만 그렇지 않은 사람은 악인으로 매도한다. 중간이 없는 사고, 즉 분리의 기전이 이런 사람에게도 작동하고 있다.

이런 사람들은 가끔 수면장애를 호소하며 정신과를 찾아오는 경우가 있다. 그러나 자신의 문제점을 인식하고 오는 경우는 거의 없다. 주로 그의 가족들이 스트레스와 우울증을 호소하며 찾아온다. 그들은 항상 자신이 옳다고 생각한다. 그래서 가족들의 생각이 자기 생각과 다르면 가족들에게 잔소리를 하거나 심지어 공격적으로 대한다. 그러다 보니 일상적인 대화도 안 되고 설득이 전혀 안 되어 답답하다고 호소한다. 더구나 가족들이 밖에 나가 있으면 불안해하여 시간엄수 원칙을 세우거나 전화를 자주 하면서 엄격한 통제를 가하다 보니 충돌이 잦아진다. 주로 이런 남편을 둔 아내들이 정신과를 많이 찾는데, 남편이 결혼 전에는 어땠는지 물으면 다들 비슷한 얘기를 한다.

"그때는 이런 사람인 줄 전혀 몰랐지요. 항상 예의바르고 일도 야무지게 해낸다고 소문났으니 나도 그런 줄 알았어요. 좀 답답한 거는 있었는데, 그래도 항상 꼼꼼하게 잘 챙기고 남한테 해되는 짓은 안 하니 착한 사람이라고 믿었죠. 재미는 없었어요. 유머감각도 없고. 그런데 그때는 그런 게 남자다운 거라고 생각했고, 실제로 그때는 대부분의 남자들이 그랬어요. 아버지들은 다들 엄격하고 그랬으니…. 정말 같이 안 살고 싶었는데 애들 때문에 어쩔 수 없이 살았어요. 애들은 아버지 옆에 안 가려고 해요. 예뻐해 주는 게 아니라 항상 훈계하려고 하고 야단치려고 하니까 누가 좋아하겠어요."

도덕적으로 완고하고 융통성 없는 모습과 완벽주의적인 모습이 그들을 착하고 남자답도록 보이게 했다는 뜻이다. F에게도 가족들이 어떻게 생각하는지 물어보았다. 그는 묘한 웃음을 띠며 정말 궁금하다는 표정으로 말했다.

"가족들이 왜 날 싫어하는지 모르겠어요. 나는 항상 잘해 주고 바르게 살려고 하는데. 지금은 내가 무슨 말을 걸면 화부터 내요. 아들하고 딸은 집 떠난 지 오래 되었어요. 그런데 내 얼굴만 보면 뭐가 그렇게 기분이 나쁜지 무슨 말을 못해요. 아버지한테 그러면 안 되는 거 아닙니까? 그래서 내가 야단을 치면 애들하고 아내는 나더러 또 그런다고 뭐라 그래요. 정말 믿을 사람 하나 없는 것 같아요. 내가 나이 들고 돈도 못 벌고 하니까 무시하는 겁니다."

"그럼 입장을 한번 바꿔서 생각해 봅시다. 당신의 아버지가 계속 잔소리를 하고 야단을 친다고 상상한다면 기분이 어떨 것 같으세요?"

"제가 틀린 말 하는 게 아니잖아요. 나는 경우에 벗어난 소리를 하거나 행동을 한 적이 없어요. 당연히 해야 될 말을 한 것뿐이에요. 그런데 자식들은 애비한테 경우에 어긋난 말과 행동을 하는데 가만있으면 그게 이상한 거잖아요."

공감능력이 떨어지는 사람한테 입장을 바꿔보라는 건 매우 어렵다. 사이코패스들은 입장을 바꿔보기가 어렵더라도 추측을 하거나 학습한 반응을 답을 고르듯이 대답할 수는 있다. 하지만 강박적 성향이 지나친 사람들은 고집스러울 정도로 자기 입장만을 고수한다.

이들의 뇌 속의 공감회로는 꺼져 있지만 사이코패스나 경계성 인격 장애에서의 공감회로 꺼짐과는 다르다. 이들은 치료에 의지만 가진 다면 항우울제를 복용하기만 해도 많이 호전되기 때문이다.

예상하기로는 이들의 공감회로는 그냥 꺼진 것이 아니라, 감정의 중추인 변연계의 작용이 너무 강해서 마치 상대적으로 전전두엽의 공감회로가 약하게 작용하거나 마비되어 있다고 할 수 있다. 항우울제는 전전두엽의 변연계 억제작용을 강화하고 공감회로 부위 간의 균형을 회복하여 강박적이고 충동적인 성향을 다소 누그러지게 한다. 따라서 강박성 인격장애를 가진 사람들이 경직되고 완고한 태도로 일관하는 것은 충동성을 전전두엽이 효과적으로 제어하기 힘들기 때문에 생기는 것이라 할 수 있다. 상대적으로 미약한 전전 두엽 기능은 세상을 다양한 관점으로 보는 것을 어렵게 만들어 공감능력을 저하시킨다.

이런 사람들을 피하는 것도 중요하지만 혹시 내 주위에 있다면 꼭 치료를 받도록 설득하는 것이 본인과 주변 사람들을 위해 좋다. 나는 F에게 앞으로 치료를 계속 받으면 틀림없이 좋아질 것이라고 설득하고 다음에 가족과 내원하도록 말했다. 하지만 그는 자신은 아무 문제가 없으며 단지 스트레스에 의한 두통과 수면장애만 있으므로 약물치료를 할 필요가 없다며 거부하였다. 나는 그의 뒷모습을 안타까운 마음으로 바라볼 수밖에 없었다.

자기애적이며 과대망상적
사고를 한다

G는 어느 병원에 원장으로 부임했다. 그런데 의사들과 처음 만날 때부터 뜻밖의 말과 반응을 보여 다른 사람들을 어리둥절하게 만들었다. 일반적으로는 처음 만나면 인사를 하고 상대방을 탐색하면서 궁금한 것을 물어보거나 상대방에게 좋은 인상을 주기 위해 애쓰기 마련이다. 그러나 그는 이런 모든 것들을 생략하고 자신의 직장에 온 지 하루 만에 그 병원의 문제점에 대해 장황하게 늘어놓으면서 이래서는 안 된다며 자기주장부터 말하기 시작했다. 그렇다고 그가 말한 내용이 전혀 문제가 될 일도 아니었기 때문에, 다른 사람들은 아무 말도 못하고 앞으로 있을 일에 대해 불길한 조짐만을 받고 말았다.

불길한 조짐이 현실로 드러나는 데에는 얼마 걸리지 않았다. G는 기존의 시스템이 어떻든 무시하고 자신이 맞다고 생각하는 자기만의 방식을 고집했다. 더 놀라운 것은 부임하자마자 기존의 의사들에 대해 다른 직원들에게 험담을 하고 돌아다녔던 것이다.

당연히 다른 사람들과 충돌이 생길 수밖에 없었다. 의견 충돌로 인해 말다툼을 벌이던 중, 그에게 다른 사람들을 험담한 이유를 물어보았다. 그는 처음엔 그런 적이 없다고 둘러댔지만 직원들로부터 다 들었다고 말하자 적잖이 놀라는 눈치였다. 그러면서 짐짓 아무렇지 않은 듯, 병원에 처음 왔을 때부터 자기를 무시하고 예의 없게 대했다는 게 이유였다. 아마도 그는 자신이 특별한 대우를 받을 자격이 있다고 느끼는 것 같았다. 할 말을 잃은 동료 의사들은 벽보고 말하는 느낌을 받아 그냥 자리를 피했다고 한다.

얼마 후 G가 최근 2년 동안 지방의 다섯 군데 병원을 전전했다는 사실을 알게 되었다. 아마 어디를 가더라도 적응하기가 쉽지 않았던 모양이다. 그런데도 그가 일단 잘 채용되는 이유는 그가 호언장담에 매우 능숙하다는 것이다. 그는 카리스마 있는 목소리로 자신이 반드시 병원의 수익을 올릴 것이며 모든 문제점을 다 바로잡을 수 있다고 장담을 하는데, 대부분은 그런 말을 들으면 마치 구세주가 온 듯한 느낌을 받는다. 특히 수익에 목마른 사람들은 이런 사람들한테서 강한 확신을 쉽사리 얻게 된다.

그러나 본모습은 결국 드러나게 된다. G는 항상 남보다 많이 그리고 힘들게 일하는 것처럼 말하고 다니지만 같이 일하는 직원들은 위선이라는 것을 다 안다. 정말 할 일이 생기면 신경질을 부리거나 온갖 핑계를 대며 남한테 미루거나 외면한다. 또 일을 너무 많이 해서 피곤하다며 자주 자리를 비우고 연락도 못하게 한다. 그래서 생기는 문제에 대해서는 직원들에게 책임을 전가시키며 야단을 친다.

G는 자신이 가진 직함의 힘을 이용해 상대방을 최대한 압박하고, 그게 여의치 않을 때는 뒤에서 험담을 하거나 자신보다 더 지위가 높은 사람을 조정하여 유리한 위치를 고수한다. 다른 사람들은 그를 전혀 실속 없이 지위만 남용하는 것으로 보지만, 자신은 굉장히 중요한 일을 하고 있다고 실제로 믿고 있는 것 같다고 한다. 가장 중요한 특징은 그의 공감능력이 바닥이어서 다른 사람이 어떻게 생각하는지 이해하지 못하며 자신만이 옳다고 생각하고 자신의 생

각에 집중을 한다는 것이다.

G는 틀림없이 자기애적 인격장애narcissistic personality disorder의 전형적인 특징을 보이고 있다. 또한 공감제로의 다른 특징들도 많이 보인다. 강박성 인격장애의 특징도 보이며 이간질에도 능숙한 것으로 보아 경계성 인격장애의 특징도 보인다. 또한 과대망상적 사고와 피해의식도 상당한 것으로 보이고 사이코패스 척도가 꽤 높을 것으로 예상된다.

보편적으로 이런 자기애적이며 과대망상적인 공감제로들은 전문가 집단에서 자주 나타난다. 변호사, 의사, 교사, 정치인 등의 직업은 다른 사람에게서 쉽사리 신뢰를 얻을 수 있기 때문이다. 전문가라고 생각되는 사람이 비록 헛소리라도 강한 주장을 하면 우리들은 쉽게 그들의 말을 진실로 받아들인다. '설마 전문가가 모르고 말하거나 거짓말을 하겠어?'라며 믿는다. 하지만 아니다. 대부분 TV에 나와서 어떤 현상을 설명하는 전문가들은 짜진 각본에 의해 말하는 것이지 자신의 지식을 이용해 어떤 현상에 대한 통찰을 가지고 말하는 경우는 많지 않다. 누구나 듣고 쉽게 인정할 수 있는 교과서적인 내용을 말하는 것이 가장 안전하기 때문이다.

내가 아는 정신적 문제가 있는 한 의사는 자신의 배경을 최대한 이용해 내원한 사람에게 일단 편견을 심어 준다. 누가 봐도 인정해 주는 대학을 나왔음을 보여 주기 위해 대학 졸업 위패를 맨 앞에 놓고 의학박사 학위증을 가장 잘 보이는 곳에 둔다. 지금부터 그를 H라고 부르자. H 역시 G와 마찬가지로 자기애적 인격장애를 비롯해 과대망상적 사고와 공감제로가 가진 특징들을 골고루 보여 주었다.

H는 자기 나름대로 치료법을 개발했다며 인정되지 않는 방법으로 100% 나을 수 있다고 선전을 한다. 혹시라도 내원한 사람이 의심을 하거나 문제점을 지적하면 노발대발하며 앞에서 찍소리 못하게 만든다. 우리는 권위자 앞에서는 쉽사리 목소리를 내지 못하는 편견을 가지고 있어서 대부분 시키는 대로 따르게 된다. 환자가 입원하면 항상 강압적이고 위압적인 태도를 보이면서 누가 감히 나의 권위에 도전하느냐는 태도를 보인다. 그러나 다른 사람이 정말로 화가 나서 공격적으로 나오면 갑자기 비굴한 모습으로 숨거나 다른 사람을 대신 내보내 위선적인 모습을 드러낸다. 물론 나중에 자신이 그럴 수밖에 없었던 이유에 대해 직원들에게 합리화하는 행동도 빠트리지 않는다.

더 악질적인 것은 인터넷을 통해 자신의 추종자들을 관리하는 모습이다. 자신이 만난 모든 사람들에게 자신이 운영하는 사이트의 가입을 집요하게 권유하면서 가입자를 늘려간다. 그러나 바른 소리를 하거나 비난을 하는 사람이 있다면 당장 그 글을 지우고 그 사람을 회원에서 퇴출시켜 버린다. 심지어 합리적인 의심조차도 허용하지 않는다. 그러다 보니 자신의 추종자들만 남아 있어 그 사이트는 마치 광적인 신도들이 모인 종교 집회 같은 모습을 하고 있다. 이것을 본 다른 사람들은 그에게 대단한 기술이 있을 것이란 편견을 가지고 오게 되고, 그가 곳곳에 심어놓은 배경을 보고 그 편견을 더 단단하게 만들어 그가 하는 말은 곧 진실이라고 믿게 된다.

이런 과정은 내가 보기에는 사기이며 불법적인 요소가 있다. 하지만 그것을 증명하는 것은 거의 불가능하다. 이들은 법적 테두리 내에서 자신들이 이용할 수 있는 것은 모두 이용하며, 문제점이 제기되었을 때는 자신에게 유리하게 둘러댄다. H 역시 한 곳에 오래 일하지 못한다. 공감능력이 떨어져 다른 사람들의 생각에 전혀 관심이 없다. 늘 자신의 이익이나 신념을 위해 주위 사람들을 이용하기 때문에 충돌을 자주 일으킨다. 물론 그가 자신 있게 말하는 예상 수익과 운영에 대한 말을 들으면 대부분 큰 신뢰를 보내게 되지만 설령 수익을 늘려 주더라도 직원들이 못 견디고 나간다. 결국 그는 조직에 큰 피해를 줌으로써 쫓겨날 수밖에 없다.

H는 다른 문제로 시끄럽게 만든 적도 있다. 회식이 있으면 술을 마신 상태에서 여직원에게 호시탐탐 추행을 할 기회를 노린다. 한 번은 성추행으로 인해 시끄러워졌지만 그 직원이 문제를 크게 만들고 싶어 하지 않아 어물쩍 넘어가기도 했다. 그런데 그런 행동을 쉽게 하는 걸 보면 자신이 특별하다는 생각을 하지 않았나 싶다. 혹시 자신보다 지위가 낮은 사람에게는 아무렇게나 해도 된다는 인식이 깔려있는 것이 아닌가.

사실 우리는 대부분 자기 자신을 과대평가하는 편견을 가지고 있다. 운전, 직업적 성취, 인상 등에서 자신이 평균 이상이라고 생각하는 사람은 50%가 아니라 70~80%에 이른다. 그만큼 자신에게는 후하게 점수를 준다. 오히려 우울증이 있는 사람들이 자기 자신을 정확하게 판단한다는 연구결과도 있다. 그래서 우리는 상대방이 자기애적인지 혹은 자신을 과대평가하는지 알아보기가 쉽지 않다. 자신에 대한 적절한 과대평가는 우울증에 걸리지 않고 자신감을 가지고 사는데에 도움을 준다. 오히려 이런 사실이 지나치게 자기애적이거나 자신을 과대평가하는 사람을 쉽게 구별할 수 있게 도와준다. 자신이 매우 중요하고 특별하다고 믿는 사람을 편견이 라는 껍데기를 벗고 중립적인 시선에서 바라보기만 한다면 얼마든 지 알아볼 수 있다. 그러나 정말 대단한 사람들은 자기를 거의 과 시하지 않는다.

어색하고 과한 웃음을 짓는다

유머감각이란 의외로 고도의 뇌기능 을 요구한다. 왜냐하면 남을 웃기기 위해서는 공감능력이 반드시 필요하기 때문이다. 웃음의 코드에서 가장 중요한 것은 생각지도 못한 반전이 있어야 한다는 것이다. 그런데 그 반전은 공통적인 요 소를 가졌지만 엉뚱한 대상을 끌어들이거나 전혀 그럴 것 같지 않 은 말이나 행동으로 일으키는 것이다. 물론 그러기 위해서는 상대 방이 무엇을 예상하고 기대하는지 이해를 해야 되고, 반전을 꾀할 때 어떤 감정을 느낄지 감정이입을 할 수 있어야 한다. 그러나 이 런 모든 예상과 공감능력을 발휘하더라도 실패할 때가 훨씬 많아 썰렁하다는 구박을 받기도 한다. 이렇게 남을 웃긴다는 것이 쉬운 일이 아니다.

공감제로들은 정말 유머감각이 없다. 물론 그들도 유머를 구사하 지만 상당히 일차원적이어서 듣는 사람들은 사회적인 웃음으로 처리하거나 서로가 무안해질까봐 웃어 주는 경우가 많다. 그러나 유머감각이 없다고 공감능력이 무조건 떨어진다고 말할 수는 없다. 공감제로에 대해서 유머감각의 부족은 충분조건은 될 수 있어도 필요조건은 될 수 없다. 정상적이지만 유머감각 없는 사람들이 훨씬 많기 때문이다. 더욱이 사이코패스들은 학습된 유머감각을 가질 수 있기 때문에 어떤 상황에서 사람들이 웃거나 좋아하는지, 어떤 이야기와 말에 잘 웃는지 학습이 가능하다. 때로는 자신의 이익을 위해 유머를 활용하는 데도 매우 능숙할 수 있다. 다시 말해 그들은 준비된 상황에서는 유머를 구사하지만 그렇지 못한 상태에서는 유머 구사가 신통치 못하고 만약 한다고 해도 순발력이 없으며 말해놓고 혼자 웃는 경우가 많다.

유머를 듣고 웃는 행동은 유머를 구사하는 능력과는 별개이다. 재미있는 유머는 대부분 누구나 듣고 바로 웃을 수 있다. 하지만 공감능력이 떨어지는 사람은 웃는 반응을 잘 못하거나 느리게 반응한다. 유머를 듣고 웃는다는 것은 순간적으로 반전을 이해하는 능력이 있어야 하는데, 여기에도 그 상황과 감정에 이입을 순식간에 해야 하므로 공감회로가 작동해야 한다. 그래서 공감회로가 꺼져 있는 공감제로들은 아예 이해를 못하거나 시간이 많이 걸리는 것이다. 물론 공감제로가 아니더라도 농담을 못 알아듣는 사람들도 꽤 있다. 평소 불안 정도가 크거나 공감능력이 너무 뛰어나도 농담을 못 알아듣기 쉽다. 또한 자폐적 성향이 있거나 지능이 낮더라도 그렇다. 따라서 한두 가지로 누군가를 판단하는 것은 매우 경솔한 행동이다. 항상 전반적인 모습을 보려고 노력해야 한다.

앞에서 본 대부분의 사람들은 유머감각이 떨어지는 것은 물론 농담을 말해도 잘 이해하지 못하는 모습을 늘 보인다. 속된 말로 웃자고 한 이야기에 죽자고 달려드는 경우가 자주 있다는 것이다. 앞에서 설명한 G와 H 역시 농담을 해도 어색하며, 농담에 대한 반응도 어색하거나 지나치게 과장적인 모습을 보인다. 이들은 별로 웃기는 상황이 아닌데도 아주 호탕하게 웃거나 자기가 말하고는 혼자 호탕하게 웃으면서 다른 사람들의 웃음을 유도한다.

웃음은 상당한 전염성이 있어 크게 웃지 않아도 옆에서 웃으면 따라 웃는 경우가 많다. TV 개그 프로그램이나 시트콤에서 웃음소리를 녹음해 들려주는 이유가 다 여기에 있다. 녹음된 웃음소리를 들었을 경우에 프로그램이 더 재미있다는 반응을 보이면서 시청률이 올라간다. 이는 사회적인 반응이다. 공감제로들도 이런 사실을 안다. 그래서 공감제로들은 자신이 먼저 웃음으로써 분위기를 자신에게 유리하게 이끈다.

그들을 겪은 사람들의 말에 따르면 웃기는 상황이든 아니든 간에 그들의 웃는 모습을 보면 사람이 웃는게 아니라 기계가 호탕하게 웃는 것 같다고 말한다. 딱히 설명하기는 힘들지만 직관적으로 매우 가식적인 느낌을 받는데, 아마 그들은 농담을 못 알아듣더라도 언제 웃어야하는지는 경험으로 안다. 그래서 웃는 타이밍이라고 생각되면 크게 웃어 주는 것이다. 또한 그들의 공감회로는 꺼져 있기 때문에 어느 정도 웃긴 건지 판단할 수 없으며, 웃음의 정도가 다르지 않고 항상 같아 기계적인 느낌을 준다. 특히 윗사람이 말할 때는 반응이 아주 적극적이다. 그러나 그 모습이 어색하고 과장되어 보이는 것은 어쩔 수 없는 것 같다.

　가식적인 웃음과 정말 웃겨서 웃는 얼굴은 확연히 다르다. 진짜로 웃는 얼굴은 이빨이 드러날 정도로 입이 크게 벌려지고 입꼬리는 광대뼈 쪽으로 한껏 올라가면서 마치 광대뼈가 튀어나온 듯이 보인다. 또한 눈은 가늘어지면서 눈썹과 함께 반달모양이 되어 눈가에 주름이 진다. 이런 모양을 만드는 근육은 자율신경계의 지배를 받고 있으므로 내가 마음대로 만들 수 있는 모양이 아니다.

　일반인들이 가식적으로 웃을 때는 구강 구조에 따라 다를 수도 있지만 입은 그냥 옆으로만 퍼지며 이빨이 잘 드러나지 않는다. 게다가 눈의 변화가 거의 없고 눈가의 주름이 접히지 않는다. 눈 주위 근육이 반응하지 않는 것은 매우 신빙성이 높은 가짜 웃음의 신호이다. 웃는데 눈을 동그랗게 뜨고 웃는다면 가짜 웃음의 가능성이 매우 높다. 공감제로들은 주로 유머를 이해 못해 이런 웃음을 만들어내기도 하지만, 사이코패스의 경우에는 설령 이해를 해서 웃긴다고 느껴도 눈이 떠진 채 눈주름이 만들어지지 않는다.

　큰 웃음뿐만 아니라 미소 역시 다르다. 실제로 우리는 작은 미소를 더 자주 접하고 더 많은 영향을 받는다. 그리고 진정한 미소로 인하여 힘을 얻고 보람을 느끼게 된다. 진정한 미소는 엔도르핀 분비를 촉진하면서 마음을 진정시키고 편하게 만드는 효과가 있기 때문이다. 자신이 좋아하거나 사랑하는 사람을 만났을 때 표현되는 진짜 미소는, 치아가 잘 드러날 정도로 입꼬리가 광대뼈 쪽으로 올라가 입술이 커브를 그리며 눈가에 주름이 진다. 그러나 공감제로들이 만드는 미소는 주로 입이 단순히 옆으로 퍼짐과 동시에 눈이 동그랗게 유지되면서 눈가주름을 만들지 못한다. 그들이 가짜 미소를 지을 때와 평상시의 눈을 사진 찍어 비교한다면 큰 차이를 발견하기 어렵다.

하트퍼드셔 대학교의 심리학자 리처드 와이즈먼Richard Wiseman은 어떤 사람의 미소가 정말 순수한 의미의 웃음인지 구별하기 위해 공감테스트empathy test라는 도구를 개발하였다. 그는 실험 참여자에게 '자신이 좋아하지 않는 사람을 만나서 억지로 가식적인 미소를 지어야 하는 상황'을 상상하게 한 뒤에 가짜 웃음을 찍은 뒤, 이번에는 진짜 친구를 만나 대화를 나누게 하면서 진짜 미소 짓는 모습을 찍었다. 그런 다음 이 사진들을 보여 주면서 차이를 구별하게 했을 때, 공감능력이 없는 사람은 진짜 미소를 표현하기도 어려웠지만 진짜 미소와 가짜 미소를 구별하지도 못했다. 와이즈먼 교수는 진짜 미소를 지을 때 사람은 얼굴 근육을 더 많이 쓰고 눈가에 잔주름이 생긴다고 설명하면서 가식적인 미소를 구별할 때 눈을 보는 것이 가장 중요하다고 말했다. 물론 원래 반달모양의 웃는 눈을 가지고 있다면 더 주의해서 봐야겠지만 말이다.

어느 정도 논란거리라는 것을 알면서도 굳이 유머에 대한 반응을 집어넣은 이유는 이것으로 친구 한 명이 큰 화를 면했기 때문이다. 오래 전에 친구가 갑자기 전화를 해서 아내의 먼 친척이 투자회사를 차렸다며 투자 권유를 하기에 어떻게 해야 될지 모르겠으니 나더러 그 사람을 만나는 자리에 같이 가자고 부탁했다. 나는 승낙하고 투자에 관심이 있는 사람처럼 말하고 같이 동석을 했다. 다음 날 친구는 나더러 너라면 어떻게 하겠냐고 물었다. 나는 나 같으면 투자하지 않겠다고 말했다. 왜라는 질문에 맨 처음 나온 답변이, "웃음이 기분 나빠." 하고 대답했던 것이다.

물론 그 사람한테 느낀 여러 가지 공감제로의 특징 중의 한 단면일 뿐이었지만, 그의 기계적인 호탕한 웃음은 나에게 매우 어색하고 뭔가 모르게 꺼림칙하게 다가오면서 가장 인상에 남았다. 나는 그가 사이코패스적 성향을 가졌을 가능성에 대해 설명하자 친구도 기억의 단편을 모아 보니 수긍이 가는 모양이었다. 결국 투자는 하지 않았다. 얼마 지나지 않아 전 세계적인 금융위기 때 그는 부도를 낸 후 외국으로 가족을 데리고 도피했다고 한다. 그는 이미 오래전부터 이런 일을 대비해 가족들이 먹고살 비자금을 마련하면서 외국으로 도망갈 루트를 이미 준비해 놓았던 것이다. 하마터면 돈을 잃는 것뿐만이 아니라 부부간에 갈등까지 생길 뻔했다.

그 만남에서 나는 매우 객관적인 입장으로, 오히려 관찰하는 입장이었기 때문에 그 사람의 문제점에 대해 쉽게 파악할 수 있었다. 즉, 우리가 가진 두려움, 불안, 걱정과 같은 감정과 그 사람에 대해 가지고 있는 고정관념이나 편견에 휘둘리지만 않는다면 나머지는 우리의 직관이 알아서 정보를 처리해 준다는 것이다. 수백만 년에 걸친 인류의 진화는 공감과 양심이라는 전무후무한 기능을 만들었다. 인류는 협력에 기반하여 생존할 수밖에 없었기 때문에 이 기능은 우리를 서로 이해하고 뭉치게 만들었다. 그러면서 협력을 훼손하고 자신의 이익만을 추구하는 자들을 눈치 채고 알아내는 인식시스템으로 진화되었다.

우리는 누군가의 미세한 표정 변화와 목소리나 손짓만으로도 그 사람의 생각과 의도를 쉽게 파악할 수 있다. 웃음이란 공감의 최상위 기능이다. 오직 인간만이 같이 배를 잡고 웃으며 주위 사람들과의 유대를 강화한다. 공감제로들은 이런 행동들을 절대로 이해하지 못한다. 그래서 그들이 만들어낸 웃음은 우리한테 어색할 수밖에 없다. 'M. E. 토마스'라는 가명으로《나 소시오패스confession of a sociopath》라는 책을 쓴 여자 변호사는 자신이 스스로 소시오패스라고 소개하며 다음과 같은 말을 했다.

"공감능력과 날카로운 풍자 사이에는 일종의 접점이 있는 것 같다. 누군가의 감정을 이해하는 능력이 있으면 풍자 속의 숨은 뜻을 정확히 이해하기 쉬우니 말이다. 많은 소시오패스가 상황을 곧이곧대로 받아들이거나 비언어적 감정 단서에 적절히 반응하지 못하는 경향이 있다. 나도 풍자나 주위 사람들의 불신을 전혀 감지하지 못할 때가 많다."

서로 간에 감정을 미세하게 조율하고 공명하면서 마치 아름다운 화음을 만들어내듯이 감정을 공유하는 것은 우리 공감능력자들의 것이다.

아동학대가 뇌에 미치는 영향

캐나다 맥길 대학교의 신경과학자 마이클 미니Michael Meany는 2004년 쥐들의 연구를 통해 최초로 어릴 적의 스킨십이 후성유전학적 변화를 일으킨다는 것을 입증하였다. 태어나서 며칠간 어미의 접촉을 차단당하면 소심하고 예민하며 공격적인 성격으로 자랄 가능성이 많다는 것은 이미 잘 알려진 사실이었다.

그러나 그의 연구는 생애 초기의 경험이, 공감능력의 저하와 같은 성격적인 문제들이 후성유전학적 변화에 의해 나타날 수 있다는 것을 증명한 것이다. 즉, 출생기의 부정적인 경험이 후성유전학의 중요한 기전인 DNA의 메틸기 패턴과 히스톤 변화에 뚜렷한 영향을 미친다는 것을 보여 주었다.

이 사실은 우리가 사람의 인격에 대해 가지는 고정관념을 뿌리째 흔드는 일이다. 사회적으로 문제를 일으키는 누군가를 사랑으로 감싸고 잘 대해 주면 변화가 될 것이라는 관념을 대부분 가지고 있지만, 이러한 생각이 틀릴 수도 있다는 암울한 가정을 해 본다. 물론 변화가 될 수는 있다고 생각한다. 그러나 인생 초기 경험에 의한 후성유전학적 변화는 워낙 강력하므로 다시 정상적으로 돌려놓는 데는 생각보다 많은 시간과 노력이 필요하다. 그렇다면 인생 초기의 스트레스가 우리 뇌에 어떤 변화를 야기하는 것일까?

마이클 미니 교수의 실험에서 스트레스 호르몬인 코티솔의 수용체를 만들어 내는 유전자에서 변화가 컸는데, 특히 기억을 관장하는 부위인 해마hippocampus에서 코티솔 수용체가 눈에 띄게 줄어들었다. 이렇게 되면 스트레스에 대한 기억을 무디게 해서 스트레스 상황에 대해 적절한 대처가 어려워진다. 결국 스트레스에 아주 취약해진다. 코티솔 수용체 유전자뿐만 아니라 200~300개의 유전자에도 부정적인 변화가 생긴다. 신뢰의 호르몬인 옥시토신과 바소프레신 유전자도 여기에 포함된다.

마이클 미니 교수는 2009년 어릴 적에 학대당하거나 버림받은 경험이 있는 자살자들의 뇌를 직접 살펴봄으로써, 이들의 해마 코티솔 수용체가 학대받지 않은 자살자들에 비해 적다는 결과를 얻었다. 이러한 결과는 쥐에서 뿐만 아니라 사람에게서도 생애 초기의 환경이 유전자의 발현을 영구히 변화시킬 수 있다는 증거를 보여 주었다.

가장 안타까운 이야기는 아이들은 학대를 받음에도 불구하고 학대자들에게 전적으로 의존하고 보호자로 인식하며 끊임없이 애정을 보내고 있다는 것이다. 그러면서 그들의 인격은 정상범주에서 이탈해 서서히 공감능력을 잃어버린다.

그러므로 우리의 소중한 아이들을 건강한 사회구성원으로 기르기 위해서는 아동들에 대한 학대, 방임, 유기 등의 행위에 대해 더 적극적인 자세를 가져야 한다. 더 이상 남의 집 일이라며 관여를 꺼리지 말고 적극적인 신고 정신을 가져야 한다. 신고 받은 기관 역시 일단 부모와 분리 후 사태를 파악하고 양육권을 돌려줄지 판단해야 한다. 그러기 위해서는 국가의 전적인 투자가 먼저 선행되어야 함은 당연한 일이다.

냉담하고 차가운 모습을
보인다

작은 소도시에서 근무할 당시, 어느 날 출근하자마자 정형외과에서 다급하게 전화가 왔다. 출산한 지 3개월 된 아이를 자신의 아파트 4층에서 던져서 살해하고 자신은 손목을 칼로 그어 자해한 여성이 입원했는데, 도무지 무슨 일을 저지를지 모르겠으니 빨리 와서 봐달라는 부탁이었다. 그러고 보니 전날 저녁 뉴스에서 지역 소식을 전해줄 때 그 소식을 들은 기억이 났다.

전날 오후에 응급실로 왔는데 손목의 상처는 꽤 심각할 정도였다. 다행히 동맥은 끊어지지 않았지만 중요한 힘줄과 인대가 끊겨 밤늦게까지 응급수술을 했다. 상처의 깊이로 보아서는 정말 자살을 할 의도가 있어 보였다. 정형외과 의사는 자꾸 나가려는 그녀를 일단 못나가게 하고 있는데 눈을 보면 무서워서 감당이 안 된다는 것이었다.

이제부터 그녀를 I라고 부르겠다. 나는 당연히 산후우울증이라고 생각했다. 그런데 I를 처음 만났을 때 그 눈빛을 보고 내 생각이 틀렸음을 직감했다. 아직도 그 눈빛을 잊을 수가 없다. 서늘하고 차가운 그 눈빛. 그렇다고 사악한 느낌이라고 말하기는 힘들다. 그냥 그 눈빛에는 인간적인 감정이라고는 조금도 없어 보였다. 순간 '어? 이건 그냥 우울증이 아닌데?'라는 생각이 뇌리를 스쳐 지나갔다. 그녀의 팔은 경찰의 요청에 의해 억제 끈으로 묶여 있었다. 의외로 차분하게 앉아 있는 그녀에게 인사를 하자 별다른 감정 없이

"네." 하고 간단하게 대답한 후 그냥 물끄러미 바라만 보고 있었다. 마치 아무 일도 없었던 사람처럼 말이다.

내가 질문하는 동안 I는 시종일관 감정의 동요 없이 무심하게 대답했다. 자신의 아이를 살해한 것에 대해서는 마치 인형 하나 집어던진 것 같은 느낌으로 대답하였고, 자신의 손목을 그은 것에 대해서도 그냥 살고 싶지 않아서 그랬다고 무심하게 대답했다. 그녀는 기분이 어떠냐는 질문에 "괜찮아요"라고 짧게 대답했다. 좀 더 구체적으로 최근에 우울한 기분을 많이 느꼈냐는 질문에는 "아니요"라고 대답했다. I는 폐쇄병동을 옮겨졌다. 약 보름간 입원해 있는 동안 그녀에게 들은 말은 몇 마디가 되지 않았다. 간호사실에도 필요한 말만 할 뿐 감정적인 말이나 사회적인 말은 거의 하지 않았다. 그녀의 공감능력은 완전히 바닥에 떨어진 느낌이었다.

보통 산후에 생기는 정신과적인 문제는 우울증과 정신병적 증상이 대부분이다. 내가 수련의 시절 이렇게 출산 후 자신의 아이를 살해한 여성이 입원한 적이 있다. 이 여성은 현관문 앞에서 자신의 아이를 불로 태워 죽이면서 타는 모습을 무심히 그냥 바라보았다. 그러나 그 여성은 정신과적 증상이 매우 뚜렷했다. 그녀는 환청에 의해 아이를 살해했던 것이다. 물론 공감능력의 저하를 보였지만 정신병적인 증상은 뚜렷하였기에 진단내리는 데는 아무 어려움이 없었다.

그러나 I는 어느 진단에도 맞지 않았다. 경찰과 가족은 어떻게든 진단을 내려 주기를 원했다. 나는 아이를 살해하고 자살을 기도했다는 모양새는 분명 산후우울증처럼 보이므로 그렇게 소견서를 써 줄 수밖에 없었다. 그러나 문제는 I가 전혀 우울하지 않다는 것이었다.

아직 산후우울증이 어떻게 생기는지 원인을 잘 모른다. 호르몬이나 신경전달물질의 변화가 원인일 것이라고 추측만 하고 있다. 그러나 I는 우울증도 정신병도 아닌 마치 연쇄살인을 저지르는 사이코패스처럼 변해 있었다. 혹시 출산 당시 많은 출혈로 인해 허혈상태가 되어 뇌손상을 입은 건 아닐까? 출산 후 호르몬의 변화가 알지 못하는 기전으로 공감회로를 일시적으로 꺼버린 것일까? 그녀에게는 옥시토신이 전혀 분비되지 않았던 것일까? I를 바라보면서 별의 별 생각이 다 들었다.

나는 어떻게든 감정의 기억이나 경험을 조금이라도 끄집어내려고 애썼으나 별 소용이 없었다. 그리고 그 서늘하고 무심한 눈빛을 매일 마주한다는 것은 정말 힘든 일이었다. 서로 간에 감정의 공명이 되지 않는 그 기분은 상당히 우울하거나 불쾌한 경험이었는데 겪어 보지 않으면 잘 모른다.

I의 남편은 아내가 평소에 별 문제가 없었다고 말했다. 원래 감정표현을 잘 안 하고 조용한 내성적인 성격이라고 말했다. 그는 아내가 평소 모습으로 돌아오지 않을까봐 매우 불안해하는 모습이었다. 그녀의 친정 부모는 I를 차분하고 내성적인 아이였다고 말하고, 시집살이로 고생을 해서 저렇게 되었을 거라고 심리적인 원인을 들었다. 그러나 그녀의 시어른들은 전혀 뜻밖의 말을 꺼냈다.

"저희들은 이 결혼을 반대했었어요. 며느리가 결혼 전에 아들 앞에서 보이는 모습이 다가 아니었어요. 한 번씩 우리를 바라볼 때 그

서늘한 눈빛을 잊을 수가 없어요. 그래서 아들한테 혹시 이상한 점은 전혀 없더냐고 물었더니 아무 문제가 없다는 겁니다. 우리는 아들에게 눈빛이 안 좋다고 결혼을 다시 생각해 보자고 했지만 그럴 때마다 싸움만 났어요. 정말 다른 사람들한테 이런 이야기하면 우리더러 이상한 사람이라고 그럴 겁니다. 항상 불안했어요. 그래서 결혼 후에도 자꾸 경계를 하게 되더라고요. 그런데 출산 후에는 아예 그 눈빛만 하고 있으면서 아이가 울고불고 해도 도무지 돌보지를 않는 거예요. 우리가 잔소리를 하면 그때서야 젖을 물리는데 모유가 나오지를 않으니까 보다 못해 분유를 타서 먹였어요. 그 모습을 다른 사람이 보면 우리가 구박해서 그런 것처럼 보일 수도 있어요. 그러다가 불안한 예상이 현실로 되어 버렸어요. 세상에 아기를 무슨 물건처럼 집어던지다니… 저는 도저히 면회를 할 수 없어요. 그 눈빛은 두 번 다시 보고 싶지 않아요."

이제 I에 대한 가설이 하나 더 늘었다. 출산이 공감회로를 죽인 것이 아니라 친사회적 기능을 죽임으로써 사이코패스 성향이 드러났을 수 있다는 것이다. 사이코패스에게 사회적으로 적절한 행동을 하게 만드는 일은 많은 에너지가 드는 일이다. 우리한테는 자동적인 반응에 해당하는 일들을 이들은 생각하고 계산하며 수행하기 때문이다. 아마 출산 후 우울증을 유발하는 어떤 기전이 이런 능동적인 기능을 방해했을 수도 있다. 마치 노안이 근시와 같이 있어서 노안이 있는지를 잘못 느끼다가 근시 교정수술을 받고 나서야 노안이 확 드러나는 것과 비슷하게 말이다.

사이코패스를 연구하는 사람들이 많이 기술하는 것 중 하나가,

그들과 가까이 있는 사람들은 오히려 그들의 본모습을 못 보는 경우가 있지만, 약간 거리가 있는 사람들은 그들의 냉담하고 차가운 눈빛을 보고 놀라는 경우가 많다는 것이다. 아마 사이코패스들이 모든 사람들에게 사회적으로 인정되는 친밀감을 흉내 내서 보여 주기가 어렵기 때문이다. 그래서 그들이 신경을 덜 쓰는 사람에게는 그들의 본모습을 자주 드러내게 된다. 그렇다고 가까이 있는 사람이라고 해서 못 알아챈다는 뜻은 아니다. I의 남편은 아내에게 그런 모습이 있으며 자신도 본 적이 있다고 말했다. 잠깐이지만 그녀의 차가운 눈빛과 표정을 인식했으나, '별일 아니겠지' 아니면 '피곤해서 그렇겠지'라고 생각했다는 것이다.

그렇다면 우울증이 아닌데도 그녀는 왜 자살을 기도했을까? 아기를 죽인 죄책감은 절대 아니다. 사이코패스들이 가끔 교도소 안에서 자살을 기도하거나 자살에 성공하는 경우가 있다. 사이코패스 연구자들은 이를 죄책감과 같은 보편적인 시각으로 바라봐서는 안 된다고 충고한다. 특히 연쇄살인과 같은 중범죄일수록 그런 시도를 많이 하는데, 그들은 공감능력이 바닥이기 때문에 죄책감을 느껴 그런 행동을 한다고 볼 수 없다는 것이다. 이를 통해 그들에게는 자신의 생명조차도 다른 사람의 생명을 바라볼 때처럼 단순히 물건처럼 다루어진다는 사실을 알 수 있다.

또한 그들은 자신의 주장을 상대방에게 강하게 어필하기 위해 혹은 누군가를 무너트리기 위해 자신의 목숨을 이용하기도 한다. 영화화되기도 한 길리언 플린의 소설 《나를 찾아줘Gone Girl》의 주인공인 에이미는 남편을 사형시키기 위해 타살을 위장한 자살을 계획한다. I는 그냥 죽고 싶어서 자신의 팔을 그었다고 말했는데 그게 진심일 가능성이 높다. 즉 아기를 죽이고 싶었듯이 자신도 그냥 죽고 싶었던 것이다.

상대방의 눈을 바라본다는 것은 누군가의 진심을 알아보는데 매우 중요하다. "눈이 말하는 것과 혀가 말하는 것이 다르면 눈이 하는 말을 믿는 것이 현명하다"라는 금언이 있을 정도니까. 그러나 우리는 상대방의 눈을 바라보는 것을 매우 무례한 태도로 교육받는다. 특히 자신보다 지위가 높거나 나이가 많으면 눈을 쳐다보지 않는 것을 예의바르다고 생각한다.

그렇더라도 상대방의 눈을 바라보는 것을 게을리 하거나 회피하지 말기를 바란다. 여러분이 상대방의 의도를 읽겠다고 눈을 부릅뜨고 바라볼 필요는 없다. 만약 일반적인 눈빛이 아니라면 그냥 잠깐 바라만 보더라도 여러분의 직관은 스스로에게 위험신호를 보낼 것이다. 우리가 하루에 수없이 많은 횟수로 상대방의 눈에서 의도를 파악하고 있지만 단지 당신이 의식적으로 인지를 못하는 것일 뿐이다. 그리고 수없이 많은 당신의 감정을 눈으로 표현하고 의도를 보낸다.

알코올 의존증이 있는 사이코패스들은 스스로 입원을 해서 병원을 본거지로 삼아 자신의 이익을 채우기도 한다. 그들은 특히 여자 직원들에게 친절하게 보이려고 애를 많이 쓴다. 썰렁한 농담을 자주 하고 예쁘다는 칭찬을 해 주며, 먹을 것을 사다 주면서 환심을 사려고 한다. 앞에서는 웃어 보이면서 말을 자주 거는데, 그 웃음이 영 자연스럽지가 않다. 그들의 가식적인 웃음은 입꼬리가 광대뼈 쪽으로 올라가지 않고 그냥 옆으로만 퍼지면서 눈주름이 접히지 않는 모습이다. 일반적으로 우리는 가식적으로 웃더라도 눈이 가늘어지고 눈이 반달 모양으로 되는 경향이 있지만 사이코패스들은 그냥 눈이 떠져 있다는 느낌으로 감정이 안 드러나는 모습이다. 그래서 저 사람 조심하는 게 좋겠다는 말을 해 주면, 대부분 "그렇죠"라고 맞장구를 친다.

그들은 결국 문제를 일으키기 때문에 문제점을 지적하고 치료를 위해 어떤 제한을 가하려고 하면, 그때 그들의 본색을 드러낸다. 내가 너희들에게 어떻게 해 주었는데 나한테 이럴 수 있냐며 표정을 바꾸게 된다. 그때 나는 I에게서 보았던 그 눈빛을 다시 볼 때가 많았다. 그러면서 저런 사람이 내 가족이 아니라는 것이 얼마나 행운인지 느끼곤 한다.

향수를 지나치게 뿌린다

어느 봄날, 따뜻한 빛을 쬐고 있는데 바람에 실려 온 시나몬 향과 꽃향기가 섞인 특이한 냄새가 내 코를 자극했다. 순간 따뜻하지만 구체적인 설명이 어려운 감정이 뭉클 올라오면서 어린 시절 어딘가의 추억을 찾아 헤매고 있다. 엄마 등에 업혀 한쪽 볼을 등에 딱 대고 있을 때였나, 아니면 어느 날 맛있는 음식을 기다리며 기분이 들떠 있던 때인가. 몸이 나른해지다 못해 졸음까지 온다. 어떤 향이 불현듯 이런 느낌을 줄 때가 다들 있을 것이다.

애니메이션 〈라따뚜이〉에서 차갑고 냉혹한 음식평론가인 안톤 이고가 라따뚜이 한 입을 먹는 순간 어릴 적 추억으로 되돌아가는 플래시백 장면이 있다. 아마도 마르셀 프루스트의 《잃어버린 시간을 찾아서》에서 주인공이 홍차에 적신 마들렌을 먹으면서 어린 시절의 무의식적 기억을 떠올리는 것을 멋지게 패러디한 것으로 보인다.

음식을 통해 과거의 추억과 감정까지 떠올리는 것은 미각이 아니라 후각이다. 단순한 단맛, 짠맛, 쓴맛 등의 미각은 우리가 맛이라고 부르는 것의 일부분에 지나지 않는다. 그 음식의 향은 입 속에 들어갔을 때 후두부의 후각세포를 자극하여 '진짜' 맛을 느끼게 해 주고 흥분시키거나 행복한 느낌을 느끼게 한다.

후각이 우리의 감정과 기억에 큰 영향을 주는 이유에 대해 많은 과학자들은 뇌가 후각으로 인해서 발생했기 때문이라고 주장한다. 생명이 탄생한 초기에는 주로 갑각류들이 바닥을 헤집고 다니며 아미노산에 반응하는 감각세포를 이용하여 유기물과 무기물을 분간했다. 만약 물이나 공기 중에 떠다니는 먹이의 화학적 분자를 탐지할 수 있다면 더 효과적으로 먹이를 구하고 생존해 나갈 수 있었을 것이다.

최초의 코를 가진 생물체라고 여겨지는 먹장어를 보면, 촉수 같은 둥그런 입 바로 위에 구멍이 나 있는 것을 볼 수 있다. 먹장어는 거의 평생을 바다 밑의 진흙에 몸을 숨기고 살면서 뭉툭한 코만 밖으로 내밀어 먹이의 화학적 분자를 탐지한다. 이 성공적인 탐지방법은 4억 년을 생존할 수 있게 했을 뿐 아니라 후뇌rhinencephalon라고 불리는 오직 냄새만을 위한 뇌 부위를 발달시켰다.

이 효과적인 방법은 진화를 거쳐 많은 어류에서 두 개의 콧구멍을 가지게 되었다. 먹이 사슬이 복잡해지면서 더 많은 냄새 분자를 탐지할 필요성이 생겼고, 이는 입체적 후각으로 인하여 방향까지 알아낼 수 있게 했다. 그런데 두 코의 간격은 더 넓어질 필요가 있었다. 더 많은 일을 처리하기 위해 후뇌가 커져야 했으며, 두 코의 간격이 넓을수록 방향의 탐지가 더 유리했기 때문이다. 그래서 대부분의 어류의 머리는 콧구멍 사이의 공간을 확보하기 위해 얼굴이 넓어지거나 코와 눈의 위치가 아예 반대쪽에 위치해 있다.

양서류를 거쳐 육지로 나온 생명체는 공기를 통해 화학분자를 감지하게 되었다. 공기는 물에서 보다 훨씬 다양한 화학분자가 떠다닐 수 있으므로 뇌가 더 커져야하는 진화적 압력으로 작용했다. 뱀이 입을 크게 벌렸을 때 입천장에 큰 구멍 두 개를 본 기억이 있을 텐데 이것이 '야콥슨 기관'이다. 파충류는 이 기관을 통해 화학분자를 탐지하는데 주로 페로몬과 같은 작은 분자들을 받아들인다.

그러나 포유류로 진화하면서 야콥슨 기관의 기능은 줄어들고 더 큰 분자들을 받아들이는, 즉 우리가 냄새라고 표현하는 모든 것들을 탐지하는 더 큰 기관인 코가 발달하였다. 아마 더 큰 화학분자들이 공기 중에 쉽게 흩어지지 않고 멀리까지 날아가기 때문에, 이를 감지하면 더 빨리 적들로부터 도망가는데 유리했을 것이다. 뿐만 아니라 자신의 무리나 먹이의 위치를 더 쉽게 파악할 수 있었을 것으로 보인다.

수많은 냄새는 우리의 감정과 기억에 매우 밀접하게 연관되어 있어 생존에 유리하였다. 천적의 냄새는 공포를 유발하고, 동료의 냄새는 안정감을 주며, 먹이와 짝짓기의 냄새는 흥분을 유발한다. 바로 변연계의 역할이다. 또한 냄새는 기억을 유발한다. 냄새는 강한 감정을 유발하고 강한 감정은 강렬한 기억을 유발한다. 변연계와 해마 그리고 전두엽 등 많은 부위들이 후각과 관련이 있으며, 궁극적으로 후각이 큰 뇌의 발생 원인이 되었을 것으로 생각된다.

그런데 지금의 우리는 위생이 좋아지면서 우리의 체취를 거의 모두 없애버리고 주위의 냄새도 제거하면서 산다. 그래서 후각은 음식의 냄새를 맡거나 음식이 상했는지 감별할 때만 사용하는 것으로 축소해서 생각한다. 가끔 노숙자들이 입원을 할 때가 있는데 우리는 그들에게서 나는 냄새 때문에 코를 막고 접근해야 될 정도로 체취가 진동한다. 원시사회에서 이런 상태의 사람들이 100명가량 몰려다닌다고 생각해 보라. 그들이 냄새는 몇 백 미터밖에 있는 사람이나 동물들에게 충분히 전해질 수 있다. 냄새로 우리 종족과 다른 종족을 구별한다는 밀림의 원주민들의 말이 거짓말이 아닌 것이다.

눈이 멀면 봉사라고 부르고 귀가 먹으면 귀머거리라고 부르며, 말을 못하면 벙어리라고 부른다. 그런데 냄새를 못 맡는 사람을 칭하는 말은 없다. 우리가 얼마나 후각을 외면하고 있는지 보여 주는 단적인 예이다. 후각은 우리의 감정과 공감능력에 가장 밀접하다. 그러므로 사이코패스와 같이 감정을 못 느끼는 사람들이 후각이 떨어진다는 것은 오래 전부터 경험적으로 알려져 왔다.

그러던 중 2012년 호주 맥쿼리 대학교 심리학과의 메멧 마무트 Mehmet Mahmut와 리처드 스티븐슨Richard Stevenson이 사이코패스가 후각이 떨어진다는 연구결과를 내놓았다. 그들은 79명의 범죄를 저지르지 않은 사이코패스를 대상으로 사이코패스 테스트와 공감능력과 범죄성향 등을 테스트한 후 후각 테스트를 실시했다. 그 결과 사이코패스 경향이 높게 평가된 사람일수록 무슨 냄새인지 알아맞히는 능력과 냄새가 다른 하나를 구분하는 능력이 현저하게 떨어진다는 사실을 알아냈다.

특히 사이코패스의 가장 큰 특징인 공감능력의 부재와 관련 있는 '냉혹함callous affect' 항목에서 높은 점수를 받은 참가자일수록 냄새를 알아맞히는 능력이 떨어졌다. 연구자들은 감정을 조절하는 전두엽 기능, 특히 안와전두피질의 기능저하를 예상하였다. 안와전두피질은 공감회로의 한 부분이면서 후각기능을 담당하는데, 사이코패스의 경우 양쪽 부위 모두 문제를 보일 수 있다는 것이다.

어릴 적에 만난 어른들 중에 권위적이고 지배적이며 냉혹한 사람들에게서 유독 향수 냄새가 많이 났었던 기억이 난다. 그들은 항상 양복과 넥타이 차림의 정장에 정갈하게 빗어 넘긴 머리를 하고 머릿기름 냄새를 풍겼다. 이런 것들이 은연중에 내 머릿속에서 조건반사를 일으킨 파블로프의 개처럼 연상관계를 만들어내 향수를 많이 뿌리는 사람을 싫어하게 된 것 같다. 나는 지금도 정장 차림을 불편하고 포마드 냄새에 구역질을 느끼며 향수를 몸에 뿌리는 것을 싫어한다. 그리고 누군가를 만났을 때 향수 냄새가 코를 찌르면 자동적으로 경계심을 느낀다. 사이코패스가 후각능력이 떨어지는 게 맞다면 그들이 냄새를 느낄 정도로 뿌리면 다른 사람들에게는 향수 냄새가 코를 찌르는 느낌일 것이다.

물론 후각능력은 일반인들도 떨어질 수 있다. 비염이 있거나 부비동염이 있어도 냄새를 잘못 맡을 수 있으며 다치거나 수술 후유증으로도 냄새를 못 맡을 수 있다. 그러므로 냄새를 못 맡는다고 사이코패스로 의심하는 건 부당하다. 후천적으로 후각을 잃더라도 공감능력에 장애를 일으킬 수 있다는 연구가 있지만 믿기에는 근거가 부족하다. 사이코패스가 아닐까 의심될 때 후각능력이 떨어진다고 생각되면 조금 더 확신 쪽으로 생각을 옮길 수는 있다. 하지만 향수를 뿌리지 않는 사이코패스도 있으며, 이런 사실을 아는 사이코패스는 스스로 조절해서 다른 사람들이 기분 좋게 느낄 정도로만 조절해서 뿌리기도 한다. 따라서 단선적인 판단은 항상 금물이다. 결론적으로 아직 잘 모르는 상태에서 냄새를 맡거나 구분하는 능력이 떨어진다면 경계심을 가진다고 해서 손해나지는 않을 것이다.

의외성과 우연성을 지닌다

사기꾼들이 왜 설득력이 뛰어난지 궁금하지 않은가? 그 이유에 대해 살펴보자.

보통 사람들은 권위를 내세우면 대부분 껌벅 죽는다. 권위 있는 사람의 언행이 가치 판단의 기준이 되어 괜히 스스로 주눅이 들기 때문이다. 그래서 이런 사실을 잘 알고 있는 사기꾼들은 권위를 이용하여 먼저 상대방의 기를 꺾는 것이다. 그들은 자신이 내세울만한 권위가 있다면 최대한 내세우고 없다면 거짓말이라도 해서 권위를 내세운다. 그리고 나서 자신이 전문가임을 최대한 활용하거나 전문가라고 사칭을 하여 신뢰도를 최대한 높인다. 만약 그게 아니라면 종교나 사회단체를 이용해 자신이 아주 착하고 선한 사람이라는 인상을 심어 준다. 특히 그들은 여자 회원이 많은 특정 모임이나 단체에 가입해 오랫동안 좋은 사람이라는 인상을 심어 방어벽을 최대한 약하게 만든다.

그 다음은 상대방을 홀릴 차례다. 듣고 싶은 말을 해 주거나, 상대의 약점을 파악해 최대한 이용한다. 그리고 자신을 과대포장해서 대단한 사람으로 보이게 만든 다음 자신감을 보이면서 상대방에게 확신을 심어 준다. 심지어 자신이 운영하는 웹사이트를 조작하거나 프로필 사진도 잘 생긴 사람 것으로, 예쁜 사람의 것으로 바꾼다. 이 정도만 해도 다른 사람들에게 절대적인 믿음을 갖도록 설득할 수 있기 때문이다. 이 과정들을 성공적으로 이끌기 위해서는 공감능력이나 양심 따위는 개한테나 줘버려야 한다. 그 대신 다른 사람의 공감능력은 최대한 이용해야 한다.

이들이 사기 치기 위해 잘 이용하는 것 중에 하나가 의외성과 우연성이다. 우리가 만나지 말아야 할 이성을 만나거나 사기를 당할 때 의외로 잘 먹히는 전략이다. 앞에서 A가 여자를 만날 때 어떤 전략을 사용했는지 기억하는가? 우연을 가장하지만 이미 먹잇감을 정해놓은 맹수처럼 모든 계획 하에 접근한다. 하지만 사이코패스나 사기꾼이 아니더라도 우리들은 이런 전략을 많이 사용한다.

특히 누군가와 연애를 하고 싶을 때 보편적으로 사용하는 방법이기도 하다. "어? 여기서 또 만나네. 이런 우연이 있나." 하는 식으로 말이다.

한 아주머니가 남편의 바람기 때문에 스트레스를 받아 오랫동안 진료를 받았다. 나는 도대체 남편이 얼마나 잘 생겼기에 화려한 여성편력을 갖고 있을까 궁금했다. 물론 부부치료도 필요했기에 꼭 남편과 동행하도록 부탁했다. 남편은 잘 생긴 정도는 아니었다. 호남형에 머리가 벗겨진 그냥 동네 아저씨 같았다. 혹시 당신이 잘 생기지 못해서 여자를 못 사귄다고 생각한다면 지금부터 집중하길 바란다. 그는 면담에서 내가, 어떻게 여자를 유혹하는지 호기심을 보이자 마치 나에게 한 수 지도한다는 듯이 신이 나서 이렇게 말했다. 그를 J라고 부르자.

"일단 목표물을 정해요. 가급적이면 여러 명 정하는 게 좋아요. 실패하면 다음으로 넘어갈 수 있게 말입니다. 그리고 목표물의 동선과 잘 가는 곳을 미리 파악해야 합니다. 이제 가급적 좋은 옷을 입고 깔끔하게 단장을 해요. 또 되도록이면 뭔가 큰돈을 만지는 것처럼 잘 꾸미면 더 좋아요. 그러고 나서는 자꾸 부딪치는 거예요. 어느 정도 얼굴이 익혀지잖아요. 그러면 간단하게 웃으며 인사를 하는 겁니다. 대략 10명 중 6~7명은 어색해하지만 인사를 받아 줘요. 반은 성공한 거지요. 다음에 만나면 가벼운 농담이나 자기소개 같은 걸 해요. 아니면 '혹시 어디에 계시지 않으세요?'라고 물었을 때, '어머! 어떻게 아셨어요?'라고 반응해 주면 게임은 거의 끝난 겁니다. 그 말은 예쁘고 매력이 있어서 지켜봤다고 말해 달라는 뜻이거든요. 그런 식으로 눈에 띄었다고 말해 주고 다음에 저녁 한 번 같이 하자고 한 뒤 실행에 옮기면 되요. 잘 안 될 것 같고 들킬까 봐 불안하시죠? 배짱이 있어야 되요. 안 되면 다음 여자로 넘어가면 되요. 그리고 들킬까 봐 걱정하면 아무것도 못해요. 사는 아파트 바로 밑에 있는 술집에서 다른 여자와 술 먹는 것 상상도 안 되시죠? 그런데 그렇게 할 수 있어야 해요."

또 한 번은 이렇게 말했다.

"지역위원회나 학교 운영위원회 같은 곳은 여자들이 많아요. 이런 곳에 적극적으로 참여하세요. 거기서 예절바르고 인성이 훌륭하다고 믿도록 만들어야 되요. 귀가 얇은 여자들은 괜찮은 사람이라고 믿는 누군가가 다른 사람을 비난하면 곧잘 믿어요. 그렇게 자신을 돋보이게 하면 되요. 그런 다음 점찍어 둔 여자에게 조금씩 접근하는 겁니다. 오랫동안 지켜보고 좋아했었는데 혹시 몰랐냐며 물어보는 겁니다. 그렇게 말해서 눈빛이 흔들리거나 기분이 좋아져 웃으면서 받아 주면 거의 성공이라고 보면 되요. 그런데 이런 좁은 단체에서 작업할 때는 소문나는 걸 조심해야 되요. 그래서 쉽게 걸려들 것 같은 사람을 먼저 알아보는 게 중요해요."

좋은 가르침 정말 감사하나 나는 죽어도 할 수 있는 일이 아님을 잘 안다. 그가 선보인 방법은 설득의 전략에서 '문전걸치기the foot in the door' 기법이라고 하는 것이다. 상대방이 문을 열기만 하면 발을 걸쳐 닫지 못하게 하면서 설득할 기회를 얻는 것이다. 그러나 여러분들은 이런 여자들이 남자가 그리워 환장을 했거나 바람기가 다분한 그런 사람이라고 생각하면 오산이다. J에 의하면 그런 여자가 헤어질 때 편해서 좋지만 생각보다 그렇지 않은 평범한 사람이 많다고 말한다.

평범한 사람들은 유혹에 넘어가더라도 대부분은 가족에 대한 죄책감 때문에 괴로워하게 된다. 이럴 때 공감제로들은 상대방의 '프레임frame'을 지속적으로 재설정시킨다. 즉 죄책감이나 도덕적 의무감 쪽으로 생각이 흐르지 않도록 사고의 틀을 지속적으로 고정시킨다. 이렇게 말이다.

"자기 자신만 생각하세요. 자식들이야 당신의 노력을 인정해 주지도 않을 것이니 키워봐야 소용도 없고, 남편도 당신을 집안 살림이나 하면서 잔소리나 하는 존재로 여길 겁니다. 우리가 얼마나 자신의 욕망을 무시하고 사는지 생각하면 정말 슬퍼요. 살면 얼마나 산다고 이럽니까. 내일 당장 사고로 죽을 줄도 모르는데 지금 당장 하고 싶은 건 하고 살아야 하지 않겠어요. 그러니까 지금 다른 생각을 하면 괴롭기만 하니까 현재 자신의 감정에 충실하면서 본인만 생각하세요. 그게 행복하게 사는 길입니다."

그렇다면 왜 멀쩡한 사람들이 이런 간단한 속임수에 넘어가서 인생의 오점을 남기는 것일까? 그 이유 중 하나는 대부분이 인연이나 운명에 강한 확신을 가지고 있기 때문이다. J 역시 여자들이 우연이나 운명을 얼마나 잘 믿는지 아냐고 나에게 반문했다. 그래서 쉽게 자신에게 그토록 그리던 운명적인 만남이 시작되었고 이건 불륜이 아니라 로맨스라고 믿게 된다고 말했다.

불교에서는 옷깃만 스쳐도 인연이라면서 얼마나 인연을 소중하게 여기는지 다 알 것이다. 그리고 자신의 배우자를 만난 것이 운명이었다고 믿는 사람들이 많다. 문제는 공감능력이 뛰어난 사람일수록 이런 믿음을 쉽게 가진다는 것이다. 그만큼 사랑한다는 뜻이며 깊이 사랑할수록 이건 보통의 만남이 아니라고 믿기 쉽다는 뜻이다. 어떻게 보면 사람 사이에 깊은 신뢰와 공감을 불러 일으키는 소중한 믿음이라고 생각되지만, 안타깝게도 사이코패스들의 눈에는 사람들의 약한 고리로 보여 너무나 이용하기 쉬운 특성일 뿐이다.

운명과 숙명은 많은 이야기에서 등장하고 우리 주위에 너무나 흔하게 있기 때문에 대부분 아주 자연스럽게 받아들인다. 우리는 점을 보러 다니고 타로나 별자리 운세를 보면서 자신의 운명을 알아보고 싶어 한다. 이런 믿음을 갖는 데에는 우리 뇌의 작용이 크다. 진화 과정에서 논리적으로 분석하기보다 생존에 불리한 것은 재빨리 피하도록 패턴화시키고, 유리한 것은 되도록 많이 취하도록 패턴화되었다. 즉 우리 뇌는 커다란 패턴분석 기계이다. 거기에다가 전두엽을 살짝 발라 논리적 기능을 추가한 것이 우리 뇌이다. 그런데 원인을 알 수 없는 것은 어떻게 할 것인가? 패턴을 만들려면 원인과 결과가 뚜렷해야 하는데 우리가 모르는 일들이 세상에는 너무 많이 일어나고 있다.

치매가 오면 대부분의 사람들은 자신의 기억이 비어 있다는 것에 매우 당황한다. 그리고 비어 있는 기억을 가장 그럴 듯한 이야기로 채워 나간다. 이를 작화증이라고 부르는데, 정상적인 사람이라도 이런 일들이 많이 일어난다. 가령 수사를 받거나 법정진술을 하기 위해 용의자의 인상착의를 말할 때, 기억이 나지 않는 부분을 자신이 가지고 있는 심상이나 가장 그럴 듯한 내용으로 메운다는 실험

결과는 매우 많다. 이렇게 우리가 알 수 없는 부분을 어떻게든 메우는 것은 패턴을 완성하려는 우리의 본능이라고 볼 수 있다.

우리는 미래 역시 불투명하기 때문에 이런 식으로 패턴화시킨다. 운명이나 우연은 불투명한 미래에 대한 비어 있는 이야기를 채워 주고 마음을 편안하게 해 주는 역할을 한다. 사이코패스들은 이렇게 비어 있는 이야기가 약한 고리임을 순식간에 눈치 채고 이를 채워줄 줄 안다. 특히 여자들은 낯선 남자를 만나는 데 불안감을 느낀다. 바로 그 불안감이 뭔가 확실하지 않은 데서 기인하는 비어 있는 이야기인 것이다. 이럴 때 의도적으로, 우연이 여러 번 겹치거나 오랫동안 봐왔는데 상대방이 매력을 지니고 있다면 그들이 작업을 시작할 때 비어 있는 이야기가 채워진다고 생각한다. 그래서 그들의 유혹에 넘어갈 때 쉽게 운명이라고 생각하게 된다.

사이코패스 연쇄살인범인 강호순이 여자들을 끌어들이는 방법이 바로 우연을 이용하는 것이었다. 그는 주로 경기도 서남부 지역의 인적이 드문 외곽 지역의 버스 정류장에서 대상을 물색했다. 물론 그곳의 지리는 이미 모두 파악해 두었으며 여성들이 어느 방향으로 주로 가는지 조사를 다 해두었다. 그리고 좋은 차에 비싸 보이는 양복에 넥타이 차림으로 영락없는 사업가로 보이도록 꾸며 신뢰도를 높였다.

그러고는 목표한 여성 앞에 차를 세우고 운전석과 조수석 모두 창을 내렸다. 실내가 어두우면 경계심을 더 쉽게 가지므로 일부러 밝게 해서 경계심을 풀었다. 여자들이 가장 많이 가는 방향으로 길을 묻고는 방향이 같으면 태워 주겠다고 말한다. 혹시라도 주저하면 초행길이라 길을 잘 몰라서 그런다고 둘러댄다. 버스가 드문드문 오는 시골의 정류장에서 기다림에 지쳐 인내심이 바닥나고 있을 즈음에, 인상 좋고 매너 좋으면서 게다가 돈까지 있어 보이는 남자가 길을 가르쳐 줄 겸 집까지 데려다 주겠다고 말하는데 주저할 사람이 어디 있겠는가.

아마 당신은 단호하게 "아니, 됐어요"라고 말할 수 있다고 생각하겠지만, 실제로 이런 상황이 되면 생각보다 많은 사람들이 "정말요?"를 외치고 고마운 마음으로 차에 오른다. 그렇게 힘들고 지친 상황에서 앞으로 얼마나 더 기다려야 할지 불투명하다면, 우리 뇌는 에너지가 많이 드는 논리적인 생각을 포기하고 무의식적인 빠른 길을 택한다. 이 사람은 인상이나 옷을 보면 괜찮은 사람이니까 걱정하지 말고 얼른 타서 내 방의 따뜻한 침대로 한시라도 빨리 뛰어들도록 부추기게 되는 것이다.

이처럼 논리적인 생각을 한다는 것은 큰 에너지와 인내심이 필요하며 평소 훈련이 되어 있지 않으면 어려운 일이다. 강호순이 체포된 뒤에도 그의 이웃이 뭐라고 한 줄 아는가?

"나는 강호순을 믿어요. 얼마나 착하게 생겼어요."

당신은 어떤지 모르겠지만 우리 뇌는 이처럼 고집스럽다. 한 번 생긴 인상이나 믿음을 여간해서는 바꾸려고 하지 않는다. 어쩌면 우리들이 닥치는 불행들 중 많은 것들이 다양한 가능성을 고려해 보지 못하는 데서 오지 않나 생각해 본다.

당신에게 운명을 믿지 말라고 말할 생각은 없다. 그러나 설령 운명적인 일이 일어난다고 하더라도 당신이 생각하는 것만큼 그토록

자주 있는 일은 아닐 것이다. 분명히 현명하게 잘 사는 사람들에게
는 공통점이 있다. 운명이라고 무턱대고 믿기보다는 다양한 가능성
에 대해 생각할 줄 안다는 것이다. 내가 어떤 행동을 했을 때 상대
방이 어떻게 반응할지를 고려하게 된다. 그래서 서로에게 좋은 방
향으로 결정을 내릴 가능성이 더 높아진다는 것이다. 이것이 공감
능력이 필요한 이유가 아닐까.

세대를 넘어 전달되는 공감장애

후성유전학은 더 무서운 일이 벌어지고 있음을 알아냈다. 제2차 세계대전이 막바지로 치닫고 있던 당시, 독일은 네덜란드 서부지방으로 가는 철도를 봉쇄하고 식량 운송을 차단했다. 이 일로 인하여 1944년에서 1945년으로 넘어가던 약 7개월 동안의 겨울에 대기근이 일어나 약 1만 8천여 명이 기아로 사망한 것으로 추정된다. 그러나 관심을 사로잡은 것은 그 당시 아직 태어나지 않고 자궁 속에 있던 약 4만 명의 사람들이었다.

당시 기록된 데이터를 토대로 보면, 임신 마지막 3기에 엄마가 기근을 겪었을 경우 태어난 아기들은 대부분 성인이 되어 당뇨병을 앓았다. 아마 세상에 나오기 전의 지독한 기근이 앞으로도 이런 시련이 지속될 것으로 받아들여지면서, 유전자에 후성유전학적 변화를 일으켜 당대사에 관한 유전적 표현이 검소하게 변화를 일으켰다고 볼 수 있다. 그래서 성장한 이후 풍부한 식량에 의한 당대사를 감당해낼 수 없어 당뇨병을 일으킨 것이다. 이 외에도 심장병에 걸릴 위험이 3배가 높아지고, 정신분열병에 걸릴 위험이 2.7배가 높아지는 결과를 보였다. 놀랍게도 기근 당시 임신 6개월이었던 아이들은 정상 체중으로 태어났지만, 그들이 성인이 되어 아기를 낳았을 때에는 마치 기근이 있었던 것처럼 비정상적으로 작은 아기를 출산했다. 자신의 초기 영양상태가 자손들에게까지 미치는 기이한 효과에 대해 당시에는 우연의 일치로 치부되었다.

그러나 이후 흉작과 기근이 자주 닥치는 스웨덴의 외딴 지역을 조사하여, 조부모들의 사춘기 이전 영양상태가 손자들의 당뇨병 및 심장병에 걸릴 위험에 영향을 미칠 수 있다는 결과를 얻었다. 이는 우연이 아니라 유전자의 후성유전적 변화가 유전되었음을 암시한 것이다.

최근에 단일 정신과적 질환에서도 후성유전적 변화가 보고되고 있다. 거식증 환자들은 옥시토신 수용체 유전자 OXTR에서 화학적 변화가 나타나는데, 이는 선천적 요인으로 나타나기보다 환경과 심리적 상태에 의한 후천적 변화임을 암시하고 있다. 이런 이야기들은 생각보다 무서운 일이 우리의 유전자와 마음에 일어난다는 것을 보여 주고 있는 것이다. 즉 나의 성격적 결함이 유전자에 그대로 각인이 되어 나의 후손에게 전달될 수도 있다는 말이다.

물론 성격의 결함이 단일유전자 질환처럼 자식에게 그대로 전달되지는 않는다. 가령 아버지는 공감능력이 떨어지는 위선자이더라도 어머니의 공감능력이 살아 있다면 자식은 공감능력이 잘 보존되어 있을 가능성이 높다. 아니면 한쪽 부모의 애정이 다른 쪽에서 온 후성유전적 문제를 완화시켰을 수도 있다. 생애 초기의 긍정적인 경험 역시 강력한 영향을 미칠 수 있기 때문이다.

간혹 3대에 걸친 가족사를 조사하는 경우가 있는데, 자손들이 똑같지는 않더라도 대를 이어 정신적인 문제를 안고 힘겹게 살아가는 경우가 많다. 이런 정신적 문제의 대물림은 물론 인성과 양육 태도의 대물림으로 인한 영향이 가장 크겠지만, 후성유전학에 의한 변성된 유전자의 대물림 역시 그에 못지않은 영향을 미친다.

결론적으로 유전자의 이상이든 환경의 문제이든 어느 한 가지로만 공감능력을 떨어트리기는 쉽지 않다. 실제로 유전적 문제만 해도 알려진 것만 수십 가지라서 한두 가지만 가지고 공감능력을 떨어트린다고 보기 힘들다. 설령 매우 강한 유전적 성향을 지녀 어쩔 수 없이 평생을 사이코패스로 살아야 한다고 하더라도, 긍정적인 초기 경험과 안정적인 양육 여부에 따라 범죄에 빠져들지 않고 사회에 녹아 들어갈 수 있는 친사회성을 기를 수 있다고 과학자들은 말한다.

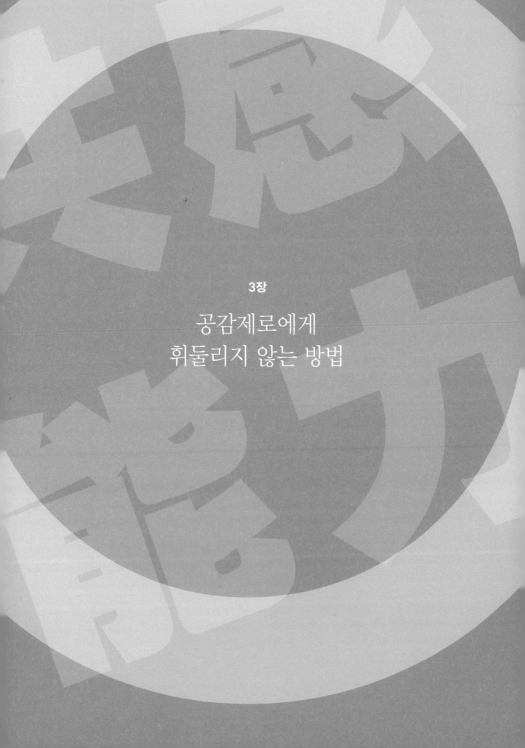

3장

공감제로에게
휘둘리지 않는 방법

인간의 자기 믿음을 뒤흔들기는 쉽다. 지독하게 쉽다.
그 점을 이용하여 인간의 영혼을 망가뜨리는 것은 악마의 일이다.

조지 버나드 쇼

사막에서 한 나이 든 수도사가 여행자에게 조언했다.
신과 악마의 목소리는 거의 구별할 수 없다고.

로렌 아이슬리

왜
잘 속을까?

　　앞에서 보았듯이 사이코패스들은 먹잇감을 노리는 맹수처럼 대상자를 미리 물색하는 경우가 많다. 중요한 건 아무나 덥석 물지 않는다는 것이다. 그들은 누가 적당한지 보기만 해도 알 수 있다고 장담한다. 한 번은 사이코패스인 A가 어떤 여자를 대상으로 해야 하는지 설명해 주었다.

　　"잘 봐. 예쁘다고 아무에게나 작업 걸면 안 돼. 그리고 혼자 있는지도 중요해. 화장이 짙거나 지나치게 당당하게 걷는 여자는 피해야 돼. 보폭이 너무 넓어도 안 되고 팔을 많이 흔들면서 걷는 여자도 안 돼. 가급적 팔을 몸에 붙이고 걸으면서 시선은 약간 아래를 향하면 좋아. 너무 아래를 봐도 안 되고 우울한 표정이어도 안 돼."

　　내 생각과는 전혀 반대의 주장이어서 왜?라고 물을 수밖에 없었다. 그는 그냥 경험인데 그런 사람이 감상적이어서 그런 것 같다고 말한 기억이 있다. 물론 이 말에는 그의 편견이 담겨 있기 때문에 곧이곧대로 들을 필요는 없다. 그러나 걷는 모습으로도 대상자를 알아볼 수 있다는 말은 사실인 것 같다.

캐나다 브록 대학의 안젤라 북Angela Book이 2013년에 내놓은 연구에 의하면 사이코패스는 걷는 모습만으로도 희생자를 고를 수 있다고 한다. 47명의 남자들에게 사이코패스 성향이 어느 정도인지 측정한 후 성향이 높은 집단과 낮은 집단으로 나누었다. 그런 다음 새로운 12명에게 복도를 통해 실험실로 걸어오게 하면서 걸음걸이를 촬영한 후, 과거에 범죄의 피해자가 된 적이 있는지, 있으면 몇 번이나 그랬는지 설문조사를 통해 답하게 했다. 이제 이 동영상을 두 집단에게 보여 주면서 누가 범죄피해를 당하기 쉬워 보이는지 1에서 10점까지 점수를 매겨보라고 하였다. 당연하지만 놀랍게도 사이코패스 성향이 높은 집단이 훨씬 성적이 좋았다.

이 결과에 고무된 연구팀은 아예 교도소로 가서 끔찍한 범죄를 저지른 사이코패스들에게 물어보기로 작정했다. 예상대로 이들은 먼저 실험의 사이코패스 성향이 높은 집단보다 더 좋은 성적으로 예측을 하였다. 걷는 모습으로도 누가 쉽게 당할지 사이코패스들은 귀신같이 알아보는 것이었다. 대머리 J씨도 넘어올 만한 사람은 딱 보면 안다고 장담했다. 그는 자신 있게 10명 정도 찍으면 7~8명은 넘어오게 할 자신이 있다며 거만스런 표정으로 바라보며 말했다. 그렇다면 왜 우리는 공감제로인 사람들을 잘못 알아보거나 잘 속는지 알아볼 필요가 있다. 사이코패스들은 잘 속는 경향을 더 많이 가진 사람들이 분명히 있다고 말한다.

공감제로들이 진료를 받으러 스스로 오는 경우는 매우 드물지만, 그 사람과 얽히면서 스트레스 받거나 우울증 및 불면증에 시달리는 사람들은 진료를 받으러 가끔 온다. 공감제로에게 정신적으로 시달리는 사람들을 진료하다 보면 성격적인 특징에 공통적인 분모를 가지고 있음을 알게 된다. 그 특징은 항상 남에게 잘해야 한다는 강박관념을 가지고 있다는 것이다. 어떻게 보면 착한 사람들이지만 그런 강박관념은 사이코패스를 비롯한 공감제로들에게 좋은 먹잇감으로 비쳐진다.

피해를 보는 사람들은 보편적으로 세상의 중심에 자기 자신을 갖다 놓지 못한다. 물론 늘 자신을 세상의 중심으로 여기면 자기애적 인격장애가 되지만, 이들은 남들이 자신을 어떻게 볼지 항상 무의식적으로 경계하고 있다는 것이 문제다. 그렇기 때문에 남들에게 자신의 좋은 모습을 보여 주는데 애쓰다 보니까 상대방의 결정적인 문제까지는 제대로 보지 못하는 경우가 많은 것이다. 하지만 우리 문화에서는 대부분의 사람들이 이런 경향을 조금씩은 가지고 있기 때문에 문제가 심각한 사람들이 더 많은 것 같다.

왜 이렇게 되었을까? 이것을 이해하기 위해서는 다시 수만 년 전으로 돌아가 보자.

우리의 마음은 어떻게 형성될까? 우리는 농경을 시작하면서 정착생활을 시작하였고 사회의 규모가 커지면서 자연과 분리되기 시작했다. 그 이전까지는 수렵, 채집생활을 하면서 소규모의 집단을 이루어 자연 속에서 살아갈 수밖에 없었다. 이때는 맹수나 추위 같은 외부의 위협요인이 너무나 많아 생존 자체가 쉬운 일이 아니었다. 미숙한 상태에서 태어나는 인류의 아기에게는 이런 수많은 위협 속에서 조금이라도 생존확률을 높이려면 부모나 보호자가 가급적 밀착해서 자신을 돌보게 해야 한다.

진화 과정에서 인류는 아기들이 가지고 있는 특징들, 즉 큰 머리와 작은 몸통과 팔다리 그리고 상대적으로 큰 눈에 사랑스런 감정을 느끼도록 진화되었다. 가령 여자아이들이 가지고 노는 인형들은 대부분 이렇게 만들어져 모성애를 자극한다. 그리고 아기의 울음소리에 매우 예민하게 반응하도록 되어 있다. 아기의 입장에서 보면 이 모든 것들이 보호자로부터 유기遺棄당하지 않기 위한 인류의 장치들인 것이다. 결론적으로 원시적 환경에서 갓난아기나 어린아이에게 가장 두려운 일은 바로 부모로부터 버려지는 것이다. 원시적 환경에서 보호자에게 버림받거나 멀리 떨어진다는 것은, 완전히 무력한 아기가 맹수나 기아飢餓에 노출되어 곧 죽음을 의미했기 때문이다.

유기당하면 안 되겠구나 하고 느끼도록 학습한다는 건 있을 수 없는 일이다. 한 번 유기는 곧바로 죽음이기 때문에 아예 학습이 필요 없도록 진화는 유기방지 프로그램을 우리 유전자에 새겨 놓았다. 그래서 버림받지 않을까 하는 불안은 본능적 불안이며, 특히 무력한 어린 시절에는 계속 마음속에 도사리고 있게 된다. 그러나 사회를 이루고 자연과 멀어지면서 맹수나 추위, 기아의 위협은 사라지거나 줄어들었지만 우리의 본능까지 줄어들지는 않았다. 유기불안은 아이가 위협을 당하는 상황에서는 언제라도 튀어나와 아이의 뇌를 장악한다.

여기서 부모나 보호자의 태도가 매우 중요해진다. 만약 부모가 항상 아이 옆에서 일관성 있게 지켜 주고 애정을 준다면, 아이는 유기불안을 스스로 다스리면서 '저 사람들은 나를 버리지 않는다'는 무의식적인 신뢰를 키워나갈 것이다. 그리고 자신이 버려지지 않는다는 자신감은 자신이 소중하다는 관념을 가지게 하여 자존감self-esteem을 증가시킨다. 결국 세상의 중심에 자신을 갖다 놓을 수 있게 되는 것이다. 또한 자신감은 세상을 좀 더 넓고 과감하게 탐구할 수 있게 하면서 주위를 관찰하며 직관을 키우는 자양분이 된다.

그러나 부모나 보호자가 지속적으로 화를 내거나 억압하고 심지어 학대하면서 잘 돌보지 않는다면 유기불안은 바로 작동된다. 또한 너무 완벽하고 고집스러운 일관성 역시 아이에게 쉽게 공격성을 드러내므로 불안을 유발한다. 당신이 아이에게 화를 낼 때 아이가, '내 행동 때문에 화가 나신 게 틀림없어. 귀찮지만 내가 행동을 좀 더 조심해야겠군.' 이런 식으로 생각하지는 않을 것이다. 이때 유기불안이 본능적으로 작동되면서 부모의 보호를 이끌어내기 위한 전략을 쓰게 된다. 가장 많이 쓰는 전략이 우는 것이다. 불쌍하고 측은한 마음이 들도록 해서 관심과 애정을 쏟도록 만든다. 혹은 귀찮게 떼를 쓸 수도 있다. 이것은 먹을 것이나 장난감 같은 필요한 자원을 하나 더 얻어내는 데 효과적이다. 그러나 이런 전략들이 잘 안 먹히면 매를 벌 수도 있다.

불행히도 유기불안을 느낄 상황이 지속적으로 반복된다면, 유전자는 후성유전학적 변화를 일으켜 유기불안을 잠재울 최후의 방법을 아예 뇌에 장착을 시킨다. 유기불안이 지속되면 아이는 본능적으로 주위를 둘러싼 환경이 생존에 매우 불리하다고 판단하고, 이런 나쁜 상황이 지속될 것으로 예견한다. 그래서 애정과 보살핌을 얻기 위한 마지막 작전이 항상 작동되도록 하는 것이다. 이제 울거나 떼를 쓰는 건 실패한 작전이므로 분노를 겉으로 드러내는 것을 자제하고 억압하는 기제를 발동시킨다. 착한 아이로 보여야 할 필요가 생긴 것이다.

'저는 이렇게 화도 내지 않고 당신 말에 복종해요. 이렇게 착하답니다. 그러니 저한테 약간의 애정을 주세요? 조금이면 되요. 없는 것보다는 나으니까요.'

이제야 어른들은 말 잘 듣는다고 칭찬해 주고 어른스럽다며 머리를 쓰다듬어 준다. 아이들의 성장 과정은 너무나 큰 다양성을 지니고 있어 이렇게 획일적으로 설명할 수는 없지만, 보편적으로 이런 아이는 부모에게 자신의 분노를 억누르고 착한 모습을 보이는 대상관계를 형성할 가능성이 높다. 즉 분노를 비롯한 감정을 억압하는 기전이 뇌에 고정되어 있어서, 어른이 되어서도 억압하는 모습을 다른 사람들에게까지 보일 수 있다는 뜻이다. 이런 사람들은 자신은 절대 유기되지 않는다는 무의식적 자신감을 가질 수가 없다. 늘 무의식적으로 버려지지 않을까 불안해하고, 착하게 보이기 위해 자신에게 영향력을 행사할 수 있는 모든 사람들의 눈치를 봐야 한다. 그러니 절대 화를 내거나 공격성을 보이면 안 된다. 꾹꾹 눌러 담아야 한다. '저 사람들이 나한테 이러는 것을 보면 아마도 나에게 뭔가 문제가 있는 것이 틀림없는 것 같다'고 생각한 그들의 자존감은 이제 땅에 떨어져 스스로를 존중하지 못한다.

그래서 세상의 중심에 나를 갖다 놓는 건 매우 불편하다. 다른 사람이 누구든지 간에 그들을 중심에 놓고 내가 맞추어야 마음이 편하다. 그리고 세상은 여전히 안전하지 않기 때문에 스스로를 자꾸 가두면서 살게 된다. 결국에는 세상을 보는 아주 좁은 시야만 갖게 된다. 누군가를 만나도 그가 어떤 사람인지 본모습을 보는 것보다 나를 착하거나 좋게 보이는 것이 더 중요하고 급한 일이 되어 버린다. 또 버려질지 모르기 때문이다.

어린 시절의 환경과 경험은 공감제로들에게 이용을 당하느냐 그렇지 않느냐를 결정할 수도 있다. 사이코패스인 직원을 고용했다가 10년 넘게 고생을 하고 있는 여자가 외래환자로 방문했다. 오래전부터 불면증으로 시달려 오다가 수면제 없이는 못 잘 정도로 수면장애가 심해졌다. 자더라도 그 직원이 나타나는 악몽을 꾸는 일이 잦고, 그를 죽이고 싶은 분노가 더 이상 조절이 안 될 정도로 충동조절이 어렵게 되었다.

그녀는 치료받다가 과거 이야기를 묻자 눈물부터 흘리기 시작했다. 어렸을 때부터 줄곧 학대를 받아왔으며, 부모가 이혼하면서 심한 애정의 결핍을 겪은 이야기를 쏟아 내었다. 그리고 자신의 성격적인 문제를 잘 알고 있었다. 늘 다른 사람에게 잘해야 한다는 생각이 지배적이라는 것이다. 그래서 그 직원을 이해하려고 애쓰고 좋아질 것이라며 애써 마음을 달래 왔다. 그러나 처음에 문제가 있을 때 정리하지 못한 게 지금까지 고생하는 원인이 되었다며 눈물을 훔쳤다.

이런 부정적인 대상관계를 형성한 사람들은 분노를 무한적으로 억압하고 무한정 눌러 담을 수 있는 게 아니다. 나이가 들면 언젠가는 곪아터지기 마련이다. 그래서 분노가 터지면 이유 없이 잠을 못 자거나 우울증 및 불안장애에 시달리게 된다. 또 많은 사람들이 신체적 통증이나 소화기 장애를 호소하지만 아무리 검사를 받아 봐도 이상이 나오지 않아 답답해한다. 이를 '신체화 장애'라고 부른다. 여기에는 억압과 같은 심리적 원인이 바탕에 깔려 있다.

이렇게 정신적인 문제로 불거지면 정상적인 판단이 어려워져 공감제로들의 문제를 보기가 더 어려워진다. 그래서 늘 당하는 사람이 반복해서 당하는 경우가 많으며, 안타깝게도 삶이 점점 힘들어지거나 나락으로 떨어지는 경우가 많다.

그러나 이런 문제를 오롯이 개인적인 문제로만 치부할 수는 없다. 사회가 어떤 모습을 하고 있는지도 큰 영향을 미친다. 불평등이 심한 사회일수록 복지와 같은 사회보장능력이 떨어지므로 개인들은 미래에 대한 불안감을 많이 느끼게 된다. 그러면 자신이 살기 위해서라도 가질 수 있을 때 최대한 많이 가지려고 하며, 심지어는 양심도 버리게 되는 경우가 생기게 된다. 이런 경향들 때문에 상대방에 대한 공감능력을 꺼버리고 착취하려는 사람이 많아지게 되어 자연스럽게 주변에 사기꾼이 많아질 수밖에 없는 것이다.

또한 이런 사회의 사람들은 돈 버는 것에 집착하다 보니 가정에 소홀할 수밖에 없고, 가정이라는 울타리가 견고하지 못하다. 불평등한 사회는 개인의 스트레스 정도가 더 높기 때문에 자식들에게 공감능력을 키워 주는 그런 따뜻하고 여유 있는 자세를 취하기가 어렵다.

불평등한 사회일수록 억압적인 문화를 유지하는 경우가 많다. 그러면 사회 전체가 신경증적이고 우울한 분위기를 가지게 되면서 자살률이 치솟게 된다. 그래서 나는 아직도 우리 사회에서 억압적이고 군사적인 문화를 유지하고 싶어 하는 사람들이 꽤 있다는 것이 정말 안타깝다. 우리나라의 아동학대 발생 건수는 매해 꾸준히 늘어 2015년에 처음으로 1만 건을 넘어 2010년에 비해 77.2%나 증가했다. 이중 부모에 의한 아동학대가 전체의 81.8%로 가장 많다.

대부분 훈육이라는 이름으로 버릇을 제대로 기르기 위해 때리는 것은 당연한 행동이라고 받아들인다. 때려서 버릇을 기른다는 것은 어떤 행동에 대한 혐오감을 최대로 줘서 못하게 만든다는 것이다. 물론 목표로 삼은 나쁜 행동을 못하게 하는 것이다. 그러나 굳이 때리지 않고 심한 벌을 세우지 않더라도 나쁜 행동을 못하게 충분히 훈육할 수 있다. 당신이 훈육이라는 명목으로 화를 낼 때, 대부분은 어린 시절부터 길러온 자신의 분노를 아이에게 전가시키거나, 당신이 느낀 모멸감을 아이에게 전가시키는 것일 수도 있다.

"내가 너의 이런 행동 때문에 화가 났어"라고 조용하게 말하더라도 충분히 화를 표현할 수 있다. 이렇게 하면 당신의 마음은 좀 더 편해질 것이다. 또한 아이에게는 자신의 행동이 문제였다는 것을 더 쉽게 받아들이게 하고 고쳐나갈 수 있게 한다. 이제는 폭력을 합리화하는 사회적 문화의 대물림을 끊고, 우리 후손들을 애정과 신뢰를 바탕으로 길러 공감능력을 키우도록 해야 한다. 그래야 공감 제로들이 최소화될 것이며, 설령 있더라도 사회의 규칙을 잘 받아들여 누군가를 쉽게 착취하지 못하게 될 것이다.

무조건 반사를 일으키는 버튼

신호자극 key stimulus

지금부터 하는 이야기는 공감제로들이 잘 이용하는 우리들의 약점에 대해 말하는 것이기도 하지만, 일반적인 설득의 방법이기도 하다. 혹시 연애나 협상을 잘 못한다면 집중해 주기 바란다. '신호자극' 혹은 '관건자극'이란 동물의 본능이나 행동을 일으키는 자극을 말하는데, 모든 동물들에게 무조건적인 반사를 일으켜 종의 보존에 기여하는 뇌의 타고난 기능이다.

가장 대표적인 것은 모성애를 유발하는 자극이다. 우리들은 사람뿐만 아니라 대부분의 포유류에서 보이는 새끼에 대한 행동을 보고 모성애를 타고난 고차원적인 행동으로 생각한다. 그러나 수많은 실험들을 들여다보면 아무리 고차원적인 존재인 사람이라도 생각보다 단순한 행동이라는 생각에 조금은 실망스러울 수 있다. 이러한 단순함 때문에 우리는 쉽게 유혹당하고 속임을 당한다. 우선 이 자극들을 이해하기 위해서 행동이 좀 더 단순한 동물들부터 살펴보자.

재갈매기 새끼들은 어미 부리에 있는 붉은 점을 쪼기 위해 최선을 다한다. 그래야 어미가 먹이를 토해 새끼들을 먹이기 때문이다. 옥스퍼드 대학교의 동물행동학자인 니코 틴버겐Niko Tinbergen은 실험을 통해 점이 없으면 새끼들이 쪼지도 않고, 새끼가 쪼지 않으면 어미가 먹이를 토해내지도 않는다는 것을 알았다. 모성애라는 것이 적어도 재갈매기에게는 절대적인 본성은 아니었던 셈이다. 또한 점이 붉고 클수록 쪼는 행동을 더 강렬하게 유도해 낸다는 것을 알아냈다. 바로 그 붉은 점이 재갈매기에게는 새끼에게 먹이를 먹이는 신호자극 혹은 관건자극인 셈이다.

새끼 가시고기도 모형의 크기나 모양과는 관계없이 부모 가시고기와 비슷하게 칠한 밀랍인형에 반응한다. 반드시 물고기처럼 보일 필요도 없다. 새끼 가시고기에게는 색깔이 신호자극이기 때문이다. 가시고기의 수컷은 집을 만들기 위해 일정한 세력권을 형성하는데 여기에 다른 수컷이 접근하면 싸움을 건다. 틴버겐은 수컷 가시고기의 모양은 달라도 배 쪽에 붉은색을 칠한 여러 가지 모형에는 모두 반응해 투쟁을 벌이는 것으로 보아, 수컷의 배에 나타난 붉은색을 신호자극으로 여긴다는 것을 알 수 있었다. 혹시라도 할로윈 축제를 하기 위해 아이들에게 드라큘라 복장을 입힌다면, 송곳니를 끼운 채 개 앞에 가지 않도록 하는 것이 좋다. 개에게는 송곳니가 공격본능을 일으키는 신호자극이기 때문이다.

그렇다면 이런 신호자극을 더 과장하면 어떻게 반응할까? 그래서 틴버겐은 재갈매기 어미의 부리 모양 모형에 붉은 줄을 세 줄 그어, 어미가 하듯이 새끼들을 향해 아래로 내렸다. 그랬더니 새끼들의 반응이 더 격렬했다. 가시고기 역시 더 선명하고 큰 붉은색에 격렬한 반응을 보였다. 거위는 자신의 알이 갖는 색깔, 무늬, 크기를 과장시킨 모형 배구공을 보고는 본래 자신의 알을 내팽개친 채 배구공을 품으려고 한다. 이렇게 정상보다 과한 자극을 '초정상超正常 자극'이라고 부르며, 이런 자극에 더 격렬하게 반응하는 것이 보편적이다.

진화는 고차원적인 메커니즘이 아니라 매우 보수적이며, 필요한 것만 이용하도록 해서 사용하는 에너지를 최소한으로 한다. 마치 모세가 최소한의 필요한 명령만 돌에 새겨 가져온 십계명과 같이 말이다. 재갈매기에게 먹이를 주기 위해서는 부리 모양과 붉은색의 점에만 본능적으로 반응하게 하면 아무 문제가 없었다. 인류라는 종이 나타나 부리모양의 모형으로 장난(?)을 치기 전까지는 말이다.

재갈매기 새끼에게는 '부리 모양 위의 붉은색 점을 보면 쪼아라. 그러면 먹을 것이다'와 같은 십계명조의 명령만 있으면 된다. 부리 모양과 붉은 점에 그냥 반응하기만 하면 틀림없이 자신과 같은 종의 부리일 것이니 다른 새의 부리인지 세세히 구분할 필요가 없다. 붉은 점 또한 있는지만 알면 되지 굳이 크기나 선명도를 지정하지 않아도 된다. 같은 종의 어미면 틀림없이 붉은 점을 가지고 있기 때문이다.

그러다 보니 진화는 우리가 생각하기에 전혀 합리적으로 보이지 않는 방향으로도 간다. 초등학교 시절에 학교 내의 우리 안에는 크고 화려한 깃털을 가진 수컷 공작이 한 마리 있었다. 긴 깃털을 활짝 펼 때는 아름다움에 입을 다물지 못했지만, 평소에는 꼬리처럼 끌고 다니는 게 여간 불편해 보이지 않았다. 그래서 어린 마음에도 천적의 공격이 있으면 재빨리 도망가지 못할 것이 걱정되었던 기억이 난다.

암컷 공작은 건강한 수컷을 깃털의 화려함과 크기로만 판단하도록 진화했다. '크고 화려한 깃털을 가진 수놈을 골라라.' 암컷에게는 이것만 있으면 되었다. 생존에 불편한 것은 신경 쓸 필요가 없다. 깃털이 너무 크든 말든 천적에게 잡아먹혀 제거된 개체는 애초에 자신들이 맞이할 수컷의 자격이 없기 때문이다. 즉, 암컷 공작에게는 화려하고 큰 깃털이 신호자극이다. 그런데 자신의 유전자를 더 많이 남기는 수컷은 더 크고 화려한 깃털을 가진 개체, 즉 초정상 자극을 가진 개체이다 보니 극단적으로 크고 화려하게 진화되어 왔다. 생존에 하등 도움이 안 되더라도 말이다.

이런 초정상 자극을 이용하여 동물들의 세계에도 사이코패스 같은 행동이 판을 친다. 대표적인 사기꾼은 뻐꾸기이다. 뻐꾸기는 자신의 알을 다른 새의 둥지에 낳아 다른 새가 부화시키고 기르게 한다. 일반적으로 새는 알의 크기가 크고 색깔이 진한 것이 신호자극이어서 다른 알들보다 더 정성스럽게 품는다. 마찬가지로 새끼들의 크기 역시 신호자극이다. 영문도 모른 채 뻐꾸기의 알을 품게 된 새는 뻐꾸기의 알이 자신이 낳은 알보다 더 크고 색깔이 진하므로 오히려 자신의 알보다 더 많은 정성을 쏟는다. 부화하고 나서도 뻐꾸기의 새끼는 큰 몸집을 이용해 초정상 자극으로 어미를 유혹하여 더 정성스런 보살핌을 받는다.

수컷 청개구리는 번식기가 되면 울음으로 암컷을 유혹한다. 즉, 번식기에 개골거리는 수컷 청개구리의 특유의 울음소리는 신호자극으로 작용하는데, 암컷은 그중에서도 저음의 큰 목소리를 좋아한다. 특히 목청이 좋은 녀석은 초정상 자극으로 작용하여 인기가 좋다. 때로는 목청 좋은 녀석 근처에 가만히 있다가 다가선 암컷에게 마치 자신이 울었던 것처럼 유혹하여 같이 물로 뛰어 드는 사기꾼도 있다. 심지어 어떤 놈은 한참 울어서 기운이 빠진 놈을 공격해서 물리친 후 그 자리에서 당당히 암컷을 맞이하기도 한다.

그렇다면 우리에게는 생각할 겨를도 없이 바로 행동을 유발하는 신호자극으로 무엇이 있을까? 당신이 여자라면 아마 아기의 모습을 맨 처음 떠올렸을 가능성이 높다. 앞에서 보았듯이 아기의 특징적인 모습은 모성애와 사랑스런 감정을 느끼게 만드는 가장 강력한 신호자극이다. 짧은 팔다리, 동글동글한 얼굴에 넓고 둥근 이마, 크고 동그란 눈, 볼록하게 솟은 뺨, 작은 턱과 코의 특징은 대부분의 포유류 새끼의 특징이며 직접적으로 어미의 보살핌을 유발한다.

당신이 남자라면 아마 여자의 신체를 떠올렸을 가능성이 높다. 남자들에게 가장 확실한 신호자극은 성적性的인 자극이다. 크게 부풀려 놓은 가슴과 엉덩이 그리고 평균보다 더 가늘게 처리한 허리는 성적인 충동을 유발한다. 하지만 인류는 초정상 자극을 상업적으로 이용한다. 대부분의 사람인형이나 동물인형의 특징은 이런 아기의 신호자극을 과장해서 만들었다는 것을 알 수 있다. 특히 여성들은 이런 인형을 보면 귀여움에 몸서리를 치며 심지어 끌어안고 자기까지 한다. 그러나 남자들을 상대로 한 초정상 자극의 상업적 이용은 상상을 초월한다. TV를 켜면 온종일 초정상 자극을 쏘아대는 것을 알 수 있다.

또한 우리는 잘 생기고 예쁜 사람들에게 큰 호감을 가진다. 잘 생기거나 예쁘다는 것은 양호한 영양상태로 인하여 대칭적이며 병의 흔적이 없는 얼굴을 가진 좋은 짝이라는 뜻이다. 아기의 신호자극 중에 성인에게서도 뚜렷이 적용되는 것이 크고 동그란 눈이다. 큰 눈은 상대방의 건강상태를 더 정확하게 읽도록 한다. 맑고 흰 눈자

위는 건강의 상징이지 않은가. 우리가 작은 얼굴을 선호하는 것은 아마도 비례적으로 눈이 커 보이기 때문일 것이다. 성형수술의 발달로 인하여 여자들이 초정상 자극을 쉽게 만들 수 있게 되면서, 자기만족과 더불어 남자들의 본능에 바로 어필하도록 해서 자신의 가치를 올리고 싶어 한다.

특히 여자들은 남자가 잘 생기고 키까지 크면 여러 가지 신호자극이 한꺼번에 밀려들기 때문에 쉽게 본능을 활짝 열어젖히게 된다. 사이코패스가 여러분들에게 다가갈 때 좋은 인상을 가졌으면 더욱 치명적인 매력을 발산할 수 있다. 거기다가 좋은 옷과 고급차로 돈이 많다는 신호까지 보낸다면 그 신호는 의식을 거치지 않고 바로 본능 깊숙한 곳에 도달할 가능성이 많다.

많은 공감제로들은 자신이 가진 매력을 최대한 드러내는 데 재주가 뛰어나다. 즉, 초정상 자극을 잘 만들어 낸다. 매력을 발산해서 상대방의 신호자극을 자극했을 때, 자신에게 유리한 상황을 만들거나 이익을 얻는데 도움이 된다는 것을 어린 시절부터 경험으로 배웠기 때문이다. 또한 그들의 다소 무모하고 위험을 감수하는 행동은 처음에는 재미있고 매력적으로 다가온다. 우리는 보편적으로 위험에 대한 호기심을 가지고 있는데 이를 채워 주며 일탈의 기쁨을 느끼도록 해 주기도 한다.

여성들의 경우, 아기의 모습에 본능적으로 반응하는 것이 남자 선호도에 영향을 미치는 것으로 실험에서 밝혀졌다. 같은 남자의 얼굴이라도 조금 더 여성에 가깝게 보정한 사진을 더 매력적으로 봤다. 그러나 배란기에 있을 때는 더 남성적인 얼굴에 이끌렸다. 아마 남성적인 모습이 진화적으로는 더 질병에 잘 견디고 생존에 우월한 유전자를 가진 표상이었기 때문일 것이다. 그러나 그때를 제외하고는 좀 더 여성적인 남성상을 원하는 것은 안전에 대한 욕구를 반영하는 것이라 할 수 있다. 높은 테스토스테론 수준은 분명히 폭력성과 관계가 깊기 때문이다.

어릴 적에 친구들끼리 모여 있으면 왜 여자들이 저 '기생오라비' 같은 연예인이나 동료들에게 환장을 하는지 이해가 안 된다며 투덜거리기도 했다. 사실 연애에 재주 없는 '찌질이'들끼리 모여서 질투하는 거였지만 말이다. 우리가 오해했던 게 바로 이것이다. 우리는 람보와 코만도의 근육질 몸매가 남자의 매력이라고 생각했지만 여자들이 원하는 건 전혀 다른 데 있었다.

문제는 이런 특징들까지 사이코패스들은 이용할 수 있다는 것이다. 그들은 바보 같은 우리들과 달리 여자들이 원하는 것이 무엇인지 정확하게 파악하고 있는 경우가 많다. 그들은 여자들 앞에서 단정한 외모를 하고 거짓 웃음으로 좀 더 부드러운 인상을 만들어 보인다. 그리고 눈을 동그랗게 뜨고 몸을 앞으로 내밀어 상대방을 바라본다. 실제로 사이코패스들은 보통 사람들보다 눈을 깜박이는 횟수가 아주 적어서, 상대방을 꼼짝 못하게 홀리는 데 아주 유리하다. 그들이 똑바로 눈을 뜨고 쳐다보는 모습은 두 가지의 신호자극에 반응하도록 한다.

먼저 우리는 홀로 맹수의 부릅뜬 눈을 마주치면 곧바로 경직되고 아무것도 할 수 없도록 프로그래밍이 되어 있다. 움직임을 최소화해 내가 이기기 힘든 적들에 대해 공격본능을 떨어뜨려 생존확률을 높이려는 본능이다. 그래서 누군가 눈을 빤히 쳐다보는 것에 마치 아무것도 하기 힘든 느낌을 받을 때가 많다. 그러나 앞에 있는 것은 맹수가 아니라 매력 있는 사람이므로 그 느낌을 모호하게 받아들인다. 이럴 때 눈을 동그랗게 뜨고 빤히 보는 모습은 바로 아기들의 모습을 연상시키는 신호자극으로도 작용한다. 여기에다가 다음에 설명할 본능을 자극하는 몇 가지 행동을 추가하면, 이제 저항하기 힘든 느낌을 내가 저 사람을 좋아해서 그렇다고 받아들이게 된다.

한 사기꾼은 은행에 들어갈 때 항상 최고급 옷과 시계를 차고 머리를 잘 다듬어 넘긴 후 지점장실로 직행한다고 한다. 만약 보통의 복장으로 지점장실로 들어가려고 하면 중간에 제지를 당하지만, 이렇게 차려입고 "뭐가 이렇게 거치적거려, 이것 저리로 치워!"라며 호기를 부리면 오히려 인사를 받고 지점장실을 안내받는다고 한다. 이렇게 우리는 편견에 쉽게 지배당하는 존재이다. 우리가 사기꾼이나 사이코패스들에게 당하지 않으려면 편견을 극복해야 하지만 그게 말처럼 쉽지 않다. 그러나 그 시작은 지금 내가 하고 있는 생각이 편견이라는 것을 아는 것에서부터 시작한다.

편견 혹은 선입관,
마음의 맹점들

콜라 시장을 양분하고 있는 코카콜라와 펩시에 대해서 블라인드 테스트를 했을 때 펩시의 맛을 더 선호한다는 결과가 나왔으나, 눈가리개를 벗기고 실험하자 코카콜라에 압도적인 선호도를 보였다. 와인으로도 실험을 해보았다. 싼 와인과 비싼 와인의 라벨을 바꿔서 붙였더니 비싼 라벨이 붙은 싸구려를 더 맛이 좋다고 평가했다. 와인 전문가들에게 해봐도 마찬가지 결과가 나왔다.

이들을 기능적 자기공명 영상장치fMRI functional Magnetic Resonance Imaging를 이용해 뇌에서 무슨 일이 벌어지는지 확인해 보니, 가격이 비싸거나 좋다고 생각했을 때 쾌감회로의 일부인 내측안와전두피질medial orbitofrontal cortex의 활성이 증가되었다. 가격이 높게 책정되었거나 내가 좋아한다고 느끼는 것들을 볼 때 기분이 좋아진다는 것이다. 제품의 품질이나 본질보다는 내 기분이 좋아지는 방향으로 판단했다는 뜻이다.

감각뿐만이 아니라 사회계급에 대해서도 같은 결과가 나왔다. 한 여자아이가 수학문제를 푸는 모습을 보여 주고 한 그룹에게는 상류층 아이라고 말했고, 다른 그룹에게는 하류층 아이라고 말했다. 그 아이의 학업성취 정도를 평가하라고 했더니, 상류층이라고 들은 그룹은 학업성취도가 매우 뛰어나다고 평가한 반면, 하류층이라고 들은 그룹은 수준 이하라고 평가한 것이다. 이렇게 우리는 쉽게 편견에 따라 판단을 하지만, 편견을 극복한다는 것은 이성의 힘을 동원하고 감정을 자제해야 하는 어려운 일이다.

왜 이럴까? 우리 뇌에는 고속도로가 여러 군데 나 있다. 앞에서 설명한 것처럼 원시사회에서 생존에 유리하려면 어떤 현상을 보고 분석하고 판단하는 것이 아니라 곧바로 행동하는 것이 유리하다. 얼룩덜룩한 기다란 것이 보이면 그것이 뭐건 간에 일단 튀어라. 뱀일 수 있으니깐. 우리 뇌는 이렇게 빠른 판단과 행동을 위해 군데 군데 고속도로를 뚫어 놓았는데 이를 휴리스틱heuristic이라고 부른다. 앞에서 보았듯이 익숙한 것들을 더 좋게 평가하고, 비싼 것은 더 맛있고 뛰어나다고 생각한다. 또한 상류층이라고 생각하면 뛰어날 것이라고 생각하고 하류층이라면 뒤쳐질 것이라고 생각한다. 진화 과정에서 생존에 꽤 도움이 되었던 이런 과정들이 이제는 우리가 잘못 판단하는 원인이 되고 있는 것이다.

위와 같은 편견을 대표성 추론법representativeness heuristic으로 부르는데, 경험에 근거해 지름길을 선택하게 된다는 뜻이다. 즉, 예상치 못한 현상이나 빠른 판단을 요구하는 상황이 생긴다면, 우리는 직감에 의존해 우리 뇌에 저장된 데이터를 검토하고 비교해서 빠른 판단을 내린다.

한번 상상해 보자. 사이코패스이지만 그것을 숨기고 있는 그가 몸을 당신에게 약간 숙인 채 빤히 쳐다보며 부드럽게 말을 건넨다. 뭔가에 감전된 듯 몸이 굳고 가슴이 뛰는 느낌을 받으면서 '이게 뭐지? 내가 좋아하는 거야'라고 속으로 생각한다. 이때 사이코패스는 결정타를 날린다. 나름대로 웃음을 유도하면서 슬쩍 당신의 팔을 만진다. '이건 또 뭐지? 기분이 좋아지잖아.' 자, 이제 당신은 서로 좋아하는 게 틀림없다고 믿게 된다. 그 정도 가지고 그럴 리가 없다고? 맞다. 물론 지나친 추측일 수도 있다. 그러나 당신은 당장에는 넘어가지 않더라도 그에 대해 긍정적으로 편향되어 있을 가능성이 높다. 다음에 그가 작업을 걸어온다면 넘어갈 공산이 매우 크다.

신체적 접촉은 우리가 태어난 이후부터 성장에 매우 중요한 요소이다. 미숙아로 태어나 오랜 기간을 인큐베이터에서 지낸 아이들의 경우, 인큐베이터에서 하루 10분 이상 만져지거나 쓰다듬어진 아기들의 뇌가 그렇지 못한 아기들의 뇌에 비해 더 잘 발달한다. 우리들이 생존하는데 있어 기본적인 욕구를 채워 주는 접촉은 필수적인 요소인 것이다.

그만큼 신체적 접촉은 기분 좋은 자극이며, 옥시토신을 분비시켜 관계를 더 친밀하게 해 주는 촉진제이다. 물론 아직 낯선 관계에서 갑자기 와락 안아버리면 몇 분 후에 유치장에 가 있게 되지만, 가벼운 신체적 접촉은 친밀감을 증가시켜 상대방의 마음을 열 때 아주 좋은 방법이다. 그래서 연인관계로 발전하는 데 손이라도 잡게 되면 이미 절반은 성공하는 셈이다.

그러나 위의 사이코패스가 당신을 슬쩍 만졌을 때, '이 사람이 나를 이용하기 위해 접촉을 시도하는 구나'라고 생각하지는 않는다. 지금까지 이런 종류의 접촉이 어떤 결과를 가져왔는지 무의식적으로 머릿속의 데이터를 뒤져 비교한 후, 대부분 좋은 기분과 연결되어 있었다고 추정한다. 그렇다면 이제 '음. 이제 서로 좋아하기 시작하는 단계일 가능성이 높아'라고 판단할 것이다. 대표성 추론법이 효과를 발휘하게 되는 것이다.

실험에서도 레스토랑에서 종업원들이 손님들에게 가벼운 신체적 접촉을 했을 때 팁이 훨씬 많아졌다. 주로 여종업원을 대상으로 했으므로 혹시 이성 간의 문제라고 생각할 필요는 없다. 남자보다는 여자에게 신체접촉을 했을 때 더 많은 팁을 받아냈기 때문이다.

접촉을 의식하지 못하더라도 좋은 평가를 받을 수 있다. 다른 실험에서 도서관 사서에게 근무시간의 절반은 평소대로 일하고, 나머지 절반은 가능한 상대방이 눈치 채지 못하도록 조심스럽게 가벼운 신체 접촉을 하도록 했다. 동시에 도서관 밖에서 사서를 만났던 사람들을 대상으로 도서관에 대한 만족도를 물어보았을 때, 가벼운 신체 접촉이 있었던 학생들이 도서관에 대해 훨씬 긍정적인 평가를 내렸다.

그러나 여기에는 대표성 추론만 관계하는 것이 아니라 호혜주의 reciprocity 역시 큰 역할을 한다. 이기적인 집단은 항상 멸종하고 상호 이타적인 집단은 계속 살아남아 우리들까지 이어졌으므로, 이 역시 우리의 중요한 본능 중 하나이다. 그러나 호혜주의는 물질적인 것에 기반하는 것이 아니라 심리적인 반응에 기반한다. 즉 뭔가 고맙고 기분 좋은 것이 있다면 보답하고 싶은 마음이 생기는 것이다. 그러므로 내가 받은 따뜻한 손길 역시 뭔가 되갚아야 할 대상으로 여기게 된다.

비록 손길만이 그런 것이 아니다. 다시 레스토랑의 종업원을 대상으로 한 실험을 들여다보자. 이번에는 식후 사탕을 제공할 때, 한 집단은 사탕을 하나만 주고 두 번째 집단은 두 개를 주었다. 그러나 세 번째 집단은 사탕 하나를 준 후 가다가 돌아서서 하나를 더 주었다. 팁은 세 번째 집단이 가장 많이 받았다. 두 번째 집단과 세 번째 집단에서 사탕을 받은 개수는 똑같지만 주는 방법에 따라 큰 차이가 나는 것은, 하나를 주려다 선심을 써서 하나를 더 받았으니 고마움을 더 많이 느끼게 되는 것이다.

공감제로들은 상대방의 호감을 얻기 위해 호혜주의를 적극적으로 활용한다. 앞에서 말한 사이코패스 A는 여자들에게 호감을 얻기 위해 하는 행동이 과감하고 용의주도한 것만 다가 아니다. 그는 상대방을 웃게 하기 위해 재미있는 유머를 적은 노트를 가지고 다니며 외우다시피 한다. 그리고 영리한 머리를 이용하여 단지 웃긴 이야기를 해줄 뿐 아니라 자신의 상황에 적절하게 대입해서 유머를 구사하기도 한다. 상대방은 한 차례 웃고 나면 좋은 기분에 호혜주의 본능이 발동하여 다음 단계로 넘어가는 데 훨씬 수월하게 반응한다. 또한 웃는 상황에서 신체적 접촉까지 곁들이면 매우 치명적이며, 이후에 더 과감한 신체접촉에도 훨씬 너그러워진다.

나이 든 부모님들이 단체로 어느 건물로 들어갔다가 모두 손에 물건들을 한두 꾸러미씩 들고 나오는 광경을 한 번씩 볼 수 있다. 물론 선물을 들고 나오는 것이 아니라 싸구려 물건을 비싸게 사서 사기를 당하고 나오는 중이다. 왜 이딴 물건을 샀냐고 자식들이 아무리 다그쳐도 막상 그 자리에 가면 그게 쉽지가 않다는 것이 문제다.

사기꾼들은 물건을 팔기 전에 온갖 즐거움을 준다. 웃겨 주고 노래를 율동과 함께 불러 주며 즐거울 일이 없는 노인들에게 모처럼 큰 기쁨을 가져다준다. 이제 호혜주의를 발동시킬 차례다. 싸구려 물건을 들이밀며 이게 얼마나 몸에 좋은지 설명을 하며 하나씩 쭉 나눠 준다. 노인들로서는 감당하기 힘든 가격을 부르지만 이걸 사지 않겠다고 다시 갖다 놓기가 힘들다. 결국 한두 꾸러미 사서 나오게 된다.

그러나 결코 좋은 상품이라는 말에 속아서 산 것은 아니다. 노인들은 호혜주의 원칙에 의해 뭔가 보답해야 한다는 의무감에 사로잡혀 있을 수밖에 없다. 우리가 어떻게 해 줬는데 이걸 안 살 수가 있냐는 무언의 압력은 노인들의 뇌를 꼼짝달싹하지 못하게 만든다. 그리고 여기에는 항상 바람몰이꾼들이 있다. 몇 사람이 마치 기다렸다는 듯이 사겠다고 계산을 치르면 너도 나도 사겠다는 사람이 생긴다. 이렇게 집단의 행동이 압력으로 작용하여 자신도 모르게 다른 사람의 행동에 동참하게 된다.

미국의 사회심리학자 솔로몬 애쉬Solomon Asch의 실험에서 알 수 있듯이 누가 봐도 제일 긴 선이 아니지만 주위의 참가자를 가장한 실험자 몇 명이 그 선이 제일 길다고 답하면, 대부분 어쩔 수 없이 그 대답에 동조를 하게 된다. 심지어 청록색 슬라이드를 보여 주고 대부분이 청색이라고 대답했다고 들으면 청색으로 말하고, 대부분이 녹색으로 대답했다고 들으면 녹색이라고 대답한다. 우리는 집단 안에서 협력을 증진시키기 위해 동화되고 동질화되도록 진화되어 왔기 때문이다.

이런 동질성에 끌리는 본능은 자신과 비슷한 사람에게 더 신뢰를 준다. 돈을 나눠 주는 사람을 보기에서 고르라고 할 때 같은 얼굴이라도 자신의 얼굴과 합성을 한 사람의 사진을 골랐다. 심지어 아주 사악한 인물에 대해 생일이 같다고 얘기해 주고 평가를 부탁하면 더 호의적인 평가를 한다. 사이코패스의 흔한 수법으로 "와! 당신 이름이 저의 어머니와 똑같아요. 이런 우연이!"라는 식의 멘트에 이끌려 연애를 시작하는 경우가 많다. 물론 어머니 이름은 전혀 다를 것이다. 나의 아내는 나와 처음 만날 때 생일에서 날짜만 같은

데도 인연 같다고 말한 적이 있다. 다행히 아내는 사이코패스와 결혼하지는 않은 것 같다.

호혜주의적 본능을 이끌어 내기 위한 공감제로들의 방법은 매우 다양하다. 실제로 그들은 어떤 사람이 친절하고 남의 말을 곧이곧대로 잘 믿는지 파악하는 능력이 매우 뛰어나다. 우리들은 이런 사람들과 친구하고 싶어 하지만 공감제로들은 이용하고 싶어 한다. 또한 누가 성적으로 유혹에 취약한지도 잘 알아본다.

그들이 다가와서 "커피 한잔해요"라고 말하면 거부할 공산이 크다. 그러나 먼저 "술 한잔해요"라고 말하고 거절당한 뒤, "그러면 커피나 한잔해요." 이렇게 말한다면, 아마 당신은 '뭐, 커피 한잔쯤이야' 이렇게 반응하기 쉽다.

이 역시 호혜주의적 반응을 이끌어 내는 전략이지만, 여기에는 또 하나의 뇌 속의 고속도로를 질주하는 반응이 있다. 바로 기준점 설정과 조정anchoring and adjustment이라는 휴리스틱이다. 실적목표를 항상 이루기 힘든 높은 수준을 설정을 하는 이유는, 그 정도는 아니더라도 최대한 많은 실적을 이루기 위한 방법이기 때문이다.

마찬가지로 공감제로들은 자신들이 원하는 것을 얻기 위해 일단 거절할 것이 분명한 높은 기준점을 설정해서 말한 뒤 자신들이 실제 원하는 것을 요구한다. 내 바보 친구들은 커피든 술이든 제안한 뒤 여성이 거절하면, "아, 그래요?" 하고 돌아서며 차였다고 가슴 아파한다. 그러나 사이코패스는 거절에 대한 두려움이 전혀 없다.

또한 바보 친구들은 "다음에 차 한잔해요"라고 말하면, 그냥 "네" 하고 헤어진다. 그러나 노련한 선수들이나 사이코패스는 그렇게 하지 않는다. "그럼 이번 주 토요일 오후 네 시쯤 괜찮겠어요?" 이렇게 물으면 좋다라든지 아니면 다른 날 언제가 좋다는 대답을 들을 확률이 크다. 이런 것이 왜 중요한지 예를 들어 보자. 한 레스토랑에서 예약한 사람들이 예약이 취소되었을 경우 연락 없이 나타나지 않는 것 때문에 골치를 썩이다가 한 가지 아이디어로 가뿐하게 해결을 했다. "계획이 바뀌면 연락해 주세요"를 "계획이 바뀌면 연락을 주시겠어요?"로 바꾸었기 때문이다.

이는 일관성을 유지하려는 우리의 본능을 건드림으로써, 자신의 입으로 한 약속을 어기기가 힘들게 만든다. 사이코패스 A는 자신이 작업한 여자가 만날 약속을 해 주지 않고 피하더라도 계속 쫓아다니며 결국 어떤 약속이라도 그녀의 입으로 직접 받아낸다. 만약 어머니들이 자신이 아이가 숙제를 하지 않아서 속상하다면, "숙제 해!"라고 소리치기보다는 "그럼 언제부터 숙제할거니?"라고 묻고 직접 대답을 듣는 것이 더 효과적일 것이다.

만약 공감제로가 사회적으로 인정해 주는 어떤 권위를 가지거나 선의를 가진 집단의 일원이라면 다른 사람들을 착취하는데 매우 유리한 위치에 있게 된다. 박사, 의사, 변호사와 같은 전문집단의 지위가 주어진다면 권위에 복종하는 특성을 이용해 자신의 이익을 채우기 쉽다. 그뿐만이 아니라 교육자나 종교인 그리고 시민단체 및 복지단체의 일원이라고 하면 "저런 사람이 그런 짓을 할 리가 없어"라고 생각한다. '저런 사람'이란 사회적 명망이 있고 늘 다른 사람들을 위해 헌신하는 좋은 사람이라는 뜻이며, '그런 짓'이란 양심 있는 사람이라면 생각하기 힘든 행동을 뜻한다.

그러나 공감제로들을 어떤 직업이나 소속단체, 외모로 판단하는 일은 항상 실패하기 마련이다. 그러지 않을 직업이나 단체도 없으며 그런 짓을 하게 생긴 사람도 없다. 아! 내가 말했던가. 사이코패스 A는 목사가 되기 위해 신학대학을 다니려 했다고. 물론 우리가 말려서 안 가기는 했지만 말이다. 자기 눈에는 종교가 누워서 떡 먹는 사업으로 보였던 것이다. 하지만 만약 그가 목사가 되었다면 다른 건 몰라도 사람들을 자신의 교회로 모으고 헌금을 잘 내도록 만드는 데는 성공했을 것이다.

눈 가리기

우리의 뇌는 여러 가지 감각을 한꺼번에 집중하기 어렵다. 비록 무의식적으로는 깊은 뇌에서 감각처리가 이루어지더라도 의식에 표상하는 것은 우리가 어디에 집중하고 있는가에 달렸다. 운전을 하면서 옆 사람과 이야기를 할 때 도로 상황이 순조롭다면 운전은 무의식적으로 이루어지면서 대화를 이어나갈 수 있다. 그러나 운전이 순조롭지 못하다면 거기에 신경 쓰느라 대화를 이어나가기 힘들다. 대화에만 집중하면 사고가 날 수밖에 없다.

마술사들은 바로 이런 점들을 이용해 관객들의 주의를 분산시켜 자신의 속임수를 알아차리기 어렵도록 만든다. 항상 도와주는 보조자는 아름다운 여성이며 딱 붙는 옷으로 야하게 입고 있다. 그리고 마술사는 마치 연극을 하는 듯한 쇼맨십과 강렬한 눈빛으로 관객들을 홀린다. 소매치기들은 길을 묻거나 도움을 청하는 척하면서 물건을 훔친다. 또 몰이꾼이 시선을 다른 곳으로 분산시키는 사이 물건을 훔친다.

공감제로들은 자신들의 정체가 드러날 즈음이면 상대방의 주의가 자신의 문제점에 모아지는 것을 능숙하게 방해한다. 경계성 인격장애나 자기애적 인격장애를 가지고 있는 사람들은 자신의 잘못이 드러나거나 사람들이 문제의 원인으로 자신을 지목하면, 엉뚱한 문제를 가지고 시비를 걸거나 자신이 전적으로 피해자인 듯 난리를 피운다. 심지어 과호흡으로 실신하기도 하며 경련을 일으키는 것처럼 연극을 하기도 한다.

사이코패스들은 더욱 교묘하게 연극을 하여 동정을 쉽게 얻는다. 여러분은 앞에서 본 B의 행동을 기억할 것이다. 그리고 C 역시 동정연극의 달인이다. 아내를 때려 놓고는 자신이 왜 이런 짓을 하는지 모르겠다며 괴로운 표정을 짓고 머리를 쥐어뜯는다. 그러면서 자신이 상처받고 불쌍한 사람이라서 그런 거라며 마치 자신을 용서해야 한다는 듯이 말한다. 이렇게 우리들의 동정심을 자극해 자신의 본질을 보지 못하도록 방해한다.

사이코패스와 헤어지더라도 그 뒤가 쉽지 않을 때가 많다. 만약 사이코패스가 상대방에게 흥미를 잃었거나 자신이 재력이 있다면, 헤어지더라도 바로 다른 흥미를 끄는 곳에 관심을 돌리게 된다. 그러나 오고갈 데가 없으면 상대방에게 집착을 하거나 그 주위를 맴도는 경우가 많다. 반사회적 성향이 높다면 복수를 꿈꿀 수도 있지만, 그보다는 대부분 지낼 곳이 마땅치가 않아서 그런 경우가 많다.

한 여자는 이혼한 후에도 전 남편이 술만 취하면 찾아와서 시비를 걸고 죽인다고 협박을 하여 경찰에 신고하였다. 경찰은 단순히 술로 인해 난동을 계속 피운다고 생각하고 정신과로 입원을 시켜 버렸다. 그동안 그녀는 법원에 접근금지 명령을 받았다. 그러자 이번에는 전화를 하루에도 수차례씩 걸어 욕을 하고 협박을 해 아예 먼 지방으로 이사를 가 버렸다. 혼자 골방에서 지내던 그 남자는 이제 나한테 전화를 해서 욕을 하고 협박을 하기 시작했다. 이렇게 된 게 나 때문이라는 것이다. 나는 차분하게 그에게 말했다.

"워낙 이런 일이 많아서 내 전화기는 녹음이 되는 전화기입니다. 지금부터 하시는 말씀은 모두 녹음이 될 겁니다. 시작합니다. (삐) 더 하실 말씀 있으세요?"

실제로 굳이 녹음할 생각은 없었다. 저 '삐' 소리 하나면 충분하기 때문이다. 그는 화가 난 듯 숨소리만 몇 초간 식식거리며 내더니만 그냥 전화를 끊어 버렸다. 또 다른 경우에는 이혼 후 전 남편이 집 근처를 서성이며 불쌍한 모습으로 있기에 동정심을 유발하려고 연극하는 것이라고 생각하고 받아들이지 않았다. 그러자 아이가 다니는 학교에 찾아가 아이를 만나고 먹을 것을 쥐어 주면서, 아이를 핑계로 집에 들어와 이전처럼 지내려고 시도하였다. 그러면서 아이에게 좋은 아빠가 되고 싶고 상처 주고 싶지 않다며 다시 들어와 살고 싶다고 말했다.

그녀는 그가 아이가 좋아서 그런 게 아니라 집이 좋아서 그런다는 것을 잘 알고 있다. 그러나 아이의 마음을 훔친 뒤라 어쩔 줄 몰라 했다. 동정을 유발하는 연극은 우리의 감정과 공감회로를 건드리기 때문에 매우 강력한 효과를 발휘한다. 그러나 여기에 무너지면 불행은 다시 반복될 가능성이 높다.

하지만 고통 받으면서도 오랜 기간 같이 지내며 착취당하는 사람들 중에 스스로 눈을 가리는 사람도 있다. 이들은 상대방이 그래도 자기한테는 잘해 주고 괜찮은 사람이라고 생각한다. B의 아내가 그랬다. 벗어나기 힘든 상황이 되면 우리는 합리화해서라도 상황이 호전되었다고 혹은 호전되리라고 착각한다.

이는 마치 인질이 인질범을 좋아하게 되고 그 편에 서게 된다는 '스톡홀름 신드롬'을 연상시킨다. 납치범이 인질들의 예상과는 반대로 호의적인 행동을 보일 때 이런 현상이 생긴다. 그렇다고 정말 잘해 줄 리는 없다. 납치 자체가 무시무시한 상황이지만 커피를 타준다든가 먹을 것을 나눠 주는 단순한 행위로 인해 인질이 납치범에게 정신적으로 의존하는 상황이 생긴다. 이런 현상을 일으키는 과정은 매우 복잡하다. 착취당하는 상황이나 벗어나기 힘든 상황이 지속되면 고통에서 벗어나기 위해 약간의 호의라도 크게 받아들여 인지부조화cognitive dissonance를 일으킨다. 인지부조화는 모순되는 두 가지의 생각이나 신념, 태도 등을 품을 때, 내적으로나 외적으로 일관되기를 원하는 욕구를 말한다.

가령 휴거를 주장하는 종교를 믿는 신도들이 모든 것을 바친 후 휴거가 일어나지 않으면, 날짜가 틀려서 그런 거라고 인지를 바꾸며 믿음을 그대로 유지한다. 사기꾼에게 속아 모든 것을 잃어버렸다고 생각하는 것보다 인지를 바꾸고 믿음을 유지하는 것이 심리적으로 훨씬 편하기 때문이다.

앞서 사기꾼들에게 속아 싸구려 물건을 비싸게 사는 노인들을 기억하는가? 어쩔 수 없이 사는 것이라면 한 꾸러미만 사면 될 텐데, 몇 꾸러미씩 들고 나오는 이유도 여기에 있다. 속아서 샀다고 생각하면 너무 힘드니까 정말 좋은 제품이라고 자신의 인지를 바꿈으로써, 그만한 값어치를 한다고 믿으며 거금을 들여 여러 개를 사서 자식들에게 나눠 준다.

이번에는 확증 편향confirmation bias을 일으켜 믿음에 부합하는 증거를 모은다. '저 인질범이 먹을 것을 주는 것을 보면 좋은 사람임에 틀림없어.' '내 남편이 내 앞에서 이렇게 눈물을 흘리는 것은 나를 진심으로 사랑해서 일거야.' 등 납치자나 착취자를 변화시킬 만한 힘이 없을 때, 일관성을 유지하려는 본능은 이렇게 그들의 행동에 우리의 태도를 맞추어 일치시킨다. 또한 일관적으로 나쁜 상황이 지속될 때 간헐적인 호의는 호혜주의 본능을 유발시킨다. 즉 고마운 마음을 유발하고 뭔가 보답해야 하는 상황이 되는 것이다.

보답은 주로 마음으로 해 준다. 열렬한 지지자가 되거나 오히려 자신이 은혜를 입었다고 착각하게 된다. 많은 독재자들이 사람들의 이런 본성을 잘 이용한다. 억압을 받는 대중은 간혹 던져 주는 먹을 것이나 하사품에 성은을 입은 것처럼 고마워한다.

이렇게 눈을 가리고 사는 것이 본인은 그렇다 치더라도 그들의 자식들에게는 치명적인 상처를 안겨 준다. 과거에 우리 부모 세대들 중에는 집에서 가족들에게 학대하는 것이 무슨 자랑거리라고 생각하는 사람이 많았다. 어릴 때 한 번은 택시 운전자 몇 명이서 손님을 기다리면서 모여 하는 이야기를 들었는데, 그 전날 집에서 어떻게 마누라와 애들을 때렸는지 혹은 어떻게 밥상을 뒤엎었는지 자랑삼아 이야기를 하는 것이었다. 주위에도 어린 시절 그런 학대를 받고 분노감을 키워온 사람들이 많다. 그때 많은 어머니들은 자식들에게 이렇게 말했다고 한다.

"그래도 너네 아버지만한 사람도 없잖니?"

나쁜 유전자는 없지만 나쁜 사회는 있다

어떤 특정한 성격적 기질을 만드는 특정한 유전자 변이가 있는 것은 아니다. 대부분의 유전적 다양성은 환경의 조건에 반응하기 위한 것이므로 양면성을 지닌다.

예루살렘 히브리 대학의 심리학자 아리엘 크나포Ariel Knafo-Noam는 3세가량의 아기들을 대상으로 도파민 수용체 유전자인 DRD4 유전자 변이가 개인적 성향에 어떤 영향을 미치는지 실험하였다. 실험대상자인 아기들은 땅콩버터 과자를 한 봉지씩 받았는데 실험자 한 명 역시 같은 과자를 한 봉지 받았다. 그런데 실험자의 봉지에는 3개의 과자가 들어 있고 아기들의 것은 20개가 들어있다. 실험자가 3개밖에 없다며 우는 시늉을 했을 때 가장 먼저 과자를 나눠 준 아기는 반사회적 성향과 가장 관련이 높다는 유전자 변이를 가진 아기였다.

이에 대해 학자들은 이런 유전자들이 위험한 성향에 관계된 것이 아니라 경험에 대한 민감성을 강화하는 유전자라고 설명했다. 즉 좋은 것에든 나쁜 것에든 민감하다는 것이지 취약하다는 것이 아니라는 것이다. 결론적으로 바람직한 환경에서 어린 시절을 보낸다면 더 강하고 행복한 성격을 만드는 '실수'를 저지른다고 아리엘 크나포는 말했다. '실수'란 특정 유전자가 공격성과 관련되어 있다는 일반적인 믿음을 비꼬는 말이다. 유전자는 결정하는 것이 아니라 반응하는 것이기 때문이다.

앞서 살펴본 아브샬롬 카스피의 연구에서 MAOA 유전자의 부정적 변이를 가지고 있으면서 학대를 당한 사람들 중 80%는 청소년기에 이미 반사회적 행동을 보였다. 반면에 비록 학대를 받았더라도 유전적 변이를 가지고 있지 않으면 약 20%만이 반사회적 행동을 보였다. 또 다른 연구에서는 아동기와 청소년기의 무관심과 소홀함은 애착 호르몬인 옥시토신과 바소프레신을 '영구적'으로 낮추는 것으로 나왔다. 결론적으로 유리한 환경에서는 아이의 문제점이 교정될 확률이 매우 크다. 자제와 절제를 모르는 반사회적 특성은 불리한 환경에 둘러싸인 가정과 학교뿐만 아니라 학대와 무관심이 가장 직접적인 원인이다.

그러므로 생애 초기의 긍정적인 경험은 아무리 강조해도 모자라지 않는다. 부모가 되는 사람들이 개별적으로도 많은 노력을 기울여야 하는 것도 맞지만, 긍정적 경험은 사회적 환경이 많이 좌우한다는 것을 많은 연구에서 알 수 있다. 결국 협력적인 사회공동체를 만들어가야 개개인의 스트레스가 줄어들어 아이들에게 좀 더 따뜻한 관심을 줄 수 있다. 또한 양질의 평등한 교육환경을 조성해야 우리 아이들의 정서에 좋은 영향을 미치게 된다. 반면에 지금과 같은 무한 경쟁적이며 불평등한 양극화 시대가 지속된다면 더 많은 공감제로들이 배출될 것이다.

4장

공감제로, 그들은 능력자인가

선량한 사람들이 편안하게 잠자리에 들 수 있는 까닭은
거친 이들이 자신들을 대신해서 폭력을 행사할 것임을 알기 때문이다.
조지 오웰

결국 그들은 예외 없이 몰락한다. 예외 없이!
간디

사이코패스의
능력

냉철함과 냉혹함 사이

　　　　　　　　나는 공감제로들 중 굳이 친구를 만들려면 반사회적 성향이 없는 친사회적인 사이코패스를 고를 것이다. 그 이유는 그들은 우리들의 호기심과 모험심을 충족시켜 주는 것에 아주 재능이 뛰어나 친구로서 꽤 큰 즐거움을 안겨줄 수 있기 때문이다. 그들과 다니면 정말 생각도 못한 경험을 많이 하게 된다. 사람의 속성에 대해서는 매우 정확하게 파악하고 있으며 어떻게 이용해야 하는지도 잘 알고 있어서 가끔 보고 배울 점도 있다. 그렇다면 그들은 이런 장점 때문에 지금까지 멸종하지 않고 이어져 내려오는 것일까.

　선사시대 인류의 한 집단이 사냥을 나갔다고 상상해 보자. 그렇다면 사냥꾼들 중 누가 가장 뛰어난 사냥꾼이었을까? 사냥을 잘하려면 사냥감이 어떤 행동을 보이고 어디로 도망갈지 예측하는 능력이 뛰어난 사람이었을 것이다. 그러나 사냥감을 죽여야 할 때 죽음에 대한 동정이 일면 사냥은 실패한다. 즉, 차가운 공감능력과 뜨거운 공감능력 둘 다 발달하는 것보다 차가운 공감능력 한 가지 엔진으로 질주하는 것이 더 효과적이다.

이런 사람은 사냥할 때 리더 역할을 맡는다. 궁극에는 지도자가 될 가능성이 높다. 다수의 학자들은 이렇게 사이코패스적 기질이 인류 진화에 필요한 특성이었다고 주장한다. 이들은 이웃 부족과의 전쟁이 나더라도 죽음을 두려워하지 않고 상대방과 맞서며 부족민들을 싸움에 나서도록 독려한다. 꼭 전쟁이 아니더라도 평상시 더 높은 공격성을 보여 주는 것은, 자신이 겁이 없고 무자비하다는 신호를 보내 갈등의 상황에서 주도권을 잡는데 아주 중요하다. 심지어 인격장애자들은 공격성을 보여 주기 위해 눈 하나 깜짝하지 않으면서(혹은 노력하면서) 자신의 몸에 자해를 하기도 한다. 자신의 잔인성과 피를 보여줌으로써 상대방에게 두려움을 심어 주려는 의도이다.

주변 부족과 갈등이 심해지거나 먹을 것이 부족해지면 다른 곳으로 옮겨야 하는데, 자신이 살아온 터전을 버리고 미지의 땅을 밟는다는 것은 정말 두려운 일이다. 이런 일을 두려움 없이 앞서서 할 수 있는 사람들은 바로 사이코패스 기질을 가진 리더들이다. 따라서 인류가 전 지구적으로 퍼질 수 있었던 이유도 그들이 있었기에 가능했다는 주장을 하는 사람도 있다.

그런데 듣고 보니 굉장히 친숙한 느낌이 들지 않는가? 우리는 아이들에게 영웅적인 행동을 한 사람들의 이야기를 들려줄 때 이런 사람들의 이야기를 들려준다. 알렉산더 대왕과 칭기즈칸과 같은 대제국을 건설한 정복자들을 우리는 위대하다고 표현하며 책과 미디어를 통해 아이들에게 이런 기질을 가지도록 설득한다.

그러나 그 이면에는 무자비한 학살과 성적 폭력이 숨어 있음을 말하는 사람은 많지 않다. 예전 몽골제국 지역에 사는 남자의 약 8%인 1600만 명이 동일한 Y염색체를 가지고 있다. 이는 칭기즈칸이 저지른 학살과 성폭력의 결과이다. 사이코패스의 특징인 뛰어난 설득력, 매력, 자신에 대한 과대평가, 죄책감의 부재, 남을 조정하는 특성 등은 과거뿐만 아니라 현재의 정치인과 각국의 지도자들에게 발견되는 특성이기도 하다.

또한 영화를 비롯한 미디어를 통해서도 사이코패스의 특징을 듬뿍 가진 인물들을 멋있게 그려낸다. 그러면서 우리는 그들을 동경한다. 내가 청소년일 때 가장 동경하는 영화 캐릭터는 람보나 코만도였다. 제임스 본드는 어떤가. 거부하기 힘든 매력, 냉정함, 무자비함, 수많은 여자들과의 염문 등 전형적인 사이코패스의 모습이지만, 여자들의 마음을 설레게 하고 남자들에게 동경을 불러 일으키며 지금도 시리즈가 계속되고 있다.

애플을 되살린 스티브 잡스는 사후에 그의 어두운 면이 재조명되면서, 그의 열정적이고 완벽주의적인 성격과 혁신적인 성과뿐만 아니라 사이코패스적 성향까지도 각광을 받고 있다. 그가 새로운 상품을 소개할 때 보여 주는 프레젠테이션 장면을 보면, 항상 대형 스크린으로 자신의 모습을 크게 보여 주면서 관객들에게 위압적이며 매력적으로 보이기를 바란다.

또한 제품을 항상 천으로 덮어놓았다가 마치 마술사처럼 과장된 몸짓으로 천을 벗겨내는 쇼를 연출한다. 사실 애플이 선보인 제품들은 혁신적인 신기술을 선보인다기보다는 아이디어를 새롭게 포장하고 예술적인 심미성을 추가하여 소비자들을 매혹시키는데 장점이 있다. 그는 현재 가장 성공한 기업가의 예로써 수많은 책과 영화로 죽은 후에도 계속 재생되며 선망의 대상이 되고 있다.

마이크로 소프트의 빌 게이츠는 어떤가. 자신의 회사와 조금이라도 경쟁이 되면 집어삼켜버리거나 제거해서 사이코패스적인 면모를 과시했지만 수많은 어린이들과 청소년들의 롤모델이 되고 있다. 그 외에도 의사를 비롯한 많은 전문적인 직업에서 사이코패스적 기질이 도움이 된다는 연구들이 나오고 있다.

대만의 국립양밍 대학교의 신경과학자인 야웨이 쳉Yawei cheng이 2007년에 내놓은 연구에서 다음과 같은 사실을 밝혀냈다. 의사 집단과 일반인 집단으로 나눈 후, 각 집단의 사람들을 fMRI 기계에 눕히고 침 놓는 장면을 보여 주었다. 그러자 일반인 집단은 화면에서 침 맞는 그 부위의 감각을 느끼는 뇌 부위와 통증 두려움을 처리하는 부위가 환하게 밝아졌지만, 의사 집단은 전혀 반응하지 않았다. 당연히 영상에 대한 거북함도 덜 호소하였다. 이 결과는 사이코패스들이 잔인하거나 역겨운 장면을 보더라도 일반인보다 훨씬 둔감한 반응을 보이는 것과 큰 차이가 없어 보인다. 이런 결과를 두고 두려움이 없고 자신감과 놀라운 집중력을 보이는 사이코패스의 특성과 의사들이 공통점을 가진다고 연구자들은 말한다. 그래서 성공한 의사들 중에 사이코패스 테스트에서 높은 점수를 기록하는 사람들이 많다고 한다.

앞에서 살펴본 안젤라 북의 걸음걸이로 범죄피해자를 알아보는 실험은, 거꾸로 사이코패스 성향이 높은 사람들이 수사관처럼 사람들을 직접 대하고 뭔가 숨기는 사람을 알아내는 직업에 적합할 수 있음을 시사한다. 사이코패스 테스트에서 높은 점수를 받은 사람들이 가져오지 말아야 할 물건을 소지하고 태연하게 공항 검색대를 빠져 나오는 사람들을 더 잘 가려낸다고 한다. 다수의 연구가들은 불타는 집에서 어린아이를 구출해서 나오는 것과 같은 행동으로 영웅 대접을 받는 사람들 역시, 두려움이 없고 필요할 때 굉장한 집중력을 발휘하는 것으로 보아 사이코패스적인 성향과 관련이 있을 것이라고 전망하였다.

선사시대의 능숙한 사냥꾼들이 그랬듯이, 특수부대나 대테러 진압요원과 같이 위험한 현장에서 필요하면 냉철하게 살인을 해야 하는 직업에는 사이코패스가 적합하다고 말한다. 이런 특수한 분야뿐만 아니다. 2010년 로버트 헤어 교수는 기업 고위임원 중 4%가 높은 사이코패스 경향을 보인다는 연구결과를 발표했다. 그에 따르면 사이코패스는 건물 경비원보다 기업체 내부 서열의 상위층을 차지할 확률이 4배 이상 높다. 공감능력이 없는 탓에 해고나 인원감축처럼 보통 사람이 개입하고 싶어 하지 않는 일에 적합한 인격적 특징을 가지고 있기 때문이다. 이들은 치열한 경쟁에 주눅 들지 않고 오히려 즐기며, 매우 고압적인 성향을 가지고 있어서 직원들을 자신의 의사대로 몰고 가는 능력을 발휘한다. 심지어 기업에서는 그런 사이코패스적인 성향을 창의적이고 카리스마가 있으며, 전략적 사고에 능한 것으로 인식한다고 밝혔다.

　또한 그들은 주식과 같은 투자에서도 좋은 성적을 거두는 경우가 많다. 일반적으로 시장이 침체하거나 경제 상황이 안 좋아지면 '손실회피성'이라는 휴리스틱이 발동하여 가진 것을 지키는 데 급급하지만 그들은 더 과감해진다. 2005년 스텐포드 대학의 바바 쉬브를 비롯한 3개 대학이 공동으로 실시한 실험에서, 그들이 투자에서 좋은 성적을 거둘 가능성이 높은 이유에 대해 설명하였다.

　이들은 참가자들을 정상인, 감정에 관여하는 뇌 손상을 입은 집단, 감정에 관여하지 않는 뇌 손상을 입은 집단 이렇게 세 집단으로 나누어, 20달러씩 지급한 다음 20회에 걸쳐 도박게임을 하도록 하였다. 게임이 진행될수록 정상인 집단과 비감정 부위 뇌 손상 집단은 판돈 걸 기회를 거절하고 번 것을 지키는 데 주력했지만, 감정부위 뇌 손상 집단은 계속 판돈을 걸어 결국 다른 그룹보다 훨씬 많은 돈을 땄다.

　주식시장은 서로 얼굴을 보고 투자를 하는 것이 아니기 때문에 누군가의 감정에 이입할 여지가 전혀 없다. 더구나 개인투자자들이 하는 주식투자는 전적으로 게임인 경우가 많다. 그러므로 투자를 어렵게 하거나 실패하게 만드는 요인은 공감능력이 아니라 불안과 공포라는 요소이다. 이 요소들이 손실회피라는 본능을 불러 일으켜 가진 것을 지키는 데 주력하게 만든다. 그러나 사이코패스와 훈련을 통한 사람이거나, 돈이 아주 많은 사람은 불안을 통제할 수 있기 때문에 투자에 더 과감해질 수 있는 것이다.

그들의 집중력은 어디에서 오는가

위스콘신 대학교의 심리학자인 조셉 뉴먼Joseph Newman은 1986
년에 발표한 연구에서 다음과 같은 결과를 보여 주었다.

일련의 작업을 수행할 때 처벌만 있는 상황에서 하는 실수에 대
해서 사이코패스와 일반인들의 차이가 별로 없었다. 그러나 보상과
처벌이 같이 있는 상황에서는 보상에만 집중한 사이코패스가 실수
를 거의 하지 않았다. 즉, 처벌에는 매우 둔감하면서 보상에는 매
우 민감한 모습을 보여 주었다는 것이다.

또한 1990년에 서든캘리포니아 대학의 심리학 연구팀이 청소년
을 대상으로 한 연구에서는 사이코패스의 중요한 특성을 확인했다.
일련의 번호가 적힌 카드를 모니터로 보여 주고 규칙을 파악하지
못하면 꽤 고통스런 전기충격을 가한다는 벌칙을 세웠다. 그런 다
음 일반 집단과 사이코패스 집단에서 얼마나 빨리 규칙을 파악하는
지 비교하였다. 그 결과 일반 집단은 불쾌한 자극이 규칙을 빨리 파
악하도록 하였으나 사이코패스들은 계속해서 실수를 하고 규칙 파
악도 늦었다. 마치 처벌에 무감각하고, 미래에 대한 불안은 그들에
게 큰 영향을 끼치지 않는 듯이 보였다.

그러나 조건을 하나 추가하자 반전이 일어났다. 규칙을 빨리 파
악했을 경우에는 상금을 준다고 하니까 일반인들을 능가하는 성적
을 기록한 것이다. 이전과는 마치 전혀 딴사람이 된 듯한 모습이었
다. '양전자 방출 단층촬영 PET positron emission tomography'을 이용
해 보상의 자극을 받았을 때 이들의 도파민 분비량을 측정해 보니
정상인의 4배에 달하였다고 한다. 도파민은 기분 좋은 자극을 받

거나 보상을 기대할 때 분비되어 만족감을 높이는 역할을 하는 신경전달물질이다.

이런 성향은 자본주의 사회에서 그들이 이익을 위해 최선을 다할 수 있다는 증거이며, 돈과 권력은 그들에게 포기하기 힘든 유혹이라는 반증이다. 기업에서든 정치에서든 이런 성향이 어떤 희생을 치르더라도 높은 지위를 획득하게 하며, 투자에서 좋은 성적을 거두게 한다.

조셉 뉴먼은 사이코패스의 성향에 대해 조금 다른 견해를 내놓았다. 일련의 실험을 통해 사이코패스가 감정이 없는 것이 아니라 일종의 정보처리 결핍 때문에 감정을 못 느끼는 것이라고 했다. 즉, 감정에 집중할 수 있는 환경에서 실험할 때는 두려움과 같은 감정을 일반인보다 더 크게 느끼기도 했지만, 어려운 작업에 집중하게 했을 때는 전혀 감정의 방해 없이 일반인들보다 훨씬 뛰어난 성과를 거두었다.

결론적으로 그들은 바로 눈앞의 보상이나 즉각적인 대가가 있을 경우에는 거기에만 집중함으로써 감정에서 오는 신호를 무시하여 감정인식이 안 된다는 것이다. 마치 단속 스위치가 한쪽으로만 전류를 보내듯 이들의 뇌는 일방통행만을 허용한다. 즉, 보상에 대한 기대감이 너무 커서 위험이나 두려움에 대한 신호를 인식하지 못한다는 것이 조셉 뉴먼의 견해이다.

예전에 한국전쟁을 배경으로 하는 영화에서 적군의 침입을 피해 주민들이 숨어 있는데, 갑자기 아기가 울기 시작하였다. 엄마는 아기의 입을 틀어막고 빨리 조용해 주기를 바라면서 아기를 어르고 다독이지만 숨이 막히는 아기는 더 몸을 비틀 뿐이었다. 아기 울음소리가 밖으로 새어나가면 모두 죽음을 당하는 상황에서 모든 마을 주민들 역시 그 아기를 긴장된 눈으로 쳐다볼 뿐이었다. 결국 아기의 엄마는 틀어막은 손을 놓지 못했고 아이의 몸이 늘어지는 모습에 엄마를 비롯한 마을 주민들 모두가 숨죽여 눈물을 흘렸다. 무슨 영화인지 제목도 기억이 안 나지만 이 장면만은 너무 가슴이 아파 기억에 또렷이 새겨져 있다. 이런 상황에 당신이라면 어떻게 할 것인가? 과연 이런 일이 결과야 어쨌든 도덕적으로 용납할 수 있는 일이라고 생각할 수 있을까?

뉴 멕시코 대학의 켄트 키엘Kent Kiehl은 대형트럭을 개조해 기능적 자기공명 영상장치fMRI를 싣고 교도소를 찾아다니며 사이코패스에 대해 연구하는 사람이다. 그는 2011년 캐나다 몬트리올에서 개최된 SSSP society for the scientific study of psychopathy 컨퍼런스에서, 위와 같은 높은 갈등상황에서 사이코패스들은 어떻게 결정을 내리는지 연구결과를 발표하였다. 할머니를 골탕 먹이는 것과 같은 낮은 갈등상황에서는 정상인이나 사이코패스나 도덕적으로 용납할 수 있다는 사람의 비율이 둘 다 낮았으며 별 차이가 없었다. 그리고 비개인적 갈등상태, 즉 앞에서 본 철도에서 5명과 1명의 목숨 중에 선택해야 하는 상황에서는 도덕적으로 용납할 수 있다는 비율이 두 집단 모두 절반 정도로 비슷하게 나왔다. 물론 앞의 두 상황에서 사이코패스 집단이 큰 의미는 없지만 조금씩 더 높았다.

그러나 앞에서 본 영화장면 같은 높은 갈등상황의 딜레마에서는 사이코패스들이 도덕적으로 용납할 수 있다는 대답이 훨씬 더 높은 비율로 나왔다. 또한 의사결정을 내리는 속도도 일반인들은 주저하지만 이들은 훨씬 빨리 결정을 내렸다. 이는 앞에서 본 공리주의 결정을 알아보는 철도 이야기와 비슷하다. 또한 조셉 뉴먼의 결론을 뒷받침한다고도 볼 수 있다.

낮은 갈등상황의 딜레마는 일반인들과 별 차이가 없지만, 상황이 긴박하고 중대한 의사결정을 내려야 할 때는 뇌의 단속 스위치가 차가운 공감이라고 표현한 인지적 공감에만 작동하도록 일방통행을 만드는 것으로 보인다. 이런 상황에서 오로지 문제해결에만 집중할 수 있는 것은, 감정의 연결을 끊어버리고 다른 잡음에는 관심을 두지 않기 때문이다.

이들이 사회적인 성과를 내고 심지어 추앙을 받는 데에는 앞의 여러 실험에서 확인하였듯이 원하는 목표에 집중하는 능력이 크게 작용하기 때문이다. 일반적으로 자신의 뜻을 관철시키고 싶을 때 우리는 감정의 영향을 많이 받는다. 그러나 사이코패스들은 분노나 두려움에 지배받지 않고 원하는 것을 어떻게 해야 얻어낼 지에만 집중한다. 설령 그런 것들이 도덕적으로 문제가 있다고 하더라도 말이다.

감정에 휘둘리지 않는 힘

한번은 어떤 모임에서 초등학교 여교사 한 분이 요즘 아이들 다루기가 너무 힘들다며 푸념을 늘어놓았다. 최근 들어 그녀는 수업을 하다가 아이들 때문에 화가 많이 났다고 한다. 오늘도 수업 도중 화가 너무 나 그냥 두었다가는 안 될 것 같아서 아이들을 바로 잡아야겠다는 생각으로 수업이 끝났는데도 보내지 않고 교실에 붙잡아두었다고 한다. 그러자 아이들은 탄식을 하고 애원을 하면서 빨리 보내달라고 떼를 썼다. 어떤 아이들은 학원 가야한다며 투정을 부리기도 했다. 그런데 그때 한 녀석이 조용히 손을 들더니 말을 시킬 때까지 계속 손을 들고 있더라는 것이다. 외면할 수가 없어 뭐냐고 물었는데, 대답을 듣고 나니 아이들을 집에 안 보내줄 수가 없었다고 한다.

"선생님. 지금 학원 차가 올 시간이 다 되었는데요, 엄마가 말씀하시길 한 번 빠지면 10만 원 날리는 거래요."

혹시라도 사이코패스라면 부디 친사회적인 사이코패스로 잘 성장하길 바란다! 감정에 전혀 영향 받지 않고 차분하게 말할 수 있는 모습은 비록 어린아이라도 부러울 때가 많다. 감정을 느낀다는 것은 분명히 우리에게 없어서는 안 될 자질이지만, 정신과적 문제로 고통받는 사람들에게는 감정에 조금 무뎌졌으면 하는 경우가 많다. 실제로 SSRI selective serotonin reuptake inhibitor와 같은 항우울제는 우울한 기분을 올려 준다기보다 감정의 진폭을 줄여 출렁이는 기분을 안정시키는 역할을 한다. 다시 말해 약간은 감정을 무디게 만들어 준다고 할 수 있다.

많은 실험에서 밝혀졌듯이 사이코패스들은 게임과 같은 상황에서는 협력보다는 더 쉽게 배신하고 공격적인 성향을 보인다. 우리는 이런 상황에서 분노하고 좌절하지만, 반대로 사이코패스들은 자신들이 배신당하는 상황에서 훨씬 상처를 덜 받는다. 앞에서 많은 공감제로들이 여자들에게 작업을 걸 때 퇴짜 맞는 것에 대해 전혀 주눅 들지 않았던 것을 기억하는가?

진료를 하면서 느끼지만 이런 기질을 주입시키고 싶은 사람들이 나를 포함해 많이 있다. 불안장애와 우울장애를 겪는 사람들은 대부분 미래에 닥칠지도 모르는 불행을 시뮬레이션하고 과대평가하면서 지나치게 걱정하는 사람들이 많다. 하지만 우리가 걱정하는 일의 대부분은 일어나지 않는다. 오히려 이런 걱정과 불안이 현실을 직시하지 못하게 하여 현실조차 암울하게 판단한다. 현실을 직시하지 못하는 것은 비단 환자들뿐만이 아니다. 우리는 현실을 판단할 때 수없이 많은 편견과 선입관 속에서 잘못 판단하고 오해한다. 이는 확률적 사고를 하는 일이 쉽지 않기 때문이다. 다음 문제를 읽고 답을 추측해 보자.

김 씨는 철학을 전공한 31세의 독신여성이다. 그녀는 매우 총명하고 솔직하다. 학생 시절에는 인종차별과 사회정의 문제에 깊은 관심을 가졌으며 핵 반대 시위에 참여하기도 했다. 김 씨의 직업은 무엇인지 가능성을 추측해 보라.

답 1. 은행원

2. 여성 인권운동에 적극적으로 참여하는 은행원

대부분은 아마도 2번을 선택했을 것이다. 그러나 2번은 1번에 포함되므로 1번이라고 말하면 맞을 확률이 훨씬 높아진다. 그냥 은행원이 여성 인권운동에 적극적으로 참여하는 은행원보다는 압도적으로 많기 때문이다. 사회 문제에 관심을 가졌다는 대표성이 마음을 움직여 더 높은 확률을 포기하고 낮은 확률을 선택하게 한다. 사이코패스들은 이런 확률적 사고에서 매우 유리하여 1번을 고를 가능성이 높다. 감정에서 차단되어 있으므로 편견으로 사고가 기우는 것에 대해 어느 정도 면역을 가지기 때문이다.

가장 뛰어난 투자자는 장이 끝난 후 그날 거래 성적이 어땠는지 표정만 봐서는 전혀 알 수 없는 사람이다. 도박에서 포커페이스가 필수인 것처럼 말이다. 나는 도박을 절대 하지 않는다. 도덕적인 이유가 아니라 포커페이스가 절대 안 되어 도박을 하면 항상 잃기 때문이다. 심지어 사이코패스 A는 내가 무슨 카드를 들고 있는지 내 표정을 보고 알아맞히곤 했다.

잠을 못 잔다며 수면제만 처방 받아가는 개인투자자가 있었다. 그 사람은 선물투자를 큰 단위로 하고 있었다. 그가 진료실에 들어오면 그날 투자성적이 어땠는지 다 알 정도로 표정에 감정이 드러났다. 나는 그가 투자에 재주가 없다고 생각하고 그만두기를 설득했지만 소용이 없었다. 결국 그는 그 많던 재산을 거의 다 날렸다.

앞서 본 바바 쉬브의 투자실험에서, 감정을 못 느끼는 사람들이 미래의 결과에 연연하지 않고 현재의 게임에만 집중한다는 것을 알았다. 그들의 모습이 겁 없이 충동적으로 비추어질 수 있지만, 한편으로는 심리학자 미하이 칙센트미하이Mihaly Csikszentmihalyi가 말한 몰입 혹은 플로우flow의 상태로 보일 수도 있다. 그가 말한 철저한 몰입상태란 과거나 미래에 대해서는 잊어버리고 오로지 현재에 온 신경을 집중하는 상태를 말한다.

몰입상태에서는 공감회로의 한 부위인 대상피질의 활동이 감소한다. 대상피질은 전전두엽과 같은 신피질과 변연계의 중간에 위치하면서 이성과 본능의 조절에 매우 중요한 역할을 한다. 이 부위가 활동이 감소하면 감정이 의식에 올라오는 것을 차단하게 되는데, 감정이 차단된다는 것은 과거나 미래와의 단절을 뜻한다. 또한 현재에 몰입하여 다른 감각이 차단된다는 것은 공감능력이 살아있을 필요가 없는 상태가 된다. 따라서 집중력이 높아진다는 것은 부차적인 생각이나 감정이 줄어들고 오로지 현재의 목표에만 몰입할 수 있는 상태를 의미한다.

이쯤 되면 갑자기 사이코패스들이 부러워지지 않은가. 그들은 자본주의 사회의 맹렬한 신봉자로서 자본 획득에 유리한 특성을 가지고 있으며, 어떤 갈등적 상황에서도 별 고민 없이 자신에게 최적의 선택을 할 수 있다. 게다가 그들은 우울장애나 불안장애조차 잘 걸리지 않는다. 또한 난감한 상황에서도 상대방을 설득하는 데 재주를 보인다.

많은 사람들이 아마 '이거 나와 완전 정반대잖아!'라고 생각하며 부러워할 수도 있겠다. 그러나 내가 여기서 한 말은 공감능력을 버리자는 뜻은 절대 아니다. 단지 감정에 휘둘리지 않는 그들의 특성은 우리가 배울만한 것이라는 뜻이지 사이코패스가 되어 보자는 것이 아니기 때문이다.

《나 소시오패스》를 쓴 M. E. 토마스는 자신이 소시오패스인 것이 정말 좋다고 한다. 정의가 중요하지 도덕은 그다지 중요하지 않다고 자신 있게 말하고, 도덕적 의무에 매이지 않고 자신이 원하는 것을 얻는 것에만 신경 쓰고 사는 자신이 얼마나 자유로운지 아니냐고 반문한다. 그리고 왜 사람들이 자신과 같은 사람들을 문제라고 말하는지 이해를 못하겠단다. 그렇다면 이제부터 내가 그 이유를 말해 주겠다.

공감제로는 결국엔 실패한다

사이코패스는 과연 이상적인 리더일까?

영화 〈허트 로커The Hurt Locker〉에서 보여준 폭발물 처리반의 활동을 보자면 겁 없는 대담성, 냉철함, 위험을 감수하는 성격 등 마치 사이코패스의 특성을 보여 주는 듯하다. 1980년대 초 사이먼프레이저 대학교의 심리학자 데이비드 콕스David cox와 하버드 대학교 심리학자인 스탠리 라크만Stanley Rachman은 북아일랜드에서 활동했던 영국인 폭탄제거 전문가들을 연구했다. 그들의 사이코패스적인 특성이 의심되었기 때문이다. 그러나 폭탄제거 전문가들은 사이코패스들을 '카우보이'라고 부르면서 경멸하고 있었으며, 세부사항을 자주 무시하고 규칙을 자주 어겨 같이 일하기에 너무 위험한 사람들이라고 말했다.

그러나 실험에서 보인 데이터는 성과가 좋은 사람일수록 사이코패스가 아닐까 의심이 될 정도였다. 10년 이상의 경력을 지닌 노련한 폭탄제거 전문가들을 훈장 받은 집단과 그렇지 못한 집단으로 나눈 후 실제 작업을 하게 한 다음 심장박동수를 측정하였다.

두 집단 모두 평상시 수준의 심장박동수를 유지했으나, 놀랍게도 훈장을 받은 집단에서는 오히려 더 감소했던 것이다. 그러나 연구자들은 이들에게서 어떤 반사회적인 특성이나 문제점을 발견하지 못했기 때문에 이들을 사이코패스라고 규정짓기 어렵다고 말했다. 오히려 사이코패스의 특징인 무책임함과 충동성은 폭탄제거 전문가뿐만 아니라 스파이, 테러리스트, 갱단으로도 성공하기 어렵다고 말했다.

그러나 캠브리지 대학의 심리학자인 케빈 더튼Kevin Dutton은 반사회적인 면이 없다고 해서 사이코패스가 아니라고 단정할 수 없다고 말했다. 범죄형과 비범죄형 사이코패스를 가르는 것이 무책임성과 충동성으로 대표되는 반사회적 성향이기 때문이다. 결국 이는 아직 정의가 뚜렷하지 못하고 서로 상충되는 여러 연구가 지금도 진행 중이어서 함부로 결론을 내리기는 힘들다.

하지만 앞에서 대만의 야웨이 쳉이 실시한 연구를 기억하는가? 의사들이 통증을 주는 장면에서 어떤 공감적인 뇌 반응을 보이지 않았다고 그들을 사이코패스라고 말할 사람들은 없을 것이다. 그리고 앞에서 성공한 외과의사가 사이코패스 점수에서 높은 성적을 기록한다고 말했었다. 사이코패스 성향을 가진 외과의사가 좋은 수술 실적을 올릴 가능성이 높은 건 사실이지만, 모든 외과의사가 사이코패스인 것은 아니다.

개인적인 경험으로도 수술실에 실습을 위해 들어가면 들어갈수록 수술대 위에 누워 있는 사람이 점점 사물화 되어감을 느낀다. 간혹 공감능력이 매우 뛰어난 소수의 사람들은 피 보는 것이 너무 싫어서 외과를 택하지 않는다고 하지만, 나는 몇 시간 동안 서 있는 것이 너무 싫어서 외과를 택하지 않았다. 병원이라는 곳은 늘 죽음과 삶이 교차하는 곳이다. 이런 곳에서 죽음에 민감해지고 감성적이 되면 사람 살리는 일을 못하게 된다.

응급소생술을 할 때 갈비뼈가 '부러지도록' 압박을 가하라고 한다. 그 정도로 누르지 않으면 심장을 효과적으로 짜주지를 못하기 때문이다. 그러나 처음에는 정말 무서운 일이다. 아무리 살리기 위한 방법이라지만 아직 살아 있는 사람의 얼굴을 정면으로 보면서 뼈가 부서지도록 뭔가를 해야 한다는 건, 마치 내가 이 사람에게 고통을 주고 있다는 착각이 들게 한다. '정말 부러지면 어떡하지?' 하는 의문에 힘이 제대로 가해지지 못하면 옆에 있던 스텝이나 시니어가 "더 세게 안 눌러? 걱정하지 말고!" 이렇게 외친다. 그러다가 힘을 더 가하다가 갈비뼈가 뚝 부러지는 소리와 느낌은 정말 경험하고 싶지 않다는 생각이 든다. 그러나 몇 년이 지나면 갈비뼈 부러지는 소리가 들리면 반가움을 느낀다. 심지어 워낙 많은 사람이 죽는 걸 보다 보면 죽음에 무덤덤해진다. 과연 내가 사이코패스가 된 것일까?

그러나 일을 할 때 필요해서, 어쩔 수 없어서 고통을 주거나 상처를 내는 작업을 반복적으로 훈련한다면, 그때 느낄 수 있는 두려운 감정에 저절로 무뎌질 수밖에 없다. 부분적으로 사이코패스적 성향을 가진다는 것은 자신의 일을 잘하는 데 필수적이다. 죽음에 무뎌졌다고 해서 자신이 사랑하는 사람이 죽었을 때 어깨를 으쓱거리고 있지는 않는다. 다른 사람과 똑같은 슬픔을 느낀다. 또한 멀쩡한 사람에게 매스를 대야하는 비윤리적 상황이라면 아무리 노련한 외과 의사라도 당연히 두려움에 떨고 집중을 못하며 거부할 것이다.

이런 개인적인 경험을 바탕으로 나는 콕스와 라크만의 견해가 옳다고 생각한다. 그들이 연구한 폭탄제거 전문가들 역시 오랜 훈련과 성찰로 부분적인 사이코패스 성향을 발달시켰을 것이다. 진짜 사이코패스들은 이 과정을 견뎌내고 통과할 가능성이 적다. 훈장을 받은 전문가들은 침착함뿐만이 아니라 몰입의 경지에까지 이르렀다고 생각된다. 우리는 몰입을 했을 때 오히려 심박동이 떨어진다. 이는 높은 수행의 경지에 다다른 티베트 승려들에게서 실험적으로 확인되었다.

과거에는 사이코패스나 공감제로들의 어두운 면에 초점을 맞추는 연구를 많이 했으나 최근에는 그들의 다양한 특성들에 대해 연구하면서 긍정적인 면들을 강조하는 경향이 많다. 심지어 사이코패스들은 시간적 압박이 있는 상황임에도 불구하고 큰 도움이 필요한 사람을 일반인보다 더 잘 도와준다는 연구도 있다. 물론 작은 도움이 필요할 경우에는 일반적인 사람들이 압도적으로 많이 도와주었지만 말이다. 그러나 이 연구에 대한 반대자들은 그들이 손쉬운 먹잇감을 발견한 것뿐이라며 평가절하한다. 그게 정말일까?

사실 미국 프린스턴 대학교 심리학자 존 달리John Darley와 대니얼 뱃슨Daniel Batson이 이미 1973년에 시행한 실험에서 답을 구해 놓은 상태였다. 프린스턴 대학교 신학생들로만 구성된 실험 참석자들을 대상으로, 강연에 참석하기 위해 강당으로 가는 길에 아파 쓰러진 사람을 보고 얼마나 도움을 주는지 실험하였다. 그들이 종교를 연구하거나 목사가 될 사람들이었기 때문에 더 많은 도움을 줬다고 생각하는가? 천만에. 결론적으로 말하면 강연의 주제가 종교적인지 아닌지는 전혀 영향을 못 끼쳤고, 도움을 주는 사람들은 오로지 시간이 많이 남아 있다는 말을 들은 사람들뿐이었다.

그들이 도움을 주지 않고 지나친 이유는 시간이 없고 다른 무엇보다 우선해야 할 의무가 있다는 압박감 때문이었다. 일반적으로 시간적인 압박감을 느낄 때에는 도와주는 데 시간이 많이 걸리는 사람을 도와주다가 생길 부정적인 결과(늦어서 탈락한다거나 시험을 못 치는)가 우리의 뇌리를 스칠 것이다. 이에 대한 두려움과 부담이 변연계에서 올라와 도와줘야 한다는 이성의 윤리적 판단을 눌러버린 것이다. 어쩌면 감정과 이성이 잘 연결되어 있는 것에 대한 부정적 현상일 수 있다. 압박감이나 지나친 불안은 공감회로의 정상적인 작동을 방해한다.

그러나 감정에서 자유로운 사이코패스들은 이야기가 좀 다르다. 그들은 오히려 이런 불안과 압박에서 자유롭기 때문에 큰 도움이 필요한 사람을 봤을 때 더욱 거리낌 없이 할 수 있다. 공감능력이 떨어지면 웬만큼 어려운 정도는 시큰둥하게 반응하여 도움의 필요성을 못 느낄 수 있다. 즉, 도움의 신호에 대해 강한 역치threshold value(자극이 어떤 반응을 일으키는 데 필요한 최소한의 자극의 세기)를 가지고 있다는 것이다. 그런데 역치를 넘어서는 매우 강한 도움의 신호가 왔을 때 시간의 압박감에 의한 불안을 못 느낀다면, 의외로 이런 상황에서 보통 사람들보다 더 도움을 주는 모습이 나올 수 있다.

이렇게 사이코패스들의 특성이 긍정적으로 각광을 받는 데에는, 신자유주의적 자본주의 사회의 문제점이 자리 잡고 있다고 생각한다. 자본을 불리고 차지하는 것이 그 사람을 평가하는 기준이 된다면 당연히 공감능력이나 양심은 거추장스러운 것이 되어 버린다. 우리는 회사 고위임원들의 사이코패스 비율이 일반 인구에 비해 더 높다는 결과를 앞에서 보았다. 물론 책임감이 없기 때문에 회사를 자주 옮긴다는, 흔히 알려진 사이코패스의 특성과는 정면으로 충돌하는 연구결과라고 언론에서 평했다. 정말 그럴까? G와 H를 기억하라. 그들은 고위임원과 같은 지위지만 늘 옮겨 다닌다. 문제는 옮겨도 고위임원의 신분으로 옮기지, 밑바닥으로부터 시작하는 건 아니다.

그들은 자신들이 잘하는 허풍과 번지르르한 말솜씨로 자신을 과대포장하는 것에 능숙하여 일단 높은 자리로 가는 데는 성공한다. 그러나 그들의 행동과 사고방식으로 인해 진면목이 드러나면서 주위 사람들을 멀어지게 만든다. 또한 그들은 말로써는 자신을 희생하고 있다고 떠들지만 실제로는 자기 자신의 이익에만 집중하여 회사나 조직에 손실이든 와해든 결국엔 큰 악영향을 미치고 만다. 그래서 그들 대부분은 한자리에 오래 머물지 못한다.

스티브 잡스조차도 그의 뛰어난 능력에도 불구하고 애플에서 쫓겨났었다. 1985년도에 쫓겨난 잡스는 12년 동안 온갖 고생을 하면서 동료와 가족의 소중함과 자기 자신에 대해 조금씩 알게 되었다. 그 경험을 바탕으로 1997년도에 애플로 돌아오면서 성공의 발판을 마련했다.

영국 미들섹스 대학교 경영학과 클라이브 바디Clive Boddy 교수는, 지난 금융위기 이후 수년간 수백 명의 기업 관리자들이 경험한 친사회적 사이코패스들의 영향을 연구하고 《친사회적 사이코패스 – 조직파괴자Corporate Psychopaths – Organizational Destroyers》라는 책을 발간했다. 여기서 그는 글로벌 금융위기를 비롯한 모든 문제의 근원은 사이코패스라고 지적한다.

특히 변화가 빠르고 직원들의 이직이 매우 많은 금융회사는 사이코패스들에게 자신을 돋보이게 할 최적의 장소이다. 만약 그가 조직의 상층에 속해 있다면, 고위임원이라는 권력을 이용해 마음에 안 들거나 자신보다 능력이 뛰어난 부하직원들을 마음대로 해고하더라도, 이직이 많은 금융계에서는 문제가 쉽게 드러나지 않는다. 특히 고위간부는 나르시시즘이 강한 사이코패스들에게 매력적인 지위다. 공금을 횡령하거나 자신의 지위를 이용해 직원들을 성적으로 착취하는 등의 불법적인 일로써 재미를 찾을 수 있기 때문이다. 굳이 연쇄살인을 저지르지 않더라도 말이다. 결국 그가 속한 조직의 환경이 혼란스러울수록 그들의 사악한 행위는 쉽게 감추어지며, 심지어 그들을 아주 이상적인 리더로 보이게 만든다.

시간과 평판의 힘

간디가 자신에 찬 어조로 한 말을 보라.

"결국 그들은 예외 없이 몰락한다. 예외 없이!"

나 역시 이 말에 전적으로 동감한다. 신이 나쁜 놈들한테 벌을 줄 거라는 종교적 헛소리가 아니다. 이건 물리학적인 문제이다. 웃기려고 하는 말이 아니다. 데이터만 충분하다면 우리가 흔히 카오스 이론이라고 불리는 비선형 물리학에서 다루어질 수 있다. 문제는 시간이다.

우리가 늙어가는 이유가 시간이 지날수록 유전자에 에러가 누적되면서 기능이 점차 저하되는 것이듯이, 사이코패스를 비롯한 공감제로들에게도 인생의 에러가 시간이 갈수록 누적된다. 내가 만났거나 알아온 수많은 공감제로들은 결국 인생이 나락으로 떨어졌거나 진행 중이다. 시간이 지나면서 그들의 본모습이 차츰 드러나고 가족들은 하나 둘씩 떠난다. 그리고 주위 사람들은 그와 협조하길 거부한다. 이렇게 점점 고립되고 외톨이가 되면서 망가져 간다.

인류가 진화해 가는 중에 언어의 발달은 뜻하지 않은 방법으로 협력을 촉진했다. 흔히 학자들이 간접상호성indirect reciprocity이라고 부르는 '평판' 때문이다. 언어가 진화하면서 누가 믿을만한 사람인지 아닌지, 소위 뒷담화를 통해 정보를 주고받는 과정에서 사회적 평판이 생겨났다. 평판의 힘은 엄청나다. 누군가가 나의 행동을 지켜보고 있을 가능성이 있으므로 즉각적인 보상이 없어도 누군가를 돕고 일단 협력하도록 만든다. 게다가 상호관계를 파악하고 평판에 관련된 정보를 저장하기 위해서 뇌가 커지는데 기여를 했다고 추정하고 있다.

공감능력이 진화된 원인도 평판이 원동력이 되었을 것이라고 추정하는 학자도 있다. 다들 뒷담화를 해봐서 알 것이다. 그 순간 그 정보를 공유하는 사람들끼리 얼마나 공감하는지를. 뒷담화를 통한 평판은 우리의 본능이며, 중요한 사회적 정보를 담아 누군가에 대한 빠른 판단으로 시간과 에너지를 절약하게 한다. 문제는 잘못된 정보로 인해 편견이 생길 수도 있지만, 시간이 오래될수록 평판의 정보는 더욱 정확해지며 신뢰성이 높아진다.

하루는 길을 정처 없이 떠돌던 노인 한 명이 행인과 시비가 붙어 경찰에 의해 입원을 하게 되었다. 집이 어딘지 기억을 못하고 대답을 잘못해서 치매가 의심이 된다는 것이었다. 검사결과 인지기능이 초기 치매 수준으로 떨어져 시설에서 보호할 필요가 있어 보였다. 그러나 할아버지의 행동은 예사롭지 않았다. 항상 꼬투리를 잡으려고 하면서 뭔가를 작은 노트에 적어놓는 행동을 보였다. 그리고 직원이나 다른 환자들을 협박하는 일이 잦고 전혀 협조적이지 않았다.

거짓말도 정말 능숙하게 잘했는데 자신의 치매증상을 이용해서 기억이 안 난다고 둘러댔다. 그러나 치매증상으로 인해 정말 기억이 안 날 때는 표정부터 달랐다. 치매증상이 있으니 망정이지 조금만 젊었으면 정말 상대하기 힘들겠다는 생각이 들었다.

그는 가족은 어디 있는지 모르고 조카 한 명이 다른 도시에서 고등학교 교사를 한다고만 말했다. 그는 그 조카의 전화번호가 적인 낡은 쪽지 하나를 건넸다. 그래서 전화를 해보니 그 조카가 맞았다. 그러나 조카의 반응은 너무 뜻밖이었다.

그 할아버지 이름을 대는 순간 노발대발하며 도대체 어떻게 자신의 전화번호를 알았냐며, 그 이름은 듣고 싶지도 않으니까 당장 끊으라고 화부터 냈다. 나는 그를 어떻게든 진정시키고 당신에게 부담을 주려는 의도는 없으며, 단지 이분에 대한 정보를 얻으려는 것

뿐이라고 안심을 시켰다. 그리고 당신이 그런 말을 하는 이유도 잘 알고 있으며, 우리도 많이 고생하고 있다고 전했다. 그러자 다소 누그러진 조카는 그의 과거에 대해 말해 주었다.

놀랍게도 이 할아버지 역시 교사였다. 과거에 결혼을 했으나 그의 아내는 현명하게도 이혼한 후 아들 하나를 데리고 멀리 가버렸다고 한다. 혼자가 된 후 주위의 친척에게 집착하면서 돈을 뜯어내기 시작했고, 얼마 전에도 조카의 어머니를 찾아와 돈을 내놓으라며 문을 걷어차고 행패를 부렸다고 한다.

직장에 들어가서는 학생 관리를 잘한다며 능력을 인정받기도 했지만, 동료들 사이에서는 '꼴통'으로 불리며 괜히 얽혔다가는 법원에 들락거릴지도 모른다며 피하는 대상이었다고 한다. 그러나 시간이 지나면서 참고 지내던 동료들이 다른 데로 떠나거나, 교사들이 집단으로 항의하는 일이 생기고 윗선에서도 문제점을 인식하게 되는 등 그의 개인사적인 문제가 드러나면서 결국 학교에서 쫓겨나고 말았다.

그렇게 오고갈 데가 없어진 그는 술에 빠져 살다가 지금까지 정신병원을 전전하며 살아왔다. 급기야 치매까지 걸려 불행한 최후를 예약해 놓고 있다. 진화적으로 사이코패스 유전자가 살아남은 이유 중에는 아마도 과거에 생명이 그렇게 길지 않았기 때문이 아닐까 생각된다. 만약 오래 살 수 있었다면 이 할아버지처럼 그들의 악행과 본질이 점점 드러나고 평판이 널리 퍼져 사람들의 인식이 바뀌면서 집단에서 생존하기가 쉽지 않았을 수 있다.

자신의 이익만을 생각하는 그들은 형편없는 조직원이 될 수밖에 없다. 일반적으로 사이코패스들이 젊은 시절 꽤 잘 나가고 재미있게 사는 이유는 바로 시간의 누적이 얼마 되지 않았기 때문일 것이다. 그래서 회사의 고위임원에 사이코패스가 많다는 뜻은 사이코패스 성향이 고위임원이 되는데 유리하다는 뜻이 아니다. 이런 것이 앞에서 본 대표성 추론으로 편견을 가지는 대표적인 예다. 많은 사이코패스들이 고위임원이 되는 것이 아니라 소수가 그렇게 된다. 또한 고위임원 중 사이코패스는 많이 잡아 4%로 96%는 사이코패스가 아니다. 그러므로 사이코패스 성향이 고위직에 적합하다는 것은 편견이다.

게다가 그들이 어떤 삶을 살고, 어떻게 살아갈지 모르지 않는가. 그러나 역사적으로 학살을 저지르고 많은 여자들을 강간한 리더들은 대부분 자살하거나 측근에 의해 살해당했다는 것을 상기해 보라. 또한 국민들의 성난 저항에 놀라 더욱 강한 탄압을 하던 독재자들은 총탄에 비명횡사하거나 국민들의 손에 죽임을 당하기도 했다. 아! 칭기즈칸은 운 좋게도 사냥 중에 말에서 떨어져 죽었다. 어쨌든 공감제로들은 긴 시간의 측면에서 보면 결국은 지는 게임을 하는 것이다. 노자는 이렇게 말씀하셨다.

"누가 너를 모욕하더라도 앙갚음하려고 들지 말라. 강가에 앉아 있노라면 머지않아 그의 시체가 떠내려가는 것을 보게 되리라."

그들의 인생을 패배로 몰아넣는 또 다른 요소는 지루함을 못 참는 특성상 화학적인 힘에 의존하려는 성향이 강한 것이다. 사이코패스의 무려 75%가 알코올 의존을 가지고 있으며 50%는 다른 종류의 약물에 의존한다. 또한 위험을 무릎 쓰는 성향은 같은 약물정맥주

입자라도 반사회적 성향이 없는 사람들보다 2배가 넘는 HIV 양성 반응을 보인다. 그리고 자신이 고소하던 고소를 당하던 법원과 경찰서를 들락거리는 횟수도 일반 인구에 비해 압도적으로 많다.

사이코패스가 투자에 더 좋은 성적을 거둔다는 앞의 설명은 단기적인 면만을 보고 하는 말이다. 앞에서 친구에게 투자 권유를 한 매니저를 기억하는가? 당시 기록적인 수익률을 올린다며 객관적인 투자실적표를 보여 주며 자랑이 대단했다. 그러나 높은 리스크를 아무리 제어한다고 해도 시간이 지나다 보면 검은색 백조 한 마리 때문에 한방에 나가떨어질 수 있다.

현재 여러 대학에서 강의를 하면서 옵션투자를 전문으로 하는 나심 탈레브Nassim Taleb는 극단적인 값, 즉 도저히 일어날 것 같지 않은 일이 일어날 때 파괴적인 모습을 띨 수밖에 없다고 말하고, 이런 현상을 '블랙스완black swan' 현상이라고 불렀다. 이 말은 백조는 항상 희다는 고정관념이, 처음 호주 땅을 밟은 사람들이 검은색 백조(실제로는 흑고니)를 봄으로써 깨졌다는 데서 유래하였다.

그러나 투자에서는 굳이 극단적인 값인 블랙스완 현상이 아니더라도 항상 리스크에 노출될 위험을 가질 수밖에 없으며, 아무리 리스크를 관리한다고 해도 공격적인 투자일수록 더 자주 노출된다. 다시 말해 리스크를 지속적으로 가진다는 것은, 비록 낮은 확률이더라도 투자에 있어서 언젠가는 그 리스크에 노출될 수밖에 없으며, 사이코패스들이 주로 하는 공격적인 투자방식은 결국에는 순식간에 무너질 수 있다는 것이다.

그런데 앞에서 그들은 보상이 눈앞에 있으면 무서운 집중력을 발휘하면서 실수를 최대한 줄인다고 그러지 않았나? 그랬다. 그런데 문제는 보상을 받는 조건이 분명할 때뿐이라는 것이다. 어떤 숫자를 골라야 보상을 받는지 혹은 어떤 행동을 해야 보상을 받는지가 분명하다면 이들은 그것에 집중하고 보상을 받기 위해 물불을 가리지 않는다.

그러나 세상은 그렇게 단순하지 않다. 결코 미래는 정해지지 않았으며 과거의 데이터로 미래를 예측하는 데에는 한계가 있다. 적어도 투자에 관해서는 내가 이런 행동을 했을 때 반드시 어떤 이익을 얻을 것이라는 기대는 편견인 경우가 대부분이며 결국에는 실망을 하게 된다. 과거 20세기 후반에는 아파트를 사면 무조건 오르기 때문에 사놓는 것이 이득이라고 생각했다. 하지만 그 편견을 그대로 받아들인 지금의 중년층들은 아파트 가격이 생각처럼 오르지 않아서 고민이 많다.

실험에서 패턴이나 규칙을 숨긴 채 패턴을 알아내도록 하고 점수를 많이 딸수록 보상이 크도록 했을 때, 사이코패스들은 약점을 여지없이 드러내 보였다. 보편적으로 사람들은 점수를 잃으면 잘못을 되돌아보기 위해 속도를 늦췄지만, 사이코패스들은 점수를 잃어 가는데도 오히려 선택하는 속도를 높인 덕분에 실수는 계속되었다. 자신과 과거를 되돌아보지 못하는 자는 잠시의 성공은 있을지 몰라도 결국에는 몰락의 길로 간다.

성공은 공감과 양심의 편이다

독일의 저널리스트인 슈테판 클라인Stefan Klein은, 코넬 대학의 화학자이자 노벨상 수상자인 로알드 호프만Roald Hoffmann을 만나 성공의 이유를 물었을 때 당연히 호기심, 창의력, 분석력 같은 대답을 기대했다고 한다. 그러나 뜻밖에도 그의 대답은 자신의 공감능력이라고 대답했다.

"저는 실험실 동료들이 굳이 말하지 않아도 어떤 어려움을 겪고 있는지 간파하는 아주 예민한 감각을 지녔답니다. 그러니 그 문제를 해결해 줄 수 있는 거죠."

이 말은 성공의 가장 큰 요인은 타인을 희생시키는 경쟁에서 이기는 것이 아니라 공감능력을 바탕으로 한 탄탄한 협력이라는 것을 깨우쳐 준다.

앞에서 언급한 사이코패스의 장점은 그들의 모습 중 한 면만을 바라본 것에 불과하다. 그런 장점들을 때와 장소에 따라 적절히 구사할 수 있는 건 오히려 공감능력자들이 잘 할 수 있는 일이다. 사이코패스들이 문제가 되는 건 그런 특성들을 항상 최대치로 올려놓고 있기 때문이다. 오케스트라가 연주를 하면 음의 높낮이를 적절하게 배합해야 아름다운 음악이 나오는데 사이코패스는 각 악기들을 최대치 볼륨으로 연주를 하는 것이나 마찬가지다. 이런 화음을 이해 못하기 때문에 친사회적 사이코패스들도 사회적 신호를 이해하는 데 매우 서툴러 주위 사람들을 힘들게 한다.

사이코패스들은 감정적인 낱말을 접했을 때 측두엽에 혈류가 증가되는 현상을 보였다. 이런 현상은 우리들이 다소 지적능력을 필요로 하는 문제를 풀 때 나타나는 현상이다. 또한 우리들은 감정적인 단어를 중립적인 단어보다 더 빨리 인식하면서 대뇌피질에서 유발된 전위가 작지만, 사이코패스들은 두 종류의 단어 인식 시간에 차이가 없고 유발 전위도 차이가 없다. 즉, 감정적인 단어가 무의식적으로 처리가 되는 것이 아니라 대뇌피질에서 처리되므로, 누가 '사랑합니다' '미안합니다'와 같은 말을 하더라도, 이런 감정적 경험을 수학문제 풀듯이 계산하여 의미를 추론한다는 뜻이다. 이러니 어떻게 가슴 뛰는 감동을 느끼겠는가?

그래서 만약 공감능력과 양심을 팔아버릴 기회가 온다면 팔지말고 꼭 지키기를 바란다. 잠들어 있는 어린 자식들을 바라보며 한없는 경외심과 사랑을 느끼는 것이나 어려울 때나 기쁠 때 서로 손을 맞잡고 흘리는 눈물은 공감능력을 가진 인류만이 느끼는 특권이다. M. E. 토마스는《나 소시오패스》를 통해 자신도 조카들을 보며 한없이 사랑스러운 감정을 갖는다고 변명하듯이 말했다. 글쎄다. 분명한 건 그런 감정이 뭔지도 모르는 사이코패스들이 훨씬 많으며, 설령 느낀다고 해도 우리가 느끼는 엔도르핀의 홍수 같은 느낌은 아닐 것이다. 우리는 인형을 보면서도 한없이 사랑스러운 느낌을 받지 않는가.

결론적으로 우리는 공감능력을 가지는 것이 오랜 인생을 살아가는 데 훨씬 도움이 된다. 나는 없는 것보다는 오히려 지나친 것이 더 좋다고 생각한다. 앞에서 진화적으로 너무 지나친 공감은 불리하게 작용한다고 말했다. 그러나 문화적 토대가 갖춰진 지금은 상황이 달라졌다. 공감능력이 유달리 뛰어나고 양심이 지나치게 발달한 사람들이 오히려 행복하게 산다는 연구결과들이 많다. 그들은 남을 돕는 위치에서 항상 살아가고 있으며 가난조차도 그들의 행복을 줄이지 못하는 것으로 나타났다.

혹시라도 지나친 양심은 우울증을 유발한다는 말을 들은 적이 있다면, 이것은 프로이드의 초자아 개념을 지나치게 확대한 실수일 뿐이다. 초자아는 내적인 도덕적 판단의 체계일 뿐이며 양심의 형성에 관여를 한다는 것이지 양심과는 별개의 개념이라고 생각한다. 또한 도덕적인 것과 양심은 전혀 다르다.

영화 〈베테랑〉의 서도철 형사는 자신의 이익을 위해 쉽게 타협할 수 있는 입장이었지만, 그럴 때마다 피해를 입을 사람들을 생각하며 의롭게 싸워나간다. 그를 양심적이라고 말하지 초자아 혹은 도덕심이 크다고 말하지 않는다. 오히려 그의 초자아는 매우 빈약해 보인다. 그래서 욕도 잘하고 규칙도 걸핏하면 어기는 등 전혀 도덕적으로 보이지 않는다. 그러나 그의 공감능력이 피해자들을 볼 때 사회적 약자의 아픔을 느끼게 하고 양심적인 행동을 이끌어 낸 것이다. 우리를 감동시키는 것은 도덕적인 태도가 아니라 양심의 울림이다. 이 한마디가 모든 것 설명하지 않은가?

"우리가 돈이 없지, 가오가 없냐?"

지나치게 도덕적인 사람들 중에는 다른 사람들에게 자신에 대한 편견을 심어 주기 위해 도덕심을 이용하는 위선자들이 많이 있다. 또한 이들은 위선의 수단으로 종교를 자주 이용한다. 그리고 항상 다른 사람들의 도덕성이나 위선을 비판하면서 자신이 얼마나 도덕적인 사람인지를 각인시킨다. 그러나 정말 도덕적이면서 양심을 가진 사람들은 조용히 자신만의 도덕적인 생활을 영위할 뿐이지, 누군가를 도덕적으로 잘못되었다고 비난하거나 자신의 도덕심을 뽐

내지는 않는다.

공감제로들의 생존방식이 현대사회에서 조금 유리한 측면이 있다는 것뿐이지 절대 성공적인 생존전략은 아니다. 지구를 점령한 자들은 공감할 줄 알고 양심을 가진 우리들이다. 그럼에도 불구하고 미시건 대학의 사라 콘래스Sara H. Konrath의 보고서에 의하면 1979년부터 30년간 공감능력이 지속적으로 하락해 40%나 감소한 것으로 드러났다.

무엇 때문인지는 뻔하다. 신자유주의적 자본주의가 적자생존을 들먹이며 무한경쟁을 강요했기 때문이다. 특히 수많은 주류 경제학자들은 인간의 본성에 대해 늘 합리적인 선택을 한다는 호모 에코노미쿠스Homo Economicus로 결론을 내버리고, 오로지 자본을 어떻게 모으고 키울 것인가에만 집중하였다. 그 과정에서 수단과 방법을 가리지 않고 자본을 키운 사람들이 귀감이 되면서, 공감이나 양심 따위는 발로 걷어차 버렸다. 지금도 그들에게는 위대한 경제학자로 추앙받는 밀턴 프리드먼Milton Friedman의 강의나 세미나 영상을 유튜브에서 한번 찾아보라. 웬만한 잔인한 장면에서도 멀쩡한 내가 구토증을 느꼈다.

결국 돈 때문에 우리는 양심을 버리고 공감능력을 죽이면서 살아가야 한다. 이런 일은 결국 정치적 결정까지 좌우한다. 우리는 입버릇처럼 경제를 일으켜야 한다고 말하며, 자신이 경제전문가라고 떠벌이는 사기꾼들에게 표를 던져 준다. 지금도 선거철만 되면 '오로지 경제!'와 같은 선거구호들이 난무하지만, 나는 이런 위선에 구역질을 느낀다.

그러나 자본은 계속 한 쪽으로 몰리면서 극단적인 양극화만 나타난다. 우리가 경쟁만을 강조하여 상대방을 밟고 일어서는 데에 치중했을 때 어떤 결과가 나타나는지 극명하게 나타나고 있다. 소위 기득권들이 이런 시스템을 고수하는 이유도 결국은 돈 때문이다. 공평하고 양심이 살아 있는 사회는 한 쪽으로 자본이 몰리는 것을 저지하면서 전체 구성원들의 공감능력이 높아지도록 유도한다.

불과 얼마 전에 우리는 우리의 공감능력을 시험할 수 있는 끔직한 일이 일어났다. 세월호가 침몰했을 때 우리 사회의 공감능력이 얼마나 떨어졌는지 실감할 수 있었다. 친구 중에서도 가슴 아파하기보다는 그럴 수도 있지 않냐는 반응을 보이는 사람이 있어 충격을 받았다. 평소에는 다정다감한 사람이 어떻게 한 순간에 냉혈한이 될 수 있는 걸까?

물론 자신의 정치적 신념을 지키기 위해 그렇게 생각하고 믿는다는 것을 잘 안다. 이런 것을 보면 자신의 신념이나 이익을 지키기 위해 우리가 얼마나 잔인해질 수 있는지 궁금하다.

그러나 우리가 분명히 직시해야 하는 것은 진화든 문명이든 협력을 기반으로 성장했다는 것이다. 경쟁은 협력의 바탕에서 이루어져야 생산적인 경쟁이 이루어진다. 무조건적인 경쟁만을 시켰을 때는 이기적인 전략이 최우선 전략으로 선택되어, 그 사회는 점차 사이코패스화되어 무너지거나 가난하게 된다고 게임이론에서는 말한다.

사이코패스일수록 초기 경험이 중요한 이유

같은 공감제로라도 사이코패스에서는 원인에 대한 논란이 크다. 다른 공감제로들과는 달리 이들의 사회적 기능이 잘 유지되는 경우가 많기 때문이다. 심지어 자신의 목표를 이루기 위해 눈곱만큼의 죄의식도 없이 원하는 일을 하는 것에는 오히려 뛰어나다고 칭찬을 받기도 한다.

공감제로라는 공통점에도 불구하고, 애착장애로 인한 공감제로들은 사이코패스만큼 대인관계에서 능수능란하지 못하다. 게다가 이들은 처음부터 다른 사람에게 좋지 않은 인상을 줄 가능성이 크며 감정표현에 있어서도 단조롭거나 양극단을 오간다. 또한 사이코패스처럼 용의주도하지 못하고 드러내 놓고 적대적이거나 유혹적이지 못한 경우가 많다. 그래서 다른 공감제로들에게는 심리적이거나 환경적 설명이 잘 뒤따르지만 사이코패스는 그렇지 않다.

많은 연구가들은 사이코패스의 특성은 타고나는 경향이 크다는 것을 인정한다. 이는 많은 일란성 쌍둥이 연구에서 밝혀진 바이다. 일반적으로 서로 다른 가정에 입양되어 자란 일란성 쌍둥이들에게서 보편적인 성격 특성은 35~50% 정도를 유전적으로 공유한다. 이 말은 그만큼 기질적으로 타고난다는 뜻이며, 길러준 부모보다는 낳아준 부모의 특성을 더 닮는다는 말이다. 500명 이상의 입양아들에 대한 장기 프로젝트인 '텍사스 입양 프로젝트'에서는, 입양된 아이들의 친부모와 양부모의 다양한 성격 특성들을 비교하여 조사하였다. 이 연구에서 '사이코패스적 일탈 척도'의 점수는 한 번도 본 적이 없는 친부모의 특성을 닮는 것으로 조사되었다. 여기에서도 약 50%의 유전율을 추정하였는데, 사이코패스적 특성이 다른 성격이나 지능 특성과 마찬가지의 유전율을 가지고 있다는 것을 보여 준다.

이는 사이코패스가 되는데 환경의 영향은 크게 관여하지 않을 수 있다는 다소 우울한 결론에 이른다. 하지만 환경은 사이코패스가 되느냐 아니냐의 문제에 관여는 못하더라도 그들이 어떻게 살아갈지에 대해서는 큰 영향을 미친다. 사회적 규범을 지키며 우리들 안에 섞여 친사회적인 사이코패스로 살아갈지 아니면 연쇄 살인을 저지르는 살인마가 될지는 환경의 영향이 분명히 관여하고 있다고 믿는다. 물론 유전적으로 거의 완벽하게 타고난 사이코패스에게는 환경의 영향이 비집고 들어갈 여유가 없을 수도 있다. 그러나 그들은 분명히 뛰어난 학습능력을 갖고 있기 때문에 사회적으로 어떻게 해야 구성원으로 인정받고 지낼 수 있는지를 배울 수 있다.

앞에서 보았듯이 긴 형태의 세로토닌 전달체의 유전자 변이체를 지녔을 때 나쁜 환경에서 자란다면 사이코패스의 특징인 냉담하고 무심한 기질을 갖게 될 확률이 높아진다. 그러나 반대로 좋은 환경에서 자라면 그런 기질이 충분히 희석될 수 있다고 연구자들은 말한다. 또한 사이코패스로 진단된 모든 사람은 어릴 때도 심각한 반사회적 태도를 보였지만, 어릴 때 반사회적 행동을 보이던 사람들의 절반에서는 정상적인 성인으로 성장했다.

이런 것들을 종합해 보면 비록 불리한 유전자 조합을 가지고 태어나더라도 바람직한 환경에서 따뜻한 보살핌을 받고 자란다면 훌륭하게 자랄 수 있다는 것을 암시한다. 설령 사이코패스일지라도 규칙을 어기면 원치 않는 결과가 나온다는 것을 어릴수록 배우기 쉽기 때문이다. 공감능력이 떨어지더라도 단순한 논리적 능력만 있으면 규율을 지키도록 학습할 수 있다. 반면에 여러 연구들에서 생애 초기에 긍정적인 경험을 강조하고 있다는 것은, 오히려 성장해서는 성격 특성이 변하기 어렵다는 반증이기도 하다.

5장

세상은 공감능력자들 것이다

어쩌면 우리는 사회가 조정하는 끈에 매달린 꼭두각시인지도 모른다.
그러나 적어도 우리는 지각을 지닌, 인식을 지닌 꼭두각시이다.
그리고 아마도 우리의 인식은 우리를 해방하는 첫걸음이다.

스탠리 밀그램

믿음은 무엇이 진실인지 알고 싶지 않다는 것을 의미한다.

프리드리히 니체

의심을
두려워하지 마라

비선형 물리학의 매력은 전혀 규칙 없이 마구잡이로 보이는 현상에 숨어 있는 규칙을 발견하는 것이다. 지진의 규모, 파편의 크기, 산불, 해안선의 길이, 주가의 등락 등 수많은 현상에 멱함수 법칙power law이 숨어 있음을 확인하였다. 이는 마치 자동차가 그냥 굴러가면 어떤 원리로 움직이는지 전혀 알 수 없지만, 동력계를 제외한 껍데기와 군더더기를 모두 빼고 엔진과 기어 그리고 구동축만을 보여 주었을 때 작동원리를 더 잘 이해할 수 있는 것과 마찬가지다.

만약 주식에 투자해서 시세차익을 얻고 싶다면 부디 장기적인 관점에서 접근하여 작은 움직임보다는 큰 전체적인 움직임을 신뢰하는 것이 유리할 것이다. 내가 원하는 것이 바로 이런 모습이다. 누군가가 의심된다면 그가 보여 주는 빼어난 매너와 현란한 손동작, 말솜씨와 같은 군더더기에 현혹되지 않기를 바란다. 앞에서도 말했지만 마술사는 관객들이 속이는 동작을 보지 못하도록 여러 가지 장치와 쇼를 마련한다.

이 책의 내용은 다른 사람들에게 결코 이롭지 않은 공감제로들의 작동원리들을 군더더기 없이 파악할 수 있도록 돕는 것이 목적이다. 여기에 나온 특징들을 잘 유념하여 반복해서 관찰한다면 여러분의 직관은 더 날카롭게 다듬어질 것이다. 그들은 입에 발린 아첨으로 당신의 기분을 좋게 만들 줄 안다. 진심에서 나온 칭찬인지 아첨인지를 알려면 자신에 대한 객관적인 인식을 가져야한다. 만약 당신이 나르시스트narcist가 아니라면 아첨을 본능적으로 구별할 수 있을 것이다.

또한 뭔가 의심스럽다는 직감이 들 때는 그들의 현란한 군더더기와 겉모습에 믿음을 주지 말고 스스로 확인하는 것이 좋다. 궁금하면 물어보라. 개인적인 직업, 가족관계, 앞으로의 계획 등 사생활에 관계된 것이라도 물어보고 확인하라. 앞뒤가 맞지 않거나 설명을 잘 못하거나 화제를 자꾸 딴 데로 돌리고 싶어 한다면 더욱 의심해야 한다.

앞뒤가 완벽하게 들어맞더라도 거짓말일 수 있다는 것을 유념하라. 수없이 반복된 거짓말은 스스로도 진실로 믿게 될 정도로 매우 자연스럽게 스토리가 이어진다. 더 확인해 보는 것을 두려워하지 말라. 심지어 전화 한 통으로도 상대방의 거짓말을 단번에 확인할 수 있다. 경찰이라고 하면 경찰서에 전화해 보면 되고, 어느 대기업에 다닌다고 말하면 거기 전화해서 그런 사람이 있는지 확인하면 된다. 그리고 새로운 만남에서 상대방이 세 번 거짓말을 한다면 차라리 관계를 하지 않는 것이 정신건강에 좋을 것이다. 한두 번의 거짓말이나 약속파기는 실수일 수도 있고 오해일 수 있지만, 세 번째는 앞으로도 거짓말이 지속적으로 반복될 것이라는 암시라고 받아들이는 게 좋다.

내가 이런 말을 하면 왜 그렇게 의심이 많으냐고 생각하는 사람들도 있을 것이다. 사실 우리는 누구를 믿지 못하고 의심한다는 것에 대해 도덕적으로 잘못되었다고 느낀다. 그러나 이건 양심이 아니라 너저분한 초자아적 압박에 불과하다. 그러면 반문한다. 처음 보거나 만난 지 얼마 안 되는 사람을 철석같이 믿을 이유가 있냐고. 당신에게 공감능력이 살아 있다면 이미 주위에 믿을 만한 사람들이 충분히 많을 것이다. 그러니 굳이 잘 모르는 사람을 덥석 믿을 이유는 없을 것 같다. 그리고 합리적인 의심은 얼마든지 가져도 좋다. 그 사람을 믿기 위해서라도 합리적 의심은 필수이다.

사실 우리는 근본적으로 '베이지언 추정bayesian estimation'을 사용한다. 베이지언 추정은 당장에 살펴볼 정보가 제한적일 때 이용하는 확률적 기법이다. 그런데 우리가 살면서 내려야 하는 수많은 판단들은 대부분 근거나 정보가 부족한 것들이다. 시간이 지나면서 정보를 업데이트하고 지속적으로 추정을 수정해야 한다. 그러므로 완전한 100%나 0%로 추정하는 일은 없다고 보는 것이 옳다. 처음 사람을 만나면 어떤 사람일지 가능성을 정해 놓은 뒤, 시간이 흐르면서 정보를 업데이트하며 그 가능성을 변화시킨다. 긍정적인 요소가 많이 보이면 믿을 만한 사람이라는 쪽으로 가능성이 기울고, 부정적인 요소가 자꾸 추가된다면 멀리하고 싶어진다.

그러나 앞에서 본 여러 가지 편견과 선입관으로 인해 우리는 추정이 아니라 갑자기 100%나 0%라고 확신을 하면서 문제가 생긴다. 이 책의 의도가 이런 일을 미연에 방지하기 위해 상대방의 속임수나 거짓을 빨리 파악하고 자신의 편견을 마주보게 하여 더욱 정확한 정보를 업데이트하도록 돕는 것이다. 베이지언 추정은 합리적 의심의 또 다른 표현이다. 또한 악마는 지옥에 있는 존재가 아니라, 우리 주위에서 늘 돌아다니고 있다는 것을 명심하라. 유쾌하지는 않지만 그런 존재가 있다는 것을 인정하기 바란다. 그리고 겉모습으로는 절대 구분할 수 없다는 것도 잊지 말라.

사실 누군가의 돈을 빼먹거나 자신의 이익을 위해 착취하려는 사람들은 당신이 생각하는 것보다 많다. 예를 들어 어떤 유형의 거래를 성사시켜 수수료를 받는 사람들조차도 자신의 이익을 위해 당신의 마음을 불안하게 만들 수 있다. 자신의 이익이 걸려 있다면 사람들은 무서운 본성을 드러내기도 한다. 물론 당신의 이익을 위해 헌신하는 것처럼 거짓말을 서슴없이 하기도 한다. 그 사람이 호의를 보여 주는데 내가 주저하면 미안하다는 마음을 갖기 쉽다. 그러나 절대 그럴 필요 없다.

이럴 때는 사이코패스의 장점인 감정에 휘둘리지 않는 특징을 활용하라. 그가 자신의 이익을 위해 움직이고 있다는 것만 유념하면 나는 더 강해질 수 있다. 그리고 그의 눈을 똑바로 바라보고 궁금한 것을 물어보라. 안 그러면 원하지도 않는 보험계약서나 물건을 사들고 와서 찜찜한 마음을 달래기 위해 좋은 것이라고 스스로 위안을 하고 있을 것이다. 성인이 되어 만나는 사람 중에 정말 좋은 의도를 가지고 친해지고 싶어 하는 사람들이 분명 더 많지만, 자신의 인센티브를 위해 접근하는 사람도 그에 비해 적지 않다고 생각한다.

의과대학 시절 학교 앞 지하도에 항상 구걸을 하는 사람이 있었다. 그는 뇌성마비를 앓고 있어 온몸이 뒤틀린 채 구걸을 하고 있었는데 불쌍한 마음이 들어 친구들과 오고가며 잔돈이 있으면 던져 주곤 했다. 그런데 어느 날 밤늦게 지하도를 지나다가 놀라운 광경을 보았다. 뇌성마비 구걸인이 주위를 살피더니 몸을 쫙 펴더니만 짐을 재빨리 챙긴 후 유유히 사라지는 것이었다. 너무 놀라 친구들에게 그 사실을 얘기했더니만, 처음 들은 이야기가 이런 말이었다.

"네가 뭘 잘못 봤겠지."

그렇다고 그가 누군가에게 심각한 피해를 주지는 않지만, 누군가는 이렇게 나의 동정심마저도 이용할 수 있다는 교훈을 주었다. 그 다음부터 동전을 던져 주지 않았냐고? 물론 빈도는 줄었지만 한 번씩 씨익 웃으면서 계속 적선해 주었다. 예상하건대 그의 수입은 웬만한 봉급자보다 많을 수 있다. 동정 역시 사회적으로 가치 있는 반응이므로 사회적 약자와 고통에 빠져 있는 사람들을 위해 계속 유지되어야 한다. 그러나 당신과 다른 사람들에게 피해를 줄 수 있는 사람들이 요구하는 동정심은 거두어들여야 한다.

"부탁인데 아무에게도 말하지 말아줘." 불쌍한 표정으로 눈물까지 흘리며 이렇게 말하더라도, 남에게 피해를 반복적으로 입히고 거짓말을 반복하는 사람이라면 다른 사람에게도 경고를 해 주는 것이 의무라고 생각한다. 심지어 얼굴을 보지도 않고 거래를 하는 주식시장에서도 당신의 돈을 빼먹기 위해 호시탐탐 노리는 사람들이 있다. 소위 '세력'이라고 부르는 주가조작 집단들은 그냥 음모론을 좋아하는 사람들의 피해망상이 아니다. 그 현장을 내가 직접 확인했으니 믿어도 좋다.

또한 미국에 버나드 메도프가 있다면 우리에겐 조희팔이 있다. 4~5조 원을 '폰지사기'라고 불리는 다단계 수법으로 사기치고 도주한 희대의 사기범이다. 그러나 버나드 메도프는 법의 심판(징역 150년 형)을 받았지만, 조희팔은 그렇지 않다. 공식적으로는 2011년 사망한 것으로 되어 있으나 현재까지 그가 생존해 있다는 추측이 계속 떠돌고 있다가 2016년 6월, 검찰은 조희팔 재수사 끝에 사망했다는 결론을 내렸다. 수사가 이렇게 지지부진한 이유는 수사기관이나 정치계 등에 퍼져 있는 비호세력들이 수사를 방해하고 무마하려는 시도를 계속 하고 있기 때문이 아닐까?

조희팔 세력들은 무려 4년간이나 연 40%가 넘는 이자를 제 날짜에 꼬박꼬박 지급했다. 또 정치인이나 지역 유력인사 등과 같이 찍은 사진은 투자자들에게 더 없는 신뢰를 주었을 것이다. 그는 신비주의적인 인물로 비춰지도록 사람들 앞에 잘 나타나지 않았으며, 그에 대한 소문만 무성하도록 분위기를 만들었다. 어쩌다 나타나면 사람들의 마음을 움직이는데 특별한 재주를 보였다. 특유의 친화력과 눈물을 흘리면서 이야기하는 연극적 재주까지 겸비하여 사람들을 꼼짝달싹하지 못하게 만들었다.

그가 가장 자유자재로 이용한 것은 우리의 본능이다. 네트워크와

뒷담화를 좋아하는 본능을 이용하여 소문을 부풀리고 가짜 평판을 만들어 사람들에게 신뢰를 얻었다. 지나치리만큼 강박적으로 재테크에 매달리는 우리 사회의 특성을 이용해 큰 수익에 대한 환상을 심어 주었던 것이다.

피해자 중 한 명은 연 40%라는 수익률이 거짓말 같아서 주위의 권유에도 불구하고 투자금을 넣지 않았었다고 한다. 그러나 4년 가까이 이자가 꼬박꼬박 들어오고 주변의 투자자들이 자랑을 하자 의심을 거두고 초조한 마음에 큰돈을 마련해 투자를 했다. 그러나 얼마 안 가서 조희팔은 중국으로 밀항했다. 그는 자신의 형에게까지 사기를 친 파렴치범이다. 그에게 피해를 입은 사람만 해도 3만여 명이며 그 여파로 자살한 사람도 10명이 넘는다. 이처럼 사람을 함부로 믿는 것만큼 현대사회에서 위험한 것이 없다.

다시 한 번 말하지만 당신의 공감능력이 유지되어 있다면 이미 충분한 믿음을 가지고 있다고 본다. 모든 걸 의심하라는 게 아니라 위험이 있는 곳에서는 합리적 의심을 버리지 말자는 것이 핵심이다. 우리 믿음의 본성은 수백만 년간 이어져 온 소규모 집단에서 진화된 것이다. 이렇게 갑자기 수백만 명에서 수천만 명이 집단을 이룰 줄은 진화는 미처 몰랐다. 대규모 집단은 익명성이라는 특성을 지니기 때문에 누군가를 속이고 사기를 치려는 사람들은 고기가 물을 만난 것이나 다름없다.

한 언론의 보도에 의하면 보이스 피싱부터 취업사기와 투자사기 등 우리나라에서 일어나는 사기 사건이 하루에 무려 600여 건이며, 실제 피해금액은 34조 원 정도로 추정된다고 한다. 이 액수는 2015

년 한해 우리나라 국방예산과 맞먹는 수치이다. 사기의 액수도 점점 고액화 되어 2014년 기준으로 1억 원 미만 사기는 2년 전보다 23% 증가한 반면, 1억 원부터 300억 원 이상까지를 합친 사기는 2배인 46%가 늘어났다고 한다. 전 세계적으로도 이렇게 많은 사기 사건이 일어나는 것이 유례가 없다는 것이다. 이런 현상은 우리 사회의 불평등 증가와 무관하지 않다.

불평등이 지속적으로 심해지면 극단적인 양극화 사회로 진입하게 된다. 사회보장이 잘 안 되어 있는 상태에서 이런 결과가 나타나면 자기 먹고 살 것은 자기가 알아서 챙겨야 한다. 그러나 일자리는 부족하고 어떤 일이든 아무리 일해도 집 한 칸 마련하기 힘든 작금의 현실에서는 불안하고 막막하므로 어떻게든 먹고 살 돈을 챙겨야 한다. 이렇게 사기의 의도는 양심의 역치를 넘어서게 된다.

양극화가 심해지면 특히 젊은이들은 그들의 미래를 불투명하게 전망하면서 양심에 소리에 귀 기울이기보다는 돈이 보이는 곳으로 따라가기 쉽다. 사회의 불확실성이 크고 미래의 전망을 어둡게 바라볼수록 한탕심리는 더 커지게 마련이다. 어려움이 커질 것으로 예상할 때 생존에 필요한 물자를 최대한 확보하려는 것은 우리 본능이다.

SBS 〈그것이 알고 싶다〉에서는 우리 젊은이들이 어떻게 중국 등지의 보이스 피싱 사기 현장으로 흘러들어가서 점차 사이코패스화 되는지 적나라하게 보여 줬다. 외국에 근거지를 둔 보이스 피싱 사기업체의 규모는 상상 이상이다. 한국인이 많이 사는 청도, 연변, 광저우 등에는 아파트 건물의 절반 이상에 보이스 피싱 사기단의 사무실이 있다고 한다.

대한민국은 그들에게는 마치 거대한 낚시터와 같다는 표현이 무섭지만 현실적으로 다가왔다. 더 놀라운 것은 여기에 일하는 사람들이 대부분 한국에서 건너온 20-30대 젊은이들이며, 피해 대상자들도 젊은 층을 주로 파고들고 있다는 것이다. 사회 경험이 부족한 젊은이들이 오히려 속이기 쉽기 때문이라고 한다. 희망이 없던 젊은이들이 거기서 부자가 될 수 있다는 희망과 꿈을 찾고, 마치 게임을 하듯 상대방을 속이고 돈을 빼내기 위해 공감능력을 꺼버린다.

보이스 피싱 사기수법도 오랜 기간 시행착오를 겪으면서 더욱 세련되게 다듬어져 사기임을 알아보기가 더 어려워지고 있다. 거기에다가 위에서 언급한 설득의 기술을 포함한 고도의 심리적인 전술로 무장하여 보이스 피싱에 대해 잘 알고 있는 사람들도 눈 뜨고 당하기 쉽다. 또한 사기단 본부 외에도 대포통장을 모집하는 '장작업' 조직부터 입금 · 인출 · 송금을 담당하는 조직까지 점조직화되면서, 누군가를 체포하더라도 조직 전체를 일망타진하기가 더욱 어려워졌다고 한다. 정말 놀라운 것은 그들의 진위를 확인하기 위해 전화나 인터넷을 이용하더라도 확인이 쉽지 않도록 진화했다는 것이다.

사칭한 금융사 직원의 신분증을 위조하여 보여 주거나, 휴대폰을 조작하여 확인 전화가 무조건 자신들에게 걸려오도록 만들어 확인 절차를 무력하게 만든다. 심지어 신고 전화까지도 자신들에게 걸려오도록 만든다. 또한 그들이 가진 수많은(아마도 전 국민을 포함할 것 같은) 데이터베이스에는 대상자들의 전화번호 · 가족 사항 · 직장뿐만 아니라 지금 대출상황이나 언제 어디서 대출을 거절당했는지

다 나온다고 한다. 심지어 몇 시간 전에 있었던 대출상담도 파악하고 있다니 정말 놀라울 따름이다.

이런 중요한 정보를 흘림으로써 누군가는 경제적 이득을 볼 것이지만 기득권의 이익만을 보호하는 시스템은 이런 자들을 처벌하기 어렵게 만든다. 정보를 흘린 곳이 금융회사라면 그 금융회사에 책임을 물어야 하는데 웬일인지 금융회사에는 책임을 묻지 않고, 개인의 부도덕한 행동으로만 치부하며 당사자를 못 찾으면 처벌이 어렵다고 한다. 이뿐만이 아니라 금융사기 사건 대부분은 개인이 책임을 지는 시스템이다. 금융회사가 수사에 전적으로 협조해야 함에도 협조를 회피하거나 고압적인 자세를 보이고, 보안책을 마련하고 필터시스템을 마련하는 것이 당연함에도 그들에게는 책임을 좀처럼 묻지 않는다. 나는 틀림없이 우리 기득권 사회에 얽혀 있는 씨실날실 덕분이라고 생각한다.

아주 일부분의 일이겠지만, 프로그램에 의하면 사법계나 금융계에 몸담았던 사람들 중 일부가 이런 범죄를 계획하고 연구하는데 참여를 하고 있다고 한다. 그들이 참여한 보이스 피싱 대본에는 일반인으로서는 믿을 수밖에 없는 디테일과 전문용어로 가득 차 있어 신뢰도를 한껏 높여 준다. 그러나 더 무서운 건 그들 특히 젊은이들이 공감능력이 죽어버리면서 점차 사이코패스가 되어 가는 모습이다.

입이 떡 벌어지는 수입에 호화생활을 즐기면서 그들이 받는 보상들은 일말의 죄책감이나 양심조차도 충분히 걷어차 버릴만한 것이 되어 버렸다. 피해자들에게 더 이상 뽑아낼 게 없을 때 친절하게 전화까지 하면서 지금까지 당신이 사기당한 거라고 말해 주며

조롱하는 모습은, 우리가 어디까지 잔인해질 수 있는지 의아하게
만든다.

권위와 협박에
기죽지 말자

보이스 피싱 사기꾼들이 완벽해지기
위해 노력하는 것은 절대 아니다. 아무리 그들의 수법이 노련해진
다고 하더라도 보이스 피싱 전화가 걸려오면 금방 알아볼 수 있을
정도의 어설픔은 어쩔 수 없다. 그 어설픔은 어쩌면 의도된 것일
수 있다.

그들은 모두가 걸려들기를 원하여 그런 짓을 하는 것이 아니다.
이렇게 어설픈데도 쉽게 걸려드는 귀가 얇거나 순진한 사람들이 목
표이다. 즉, 쉽게 겁을 잘 먹고 무턱대고 잘 믿는 그런 사람들이 사
기를 치기에 안성맞춤이다. 그렇기 때문에 그 외의 사람들을 걸러
내는 장치가 필요하다.

그 장치가 바로 가끔 웃음이 나올 만큼의 어설픔인 것이다. 그들
이 좀 더 정교하게 시나리오를 짜는 이유는 사람들 역시 더 주의를
기울이기 때문에, 좀 더 그럴듯하게 보일 필요성이 생긴 것이다. 또
한 보이스 피싱을 하는 집단이 많아지면서 경쟁을 해야 하기 때문
에 속이는 대상을 더 확대할 필요성도 있다.

보이스 피싱을 당하지 않는 가장 좋은 방법은, 당신을 불안하게
하거나 위압적인 태도로 당신에게 뭔가를 하도록 주문하는 전화에

응대하지 말고 그냥 끊어버리는 것이다. 설령 그들이 하는 말이 사실이더라도 당장 계좌를 옮기거나 송금을 해야 할 일은 거의 없다. 또한 경찰과 검찰 역시 그런 식으로 일하지 않으며, 당신이 응대하지 않는다고 권위를 내세우며 보복을 암시하지는 않는다. 주로 젊은 사람들이 대상자가 되는 데에는, 그들이 권위에 더 쉽게 복종한다는 특성도 한몫한다. 보이스 피싱은 대부분 경찰·검찰·정부기관 그리고 금융회사 등을 이용하여 권위를 앞세운다. 이런 권위에 기죽을 필요는 없다.

위대한 심리학자 스탠리 밀그램Stanley Milgram의 전기충격 실험에서, 10명 중 6-7명의 피험자들은 유리벽 건너 전기충격 의자에 앉아 있는 사람에게 죽을 수도 있는 높은 전압의 전류를 흘려보내는 버튼을 눌렀다.(물론 전기충격 의자에 앉아 있는 사람은 연기자였으며, 버튼을 눌러도 전류는 흐르지 않았다.) 단지 가운을 입은 권위자가 명령을 내렸다는 이유로 말이다.

그런데 하얀 가운 대신에 권위가 없는, 즉 평상복 차림의 평범한 남자가 책임자로 나서자 복종 비율이 20%로 떨어졌다. 이토록 우리는 권위의 위력 앞에 다른 사람의 목숨까지도 내팽겨 칠 정도로 공감회로를 꺼버린다. 권위에 쉽게 복종하는 것 역시 집단에 소속되기 위해 진화된 본능적 행동이다. 우리는 어릴 때부터 모나게 굴지 말고 조용하게 살라고 어른들로부터 배웠다. 무조건 복종하고 지내라는 뜻이다.

내 아들이 어릴 때 두통과 구토를 해서 아내는 근처 소아과로 데리고 갔다. 모 대학병원에서 교수를 했던 의사라고 해서 더 신뢰를 하고 데려 갔지만, 관장만 하고 배탈약만 받아 왔다. 나는 당연히 뇌수막염을 의심했으므로 위장관의 문제가 아니라는 설명을 기대했다. 그런데 단순한 배탈로 보다니 내가 틀렸나 하는 생각이 들었다. 그러나 다음 날도 아이의 증상은 계속 되어, 아내는 다른 소아과로 진료를 보러 갔다. 근무를 하고 있는데 아내에게서 전화가 왔다. 또 관장한다며. 나는 아내에게 혹시 뇌수막염으로 인한 게 아닌지 물어보라고 했다. 그랬더니 의사가 화를 낸다는 것이다.

나는 무언가 잘못되었다는 생각에 그들에 대한 신뢰를 접고 가장 믿을 수 있는 소아과 의사를 생각했다. 학생 시절 교수님 한 분이 생각났다. 그는 가장 공감능력이 뛰어난 분이셨다. 그분이 일하고 계신 곳을 알아보고 바로 아이를 데리고 갔고, 아이를 보자마자 바이러스성 뇌수막염으로 진단하고 입원치료를 하였다. 이틀 만에 좋아지고 삼일 째 퇴원해서 지금까지 건강하게 잘 크고 있다.

내가 의사이기 때문에 판단에 좀 더 유리한 면도 있었지만, 아내 역시 뭔가 잘못 되었다는 본능적인 불안감을 느꼈다. 직관적인 면에서는 내가 의사라서 그렇다고 생각하지 않는다. 만약 권위에 도전을 받았다고 느낀 의사가 화를 내서 복종할 것을 암묵적으로 요구하였을 때, 우리가 그대로 따랐다면 아들을 잃어버렸을 수도 있다. 그러나 그렇게 하지 않을 수 있었던 중요한 요소 중 하나는, 나도 같은 의사였기 때문에 나를 그와 같은 동급에서 생각할 수 있었다는 것이다.

스탠리 밀그램의 실험에서 고압전류 버튼을 누르는 것에 반기를 든 사람들의 특징 중 하나가 권위자의 위치를 자신과 비슷한 위치에 두고 생각했다는 것이다. 이런 생각은 아주 중요하다. 우리는 이제 더 이상 원시 사회나 봉건적 사회에 살고 있지 않으므로 같은 인간으로서 동등한 위치에 있다는 개념을 사회적으로 발전시켰다.

아마 여러분은 그랬다가는 회사에서 쫓겨날 것이라고 생각할 것이다. 이는 사장이나 상사한테 함부로 대들라는 뜻이 아니다. 나는 오진을 하고 질문에 화를 낸 의사에게 대들지도 따지지도 않았다. 단지 그의 권위를 거부하고 합리적인 의심을 가지면서 일을 제대로 해결했을 뿐이다. 즉 권위에 자신의 존엄까지 내놓지 말라는 뜻이며, 동등한 인간으로서의 사고를 포기하지 말라는 뜻이다. 합법적이고 명시적인 권위에 존경심을 가지는 것은 사회에 반드시 필요한 자세이지만, 무조건적이고 반사적인 복종심을 가지거나 혹은 아이들에게 그렇게 가르친다면 비열한 사기꾼들에게 먹잇감으로 당하기 쉬운 사람이 될 뿐이다.

뉴올리언스 대학의 교수이자 심리학자인 폴 프릭Paul Frick에 따르면, 사이코패스가 될 가능성이 있는 반사회적 성격장애의 전조로서 행동장애를 보이는 아이들의 경우, 5세 이전에 치료를 시작하면 공감능력을 습득할 수 있다고 한다. 그러기 위해서는 공감능력을 중요하게 생각하는 사회적 분위기가 되어야 하고, 가정과 교육시설에서 공감능력을 키우도록 교육이 이루어져야 한다.

결론적으로 공동체적 생활이 회복되어야 한다. 공동체의 상호연관성은 사이코패스들이 그 사회의 규율을 어릴 때부터 습득하게 만들어 정상적인 사회구성원으로 활동하게 한다. 한 연구에서 공동체 삶을 이어가고 있는 아시아의 일부 국가에서 서구 세계에 비해 현격하게 낮은 사이코패스 유병률을 보였다. 종교적이든 철학적이든 생명의 존엄을 강조하는 문화에서 자란다면 어릴 적부터 개구리 한 마리를 죽이더라도 주위에서 생명의 가치와 존중의 마음을 가르쳤을 것이다. 비록 사이코패스라도 어린 나이일수록 그런 가치의 내면화가 쉽게 될 것이다.

그러나 우리는 현재 자본의 가치에 지나치게 비중을 두며, 비열한 기업인이나 투자자가 돈만 벌어도 우상화한다. 국가는 전쟁을 통해 혹은 전쟁을 대비하며 살인을 정당화하면서 집단 내부의 결속을 다진다. 가정에서의 형편도 그다지 호의적이지 않다. 공감의 원천인 가정에서 아이들과 눈 맞출 시간이 많아야 하는데, 다들 돈을 벌어야 한다는 강박관념 때문에 아이들과의 시간을 소홀히 하고, 대학입시를 위한 사교육이 진정한 교육의 자리를 대신하고 있다. 기회의 불평등과 결과의 불평등이 교정되어야 하는 이유이다. 공감 제로들이 우상화되는 세상일수록 극단적으로 불평등한 사회이다.

죄책감을
갖지 마라

공감제로들이 주위 사람들의 마음을 조종할 때 주로 죄책감을 이용한다. 죄책감을 유발시키는 데에는 여러 가지 방법이 있다. 가장 흔하게는 책임을 다른 사람에게 전가시키는 것이다.

"너희들 때문에 내가 힘들어 죽겠어." (일이 힘들어서 그런 것이다.)

"네가 정신 차리지 못하니까 일이 이렇게 된 거야."(나와는 상관 없는 일이다.)

"네가 안 태어났으면 우리가 이렇게 힘들지 않았을 거야."(태어 난 건 내 잘못이 아니다.)

도덕적 신념을 들먹거리기도 한다.

"가족끼리 돕는 건 당연한 것 아냐?"

"네가 그러고도 사람이냐?"

심지어 상대방의 가치를 심하게 폄하하기도 한다.

"네가 이기적인 줄 알았지만 이 정도일 줄은 정말 몰랐다."

물론 이런 말들은 누구든지 충분히 할 수 있지만 공감제로들은 상 대를 조종하기 위해 의도적으로 사용하니 주의해야 한다. 죄를 짓 거나 잘못한 일이 있을 때 죄책감을 느끼는 것은 당연하다. 그러나 아무 잘못한 게 없음에도 불구하고 누군가가 당신을 비난하면 당신 은 어떻게 느끼겠는가?

대부분은 스스로를 제법 괜찮은 사람이라고 생각하고 있는데, 누 군가의 비난을 들으면 처음에는 자신의 자질을 의심하게 된다. 내 가 친절하지 않고 무관심하며 믿을 만하지 못하다는 인상을 주는 건 아닐까? 그러면서 마치 자신이 뭔가 잘못된 것처럼 쉽게 죄책 감을 느끼고 부당함을 느끼면서도 거절을 못하게 된다. 특히 자신 에 대한 확신이 떨어질수록 이렇게 생각하는 경향이 크지만, 확고 한 확신을 가지고 있더라도 죄책감을 느끼게 하는 일은 그다지 어 려운 일은 아니다.

거절을 못하는 데에는 사회적 평판에 대한 두려움이 기저에 깔려 있다. 우리는 이기적이고 못된 사람이라는 비난을 받을까 봐 두려워하고, 상대방을 화나게 하거나 상처 줄까 봐 두려워한다. 또한 배은망덕하다는 평판이 날까 봐 두렵고 갈등이 생길까 봐 두려워한다. 결국에는 다른 사람들에게 좋은 인상을 주고 싶어 한다.

결과적으로 자신에 대한 믿음과 신념을 흔드는 일은 의외로 간단해진다. 이런 두려움을 심어 주면 죄책감에 시달리면서 원하는 대로 조종이 가능하기 때문이다. 또한 우리는 처음 가지고 있는 생각과 원칙들을 고수하려는 본성을 가지고 있으므로, 고통스런 현실을 바꾸려고 하기보다는 언젠가 좋아질 거라며 위로하며 기다리게 된다. 그러나 불행하게도 이런 자세는 당신을 조종하기를 원하는 공감제로들에게 좋은 먹잇감이 된다.

분명히 밝히지만, 당신이 인정받고 싶은 다른 사람들 중에 그들은 일부분에 지나지 않는다는 것이다. 당신의 주위에 있는 사람들 대부분은 당신이 그런 사람이 아니라는 것을 잘 알고 있으므로 자신에 대한 믿음과 신념을 의심하지 마라. 그리고 그들과 좋은 관계를 유지하겠다는 생각을 버려라. 그러기 위해서는 현실을 직시하고 우리 사회가 가진 통념을 무시해야 한다. 가령 부모나 자식과는 이렇게 지내야 한다는 통념 말이다.

그래야 객관적인 시선과 태도를 유지할 수 있다. 물론 이런 과정이 괴로울 수 있다. 그렇더라도 자신을 정당화하면서 이전 패턴으로 돌아가고 싶은 유혹을 물리쳐야 한다. 스스로 이전 패턴들에서 벗어나 변화를 주지 못하면 자신의 인생과 사랑하는 사람들을 지킬 수 없다. 여기까지 마음의 준비가 되었다면 좀 더 자세히 알아보도록 하자.

그들이 당신을 조종하려 들 때 그들이 하는 말이나 행동 그리고 뉘앙스는 침습성이 매우 강하다. 당신의 마음 깊숙한 곳에 쉽게 다다른다는 뜻이다. 다음의 대화를 한번 보자.

"선생님이 가족들에게 제 상태를 아주 나쁘게 설명했다고 들었어요. 제가 물론 소란을 조금 피우기는 했지만 그 정도는 아니잖아요. 선생님을 좋게 보고 제가 깍듯이 대했는데 제가 잘못 본 것 같네요."

"그렇게 생각하셨다면 어쩔 수 없네요. 저는 치료자로서 보호자에게 정확한 설명을 해줄 필요가 있어요. 그리고 나쁘게 말한 게 아니라 있는 그대로 말한 겁니다. 저는 당신의 대변자가 아니잖아요."

"역시 찔러도 피 한 방울 안 나올 사람이네요."

"유감스럽지만 좋을 대로 생각하세요."

"제가 여기서 뭘 했는지 알면 그렇게 말씀 못 하십니다. 제가 아침마다 일어나서 방 청소하고 복도 청소를 했다는 걸 알고 계세요?"

"정말 애쓰셨네요. 그렇지만 앞으로 그러지 마세요. 우린 아무도 당신이 그러기를 원하지 않습니다. 청소는 병원에서 알아서 할 일이니까요."

대화에서 공감제로가 내 마음을 조종하기 위해 나를 비하하고 인

신공격을 서슴지 않으면서 죄책감과 분노를 유발하려고 애를 쓴다. 여기서 화를 내거나 수치심을 느껴 그에게 잘 보이기 위해 벌게진 얼굴로 애를 쓴다면 조종당한 것이다. 여러분은 그의 말이 내 마음에 상처 주지 못하도록 마음 주위에 테두리를 치는 것을 느낄 수 있을 것이다. 물론 의사로서 환자를 대하는 정상적인 반응은 아니다. 그가 집요하게 상대방을 조종하려 들기 때문에 방어를 위한 전략이다. 그의 말에 감정적으로 휘말리지 않기 위해서는 그의 생각과 나의 생각을 분리하는 것이 중요하다. 생각이 섞이는 순간부터 그의 의도대로 이끌리기 쉽기 때문이다. 다른 대화도 살펴보자.

"이번 주 토요일에 뭐해?"

"왜?"

"별일 없으면 춘천으로 놀러 안 갈래?"

"이번 주는 당직도 많고 해서 피곤하니까 그냥 쉴 거야."

"그러지 말고, 내가 이번에 새로 사귄 여자 데리고 올 테니까 너도 혹시 애인 있으면 데리고 와. 없으면 내가 한 명 더 데리고 나갈게. 그리고 밥도 내가 산다니깐?"

"음. 저번에도 그래놓고 내가 밥 사지 않았나? 나는 애인도 없고 피곤하니까 혼자 잘 다녀와."

"와, 그걸 기억하고 있냐? 생각보다 쪼잔한 구석이 있네."

"내가 그런 줄 몰랐어? 그러니 둘이 잘 갔다 와."

"내가 너한테 해준 게 얼만데, 정말 이러기야?"

"그건 네 생각이고."

"알았어. 정말 섭섭하네. 얘네 친구들 다 예쁜데. 네가 좋은 기
회 놓치는 줄 알아."
"관심 없어. 끊어."

나중에 알게 된 사실이지만 지금 이 친구는 음주운전이 적발되어
운전면허가 정지된 상태이다. 그는 내가 필요한 게 아니라 차를 운
전해 줄 사람이 필요했던 것이다. 자신의 의도대로 나를 움직이기
위해 선심을 쓰는 척하며 내가 이기적이고 배은망덕한 사람이라는
생각이 들도록 조종하고 있다.

만약 나를 조종하려는 의도가 없는 사람이라면 나의 반응은 당연
히 이와는 다르다. 하지만 그는 늘 누군가를 자신의 의도대로 조종
하려는 의도를 가지고 있었으므로 항상 마음의 대비를 하고 있었
다. 여기서도 그의 생각과 의도가 내 마음 속에 침투하지 못하도록
생각을 철저히 분리하는 것을 알 수 있다. 그러면서 나의 주장을 굽
히지 않고 반복적으로 말하는 것이 중요하다.

나를 자신의 의도대로 이끌려는 많은 공감제로들은 거짓말을 밥
먹듯이 하기 때문에 간혹 기록으로 남기거나 음성녹음을 해도 괜찮
겠냐고 묻는데, 그러면 반드시 돌아오는 질문이 있다.

"저를 못 믿으세요?"

이때 보통은 가슴이 뜨끔하면서 "당연히 믿죠"라고 서둘러 대답
하기 마련이다. 자신이 의심이 많고 믿음이 부족한 사람이라는 인
상을 주고 싶지 않기 때문이다. 그러나 이렇게 대답하는 순간부터
그의 의도에 휘말리게 된다. 이럴 땐 이렇게 말해 보자.

"못 믿어서 그런 게 아닙니다. 더 확실하게 해두려고 그러는 겁니다. 이전처럼 우리가 무슨 약속을 했었는지 논쟁하는 일은 없어야 할 것 같아서요."

"글쎄. 지금까지 너의 행동은 그다지 믿을 만하지 않았다고 생각하거든. 믿음은 행동을 보고 생기지 말로 생기게 할 순 없잖아? 그건 너도 마찬가지 아냐?"

앞서 소개한 B의 어머니는 자신의 아들과 딸들에게 수십 년 동안 자신의 희생을 과장하면서 죄책감을 심어 놓았다. 그래서 어머니가 전화 한 통으로 섭섭한 소리만 하면 모두 죄책감에 어쩔 줄을 몰라 한다. 실컷 불만을 토로해 놓고는 나는 괜찮으니까 신경 쓰지 마라며 상대를 안절부절 못하게 만든다.

이렇게 상반된 메시지나 감정을 동시에 전달하는 것을 양가감정 ambivalence이라고 부르는데, 상대방을 불안하게 만들고 의도대로 움직이게 하는 데 매우 효과적이다. 가령 양가감정을 불러일으키는 부모는 자식들에게 어른스럽게 행동하지 못하고 스스로 알아서 하는 게 없다며 다그치면서, 어딜 가더라도 행선지를 보고하듯이 말하기를 종용하거나 어디 있는지 전화로 수시로 확인한다.

B의 누나 역시 항상 죄책감을 불러 일으키는 어머니의 이런 모습 때문에 힘들어 했지만, 문제점을 잘 인식할 정도로 객관적인 시선을 유지하고 있다. 그래서 자기감정을 보호하기 위해 생각을 분리하고 마음에 울타리를 치는 방법을 스스로 터득하게 되었다.

한번은 며느리가 원하지도 않은 음식을 힘들게 해놓고는, 별로 좋아하지 않는다며 자신의 성의를 무시한 것에 대해 험담을 하며 편견을 심어 주려고 하였다. 새벽부터 일어나서 어떻게 준비를 했는데 그 정성을 몰라 주냐면서 말이다. 어머니가 원하는 것은 갈등을 통해 가족들이 자신의 편에 서면서 자신을 중심에 놓도록 하는 것이다. 딸이 자기 대신 며느리와 싸우도록 부추김은 말할 것도 없다. 그러나 딸은 원하는 대로 반응하지 않기로 했다.

"올케가 해달라고 한 적 없잖아. 그리고 자기 좋아하는 음식을 해놓고는 다른 사람한테 왜 안 좋아하냐고 그러면 너무 불공평한 거 아냐?"

"너는 딸이 돼서 엄마한테 그게 할 소리니?"

"충분히 할 수 있는 말 같은데? 부당한 것까지 억지로 맞춰 주는 건 아니라고 봐."

"너도 나처럼 당해 봐야 정신 차리지. 걔는 내가 뭘 해 줘도 좋아해 본 적이 없어."

"마치 싫어해 주길 바라면서 마련한 것처럼 말하네. 정말 그런 거야?"

"(차가운 목소리로) 정말 못하는 말이 없네. 넌 항상 이런 식이야."

"그냥 나는 서로 합리적으로 생각하고 잘 지냈으면 하는 마음이야. 엄마 마음에 안 들지는 모르겠지만 이런 모습이 나야. 그리고 올케에게 불만이 있으면 직접 말하면 되잖아. 혹시라도 만나면 엄마가 할 말이 있는 것 같은데 연락해 보라고 할까?"

"됐어. 못 들은 걸로 해. 너한테 전화한 내가 바보지."

딸은 만약에 이런 말들을 공격적이거나 화를 내면서 말했다면 사회적 통념을 동원하면서 버릇이 없다며 역공격을 당한다는 것을 잘 알고 있다. 그래서 현명하게도 최대한 감정을 억제하며 부드러운 말투를 잃지 않았다. 딸이 이렇게 당당하게 대응할 수 있었던 것은 관계가 틀어지는 것에 대한 두려움을 이겨냈기 때문이다.

그러나 어머니의 조종은 여기서 끝나지 않았다. 머리가 아프다며 자리에 드러누웠고 수시로 우울하다며 눈물을 흘렸다. 그리고 B가 걱정이 되서 오면 은근슬쩍 며느리와 딸이 자신을 이 지경으로 만들었음을 암시한다. 그러면 B는 누나들에게 전화를 해서 어머니의 상태를 과대포장해서 불안하게 만들고, 대화의 주인공인 둘째 누나에게는 어떻게 그럴 수 있냐며 따진다.

비정상적인 애착을 형성하고 있는 아들과 어머니는 거의 한 몸이나 마찬가지다. 여기서 아들은 어머니의 대변자 역할을 하면서 감정을 증폭시키고 갈등을 불러 일으키는 역할을 한다. 그래서 어머니는 일이 원하는 대로 흘러가지 않으면 아들을 이용한다. 특히 신체적인 문제를 만들어 내거나 과장하는 것은 죄책감을 불러 일으키는 아주 효과적인 방법이다. 혹시라도 지병이 있다면 응급실로 실려 가는 것은 너 때문이라고 책임을 전가하기 안성맞춤이다.

B는 둘째 누나에게 이럴 줄 알았다며 면박을 주었다. 딸은 여전히 밀려오는 죄책감에 힘들어 했지만 여기서 인정을 해버리면 또다시 과거의 패턴이 반복될 것이라고 생각했다.

"그럴 줄 알았다면 미리 말을 해 주지 그랬어? 그리고 그럴 줄 알았다는 걸 보면 엄마가 늘 이런 식이었다는 걸 알고 있다는 말이네."

"무슨 말이야. 누나가 엄마한테 대들지만 않았어도 엄마가 저렇게 되지는 않았을 것 아냐. 엄마 병이라도 도지면 누나가 책임질 거야?"

"나도 엄마가 아픈 건 싫어. 지금 힘들어 하시는 것도 마음 아프고. 문제는 내가 대든 적이 없다는 거야. 그냥 엄마가 나한테 다른 사람을 흉보는 게 싫어. 특히 가족을 말이야. 그래서 그러지 말아 달라고 부탁한 게 다야. 그리고 나랑 대화한 것과 엄마 병이 도지는 것은 전혀 별개의 문제가 아닌가? 병이 있으면 더 안 좋아질 수도 있는 거지. 그래서 병원이 있는 거고. 그러니 너까지 나한테 죄책 감 주려고 애쓰지 말았으면 좋겠어. 자식으로 태어난 게 죄지은 건 아니잖아. 자식을 낳았으면 키우기 위해 애쓰는 건 당연한 거고. 너나 나나 자식들을 키우는 게 나중에 인정받으려고 키우는 건 아니잖아. 물론 우리 부모님이 우리를 키우느라 고생하지 않았다는 건 아냐. 하지만 그걸 우리한테 강요하면서 죄책감 느끼게 하는 건 부당한 일이야. 우리는 죄지은 게 없어."

맞다. 당신은 죄지은 게 없다. 그러니 이유 없는 죄책감을 느낄 필요가 없다.

흔들리지 않는 태도와 집단의 힘

이제 조금 민감한 주제에 대해 이야기해 보자. 진료를 하거나 주위 사람들에게 조언을 할 때, 많은 사람들이 그들에게서 멀어지거나 거리를 두라는 말에 죄책감을 느끼거나 도덕적 의문을 종종 제기하기도 한다. 그리고 그런 사람들을 올바른 길로 이끌기 위해서 뭔가를 해야 되지 않느냐고 반문한다. 혹시 당신도 그런 생각이 들었는가? 그렇다면 역시 공감능력이 뛰어난 양심적이며 착한 사람들이 압도적으로 많은 것이 확실하다.

하나씩 짚어 보자. 우선 멀어지라는 말은 물리적 거리를 말하기도 하지만 심리적인 거리를 뜻하기도 한다. 정말 멀리 떠나거나 법적으로 물리적 거리를 확보하는 것 말고는 다른 방도가 없는 경우가 많다. 그러나 부모 자식 간의 문제라면 다들 도덕적인 딜레마를 느낄 수밖에 없다. 어떻게 부모나 자식을 쉽게 버리겠는가.

결국에는 개인의 선택 문제이다. 누군가는 사회의 비난을 감수하고라도 가족에게서 멀어지는 선택을 한다. 주위를 둘러보면 이런 사람들이 꽤 있는데, 이들이 이기적이라서 그런 선택을 하는 것이 아니다. 그들도 자신의 가정을 지키기 위해서 혹은 심리적 동요를 견디기 힘들어 극단적인 선택을 할까 봐 그런 선택을 한다. 또한 자신이 짐을 짊어지고 계속 살아갈 수밖에 없다고 생각하고, 그들이 변화하기를 고대하면서 참고 살아가는 사람들도 많다. 이들 대부분은 물리적 거리는 가깝게 유지하지만 심리적인 거리는 거의 태평양만큼 멀리하고 있다. 가족모임은 유지하지만 만나도 거의 말이 없거나 형식적인 말만 주고받는다.

영화로도 만들어진 라이오넬 슈라이버Lionel Shriver의 소설 《케빈에 대하여we need to talk about kevin》는 이런 면에서 많은 시사점을 안겨 준다. 소설이나 영화를 접하지 않았더라도, 단순히 소설의 내용만으로 이야기하는 것이 아니라 개인적인 경험들 중에 공통적인 것들을 녹여낸 후 소설을 빌려 이야기하기 때문에 쉽게 이해할 수 있다.

주인공 에바는 자유로운 삶은 사는 여행가이다. 그러나 프랭클린과 사랑에 빠지고 원치 않는 임신을 하게 되면서 아들인 케빈을 낳게 된다. 엄마가 된 에바는 자신의 아들에게 도무지 사랑하는 감정이 생기지 않는 것에 불안해한다. 모성애가 우리 본능이라면 엄마가 되면 자식을 사랑하는 감정이 당연히 생기는 것 아니었던가? 그럼에도 불구하고 그녀는 자신이 할 수 있는 한에서 아들에게 최선을 다했다. 아니 다했다고 생각하고 있었다.

그러나 케빈은 마치 복수라도 하듯이 그녀에게 애정의 감정을 조금도 보여 주지 않고 엄마와 주변 사람들에게 고통을 주는 것을 즐긴다. 지나가는 차에 벽돌을 던지는 행위를 시작으로 여동생의 눈에 세척제를 부어 한쪽 눈을 실명시켜 버리고, 자신을 성추행했다는 거짓 증언으로 여교사를 파국으로 몬다. 에바는 그런 케빈을 '정상'으로 되돌려 놓기 위해 치료와 상담을 받고 케빈과 대화하려고 애를 쓴다. 그러나 결국 학살자가 되어 버린다. 16세 생일을 며칠 앞두고, 석궁으로 자신의 아버지와 여동생을 살해한 뒤 학교 체육관의 문을 잠그고 친구들과 교사를 하나 둘 처형하듯이 아홉 명을 죽인다.

이 작품은 케빈과 같은 치명적인 문제가 없더라도 과연 자신의 자식에게 무조건적인 모성애를 갖는 것이 의심의 여지가 없이 당연한 사실인가라는 도발적인 문제를 제기한다. 가족에 대한 가장 원초적인 금기를 건드린 만큼 작품이 발표될 당시 수많은 논쟁을 낳았다. 하지만 놀랍게도 이와 유사한 고통을 겪고 있는 부모들의 고백이 이어지면서 단지 소설에서나 나오는 극단적인 상황이 아님이 입증되었다. 현실 속의 그들은 사회적 편견을 그대로 받아들이면서 자식을 애정으로 키우지 못한 자신을 탓하거나 비난받을 두려움에 가족사를 덮어 두려고만 했었다. 나 역시 주치의란 이유로 가족들에게 전화를 했을 때 다음과 같은 말을 수없이 들어야 했다.

"그 녀석은 이제 내 자식 아니오. 다시는 연락하지 마시오."

"그 이름 두 번 다시 듣고 싶지 않습니다. 이제 저하고는 아무 상관도 없는 사람이니 무슨 일이 생기더라도 저한테 연락하지 마십시오."

여전히 사회는 우리 모두에게 가족으로서의 의무감을 부여하고, 우리는 이런 의무감을 당연한 것으로 여기며 살아야한다고 생각한다. 그러나 만약 당신의 자식이 혹은 부모가 케빈과 같은 사람이라면 당신은 어떤 선택을 하겠는가? 또한 위와 같은 선택을 한 사람들을 무턱대고 비난할 수 있을까?

앞뒤 상황을 모르고 저런 말을 들으면 그들이 지나치게 이기적이거나 매몰차다는 생각을 하게 된다. 누군가는 심지어 어떻게 이럴 수가 있냐며 분노할 수도 있다. 처음엔 나도 그랬으니까. 그런데 우리는 감정에 휩싸이면 본질을 놓치는 경우가 허다하다. 분명한 건 내가 대신 전화를 걸어 주는 사람들은 대부분 이기적이고 비열한 사람이다. 이에 대해 매몰찰 정도로 거절하는 사람들은 대부분 공감능력이 살아 있는 '정상적인' 사람들이다. 그들의 이야기를 객관적인 입장에서 들어 보면 오죽했으면 저런 선택을 했을까하는 생각을 하게 된다. 자신이 죄책감의 짐을 지고 사회적 비난까지 감수하며 이런 선택을 하는 데에는 지켜야할 더 중요한 것이 있기 때문이다.

이 소설로 야기된 또 다른 논쟁은 바로 책임에 관한 것이다. 케빈이 저지른 끔찍한 사건에 대한 책임이 부모에게 있는지 아니면 케빈에게 있는지에 대한 것이었다. 그러나 우리는 앞에서 보았듯이 어느 입장을 일방적으로 취할 수 없다는 것을 알 수 있다. 소설에서도 어느 한 가지 입장이 일방적인 것이 아니라 서로 상호작용했다는 것을 알 수 있다. 그러므로 우리가 학자가 아닌 이상 이런 고민은 사태 해결에 크게 도움이 되지 않는다. 〈반지의 제왕〉에서 간달프가 프로도에게 말했듯이, 이제부터 뭘 할 것인가가 중요한 것이다.

에바는 비록 이혼했지만 전 남편과 사랑스런 딸을 케빈이 살해했음에도 그의 곁을 떠나지 못한다. 도대체 왜 이런 일이 자신과 아들에게 일어났는지 궁금해 하면서 말이다. 물론 엄청난 살인을 저지른 아들인데도 곁을 지킨다는 게 조금은 비정상적으로 보이지만, 사실 가까운 가족이 이런 문제를 가졌을 때 대부분은 매몰차게 관계를 끊기보다는 이렇게 반응한다. 그렇다면 이들을 위해 해 줄 수 있는 조언은 없을까? 다시 소설 속으로 들어가 보자.

대학살 이후, 에바는 2년 동안 홀로 고통과 번민과 싸우면서 얻은 결론 중에 확실한 것 한 가지는, 한 순간도 케빈을 진심으로 사랑하지 않았다는 것이다. 어린 시절 케빈이 지적한대로 그냥 익숙해

겼을 뿐이었다. 이제 교도소로 아들을 면회 간 에바는 왜 그랬는지 질문을 던진다. 그런데 케빈도 이제 무언가 변했다. 바늘로 찔러도 피 한 방울 흘리지 않을 악마 같은 녀석이 마치 불안하고 두려움에 찬 청소년의 모습을 보이는 것이다. "난 내가 알고 있다고 생각했어. 그런데 이젠 나도 잘 모르겠어"라며 처음으로 엄마의 손을 뿌리치지 않는다. 그러고는 서로를 얼싸안는다. 마치 성장이 멈춘 두 사람이 시련과 고통을 계기로 더 성숙해져 재회하듯이.

하지만 우리는 왜 케빈이 변하게 되었는지 더 심도 있게 살펴봐야 한다. 혹시라도 교도소에서 형을 살면서 반성을 했다고 생각한다면 아직 그들로부터 '벗어날' 준비가 덜 된 것이다. 그걸 이해하려면 왜 대학살을 저질렀나를 먼저 이해해야 한다.

케빈은 의미 없이 단순히 재미삼아 무엇인가를 저지른 것이 아니었다. 물론 항상 그런 것은 아니었지만, 엄마에게 무언가 보여 주기를 원했고 엄마가 고통받는 것을 즐겼다. 그 모습이 자신을 거절한 엄마에 대한 복수로 보일 수 있지만, 이유야 어쨌든 결국에는 시종일관 엄마와 게임을 한 것이다.

사이코패스를 비롯한 공감제로들은 그들 대부분의 삶이 곧 게임이다. 공감을 못하면 희생적인 자세나 무조건적인 협력이 어렵다. 이익이 분명할 때에만 협력을 하기 때문이다. 그래서 그들은 그들이 무엇을 얻을 것인가에 주로 집중하는 경향을 보인다. 그렇다면 케빈은 뭘 얻기 위해 게임을 했을까? 성인이라면 주로 금전적이거나 성적인 이익에 집중하겠지만 케빈은 아직 어리다. 그래서 엄마가 곤란해 하고 옴짝달싹 못하는 모습에서 이겼다는 쾌감을 느끼고 심리적인 이익을 취했다.

그러나 쾌감은 쉽게 중독이 된다. 이 말은 같은 자극으로는 더 이상 쾌감을 느낄 수 없는 시점이 온다는 것이다. 엄마와의 게임이 의미 없어졌다는 것을 깨달은 순간에 엄마와의 게임의 종지부를 찍으려 살인을 저질렀는지도 모른다. 체포되는 순간에도 마치 내가 이런 사람이란 듯 걸어 나오며, 충격받은 엄마의 얼굴과 사람들의 분노와 오열에 찬 시선을 즐긴다. 케빈은 영악하게도 16세 생일을 며칠 앞두고, 형량이 비교적 관대한 만 15세에 일을 저지르기로 하고 몇 달에 걸쳐 화살과 자물쇠를 모은다. 또한 미리 우울증 치료제를 복용하여 자신이 정신적 문제가 있다는 근거로 삼아 형량을 줄이는 방법으로 이용한다.

마지막에 서로 안는 장면을 보면 어느 평론가의 말처럼, 대부분은 서로가 마침내 긴 터널을 빠져 나와 서로에 대해 제대로 된 이해와 교감을 나누기 시작하는 장면이라고 쉽사리 생각할 것이다. 하지만 나는 그렇게 생각하지 않는다. 빡빡 깎은 머리에 상처 나고 초췌한 그의 얼굴은 최소한 그곳에서 그의 게임이 통하지 않고 있다는 것을 보여 준다.

게다가 더 무섭고 폭력이 난무하며 자신이 게임을 벌이기에는 벅찬 성인 교도소로의 이감을 앞두고, 그곳에서 당하게 될 자신의 고통을 예견하며 두려워한다. 그의 게임이 막다른 골목에 다다른 것이다. 이 지점이 중요하다. 많은 공감제로들은 게임의 여지가 남아 있는 한 상대방을 끊임없이 괴롭히거나 착취한다. 그러나 게임의 여지가 없어지는 상황이 되면 태도를 바꾸고 동정을 구한다.

"죄송해요. 그때는 제가 제 정신이 아니었던 것 같아요. 한 번만 더 기회를 주시면 그런 일이 없도록 하겠습니다." 이런 식으로 말이다.

시간이 지나 교도소를 나오더라도 케빈의 행동의 패턴은 크게 달라지지 않을 가능성이 높다. 그러나 외견상으로는 분명히 달라졌을 것이다. 아무리 쾌감이 크더라도 극단적인 행동에는 자신이 가진 많은 것들을 희생하게 되고, 또한 소속된 집단에서 외면받는다는 것이 고통스럽다는 것을 인식하게 될 것이고 더 이상 게임을 할 수 없는 상황이 그에게는 최악의 상황이라는 것을 알게 되기 때문이다. 그래서 사회의 도덕적인 가치를 조금 더 받아들이게 되면서, 행동을 조금 더 조심하거나 최악의 경우에는 다른 사람들의 눈에 띄지 않게 사이코패스적 행동을 하게 될 것이다. 공감회로가 죽어 있는 그들에게는 우리가 생각하는 반성은 거리가 멀다. 운이 좋다면 그들은 그렇게 조금씩 배워 나간다.

에바는 케빈에게 처음으로 사랑을 느꼈다. 하지만 분명한 것은 여전히 모성애적 사랑이 아니다. 이것은 어디까지나 한 인간에 대한 사랑이다. 케빈은 앞으로 있을 자신의 고통을 두려워하면서 엄마의 위로라도 받고 싶다고 여겼을 수도 있다. 에바는 여기에 호응했을 뿐이다. 공감제로들의 곁을 지키는 많은 가족들 역시 그들에게 사랑이라는 감정 때문에 있는 것이 아니다. 내 앞에서 눈물을 흘린 많은 사람들은, 그들 때문에 보낸 힘든 나날들이 슬프고 자신이 짊어진 짐이 무거운 까닭에 눈물을 흘린 것이다.

하지만 가족들이나 주위 사람들이 그들의 게임에 말려들지 않고 굳건히 버틸 때 태도를 조금씩 바꾸게 된다. 그들의 이간질에 다른 사람에 대한 믿음을 버리지 않고, 속임수를 빨리 눈치 채서 의연하게 대처하며, 그들이 고함을 지르고 협박을 하더라도 겁먹지 않고 흔들리지 않는 감정을 유지한다면, 그들도 게임이 먹히지 않고 이익을 취하기 힘들다는 것을 알게 된다. 즉, 중립적인 태도와 마음의 평정을 유지해야 그들의 게임에 휘말리지 않게 된다.

그리고 그들을 압박해야 될 필요가 있을 때는 혼자하기보다는 집단의 힘을 빌리는 것이 더 효과적이다. 앞에서 보았듯이, 우리는 집단 속에서 진화해 왔으므로 집단에 속하려는 자연스러운 본능을 가지고 있다. 그래서 우리는 누구나 집단에 소속되기를 바라고 집단에서 배제되는 것을 두려워한다. 이들도 마찬가지로 집단에서 배제되는 것을 두려워하고 집단의 압력을 가장 두려워한다.

나는 공감제로가 병동의 치료환경을 해치고 있어서 자신의 문제를 인식하게 만들고 싶을 때는 집단의 힘을 자주 빌린다. 개인적인 면담에서도 병동의 다른 환우들과 치료진들이 모두 너의 행동 때문에 힘들어 하고 싫어한다고 말해 준다. 그리고 집단치료 시간에 반드시 참여를 시켜 실제로 다른 환우나 치료진들에게 힘들었던 점을 말하게 해서 직접 듣게 한다.

그러나 대부분은 그런 말이 나올 것이란 것을 알기 때문에 참석하지 않는다. 그럴 때는 집단치료가 끝난 후에라도 찾아가서 치료 기록지를 보여 주며 이런 말들이 나왔는데 어떻게 생각하는지 묻는다. 그러면 보통 두 가지 선택 중에 하나를 택한다. 퇴원해서 다른 먹잇감을 찾으러 가든지 아니면 조금 더 조심을 하던지.

그들로부터 나의 평화를 지키는 일은 정말 쉽지 않은 일이다. 그러나 그들을 정확하게 파악하고 나의 약점과 강점을 잘 알고 있으면 충분히 대처할 수 있음은 자명한 일이다. 앞에서 보았듯이 공감 제로들은 시간이 지나면서 그들의 정체를 계속 드러낼 수밖에 없다. 그러므로 더 이상 그들이 쉽게 착취할 곳이 없다면 태도를 고치고 세상에 동화되는 전략을 택한다. 그들은 절대 세상의 주인이 될 수 없기 때문이다. 아무쪼록 우리 공감능력자들이 세상의 주인임을 잊지 말자.

데이트 폭력을 피하는 방법

가장 좋은 방법은 역시 공감능력이 떨어지는 사람을 알아보고 피하는 것이다. 그러나 공감제로들은 자신을 포장하는 데에도 뛰어나기 때문에 많은 사람들이 사귀고 난 뒤에 그들의 폭력성을 경험한다. 그렇다면 폭력이 나오기 전에 그 전조를 알아보는 방법은 없을까?

가장 중요한 전조현상은 통제이다. 일반적으로 데이트 폭력은 사귀자마자 시작되지 않는다. 그 전에 상대방을 심하게 의심하면서 휴대폰을 검색하거나 누구와 있는지 지속적으로 확인하려는 행동을 한다. 심하게는 피해망상 수준의 의심을 보이면서 행동 하나하나를 통제하려고 든다. 또 다른 전조현상으로는 자신의 신상에 대해 거짓말을 늘어놓는 것이다. 자신의 학력이나 배경, 재산 상태 등에 대해 거짓말을 했다면 폭력이 나올 가능성이 매우 높다.

첫 번째 폭력은 아주 중요한 의미를 가지고 있다. 대부분의 피해자들은 첫 번째 폭력이 나왔을 때 이를 실수라고 여긴다. 그리고 가해자가 용서를 바라면서 빌거나 동정연극을 보이면 쉽사리 용서하고 만남을 지속한다. 그러나 한 번의 폭력은 실수가 아니라 첫 번째 폭력이 될 가능성이 아주 높다. 만약 전조현상을 보일 때 관계를 끊지 못했다면 첫 번째 폭력이 발생했을 때 이별하는 것이 현명하다.

폭력이 실수로 인하여 한 번으로 끝날지 지속될지는 시간이 지나봐야 알 수 있다. 그렇다면 한 번 폭력이 있으면 재차 폭력이 생긴다고 가정했을 때, 모든 데이트 폭력을 피할 수 있다. 그러나 이런 가정을 하지 않더라도 한 번 폭력이 시작되면 반복될 가능성이 매우 높다는 것이 대부분 전문가들의 의견이다. 앞으로의 행동을 예상할 때 상대방의 말보다는 지금까지의 행동이 더 훌륭한 예측도구라는 것이다.

데이트 폭력이 반복될수록 가해자와 헤어지는 것이 쉽지 않다. 가장 중요한 요소는 시간이다. 만난 시간이 짧을수록 헤어지기가 수월하다. 전조현상이 보이거나 첫 번째 폭력이 있을 때 헤어지지 못한다면 집착의 강도는 더 세질 수 있다. 협박의 수준도 더 높아진다. 협박에 사용하는 가장 많은 도구는 성 관계 동영상이나 사진이다. 이것들을 유포하겠다고 협박하면 대부분 앞으로 받게 될 수치심을 걱정하게 되어 헤어지지 못하게 된다. 그러므로 성 관계나 성적인 것을 암시하는 행동에 대한 동영상과 사진 촬영은 단호히 거부하라. 만약 촬영을 지속적으로 요구한다면 앞으로 폭력이 나올 가능성이 높으며, 폭력을 행사하지 않더라도 헤어질 때 보복의 수단으로 사용할 가능성이 높으므로 만남을 재고하는 것이 좋다.

혹시라도 자신과 가족들에 대한 살해 협박이 있거나 자해를 한다고 해서 두렵다고 만나서는 안 된다. 더 힘든 미래가 기다리고 있기 때문이다. 그들은 어떤 협박이든 먹힌다고 생각되면 항상 그 이상의 협박을 사용한다. 그러므로 그 순간을 넘긴다고 해서 앞으로 협박이 사라지지 않는다는 것을 유념하라. 공감제로들에게 당신은 사랑의 대상이 아니라 자신의 욕구를 채우고 착취하는 게임의 대상일 뿐이다. 가급적 협박의 내용을 녹취하거나 캡처를 하는 것이 좋으며, 외부기관에 도움을 요청하도록 하라. 필요하다면 접근금지를 포함한 법적인 보호를 받도록 해야 섣불리 게임을 벌이지 못한다.

가장 중요한 것은 폭력이나 가학적 통제는 사랑이라는 범주 안에 절대 포함될 수 없다는 사실을 당신이 인식하는 것이다. 또한 우리 사회가 폭력에 대해서는 더 단호하게 대처할 수 있도록 관계법령을 만들고 제도를 정비하도록 지속적으로 요구해야 한다.

주위의 사랑하는 사람들을 통해서
믿음을 회복하고 서로 공감하라.
그게 우리가 살아가는 이유다

괴물과 싸우는 자는 스스로 괴물이 되지 않도록 주의해야 한다.
오랫동안 악의 심연을 들여다보면 심연도 너를 들여다본다.

프리드리히 니체

사이코패스나 사기꾼들이 좋아하는 세상은 과연 어떤 세상일까? 말 그대로 사기 치기 쉬운 세상, 즉 상대방을 속이기 쉽고 규칙이나 규율이 잘 적용되지 않아 처벌도 잘 되지 않는 세상이 아닌가 싶다. 누군가를 속이기 쉽다는 것은 그 사회나 개인이 탐욕과 공포에 지배당하고 있다는 뜻이다. 탐욕과 공포는 어떨 때 극대화될까?

바로 미래가 불투명하고 불확실성이 큰 사회일수록 그 사회의 구성원은 탐욕과 공포로 점철되어 있다. 자신의 미래에 대해 불안하게 생각할수록 앞으로 어떻게 될지 모른다는 공포가 엄습해 오면서 어떻게 해서든 많은 돈을 확보하거나 돈이 많은 배우자를 만나기 위해 애쓰게 된다. 이런 탐욕은 시야를 좁게 만들어 사람을 보더라도 다양한 측면을 못 보게 한다. 누가 더 큰 이익을 준다고 속삭이면 거기에 쉽게 유혹당하고, 돈이 많은 것처럼 속이더라도 겉모습만 보고 쉽게 믿어 버린다. 또한 불안을 가진 사람들은 거짓으로 협박을 하더라도 쉽게 공포에 질려 버린다.

설령 공감능력이 잘 유지되어 있더라도 양극화가 심화되고 불확실성이 큰 사회라면 자의든 타의든 공감능력을 저하시킬 수 있다. 먹고사는 문제가 위협을 받게 될 때 누구라도 양심보다는 한 푼이라도 더 확보하는 전략을 택할 수 있기 때문이다. 기회가 있을 때 가급적 많은 돈을 확보해야 하므로 더 쉽게 양심을 팽개치고 사기를 치는 사람들과 누군가를 이용하려고 작정하는 사람들이 많아지게 된다. 사회가 조금씩 사이코패스화 되는 것이다.

규칙이나 규율이 잘 적용되지 않는다는 뜻은 부정부패와 불평등이 심하다는 뜻이다. 이런 사회에서는 돈 있고 힘 있는 사람들은 잘못을 저지르더라도 쉽게 용서를 받고, 그렇지 못한 사람들만 피해를 본다. 그렇다면 당신은 우리 사회가 이런 상태와 거리가 멀다고 단언할 수 있겠는가? 결코 그렇게 말하지는 못할 것이다. 우리 사회는 불평등과 양극화가 점점 커지고 있음을 절대 부정하지 못할 것이다.

앞에서 보았듯이 우리 사회의 사기 피해는 해마다 급증하고 있다. 공감제로들이 설치기 좋은 사회가 되어가고 있다는 뜻이다. 나는 이전에 나온 책 《갑질사회》를 통해 우리 사회가 어떻게 불평등이 커지고 있는지 진단하고 무엇을 하면 좋을지 밝힌 바 있다. 그러나 우리가 할 수 있는 선택은 매우 제한적이라 앞으로 양극화되면서 경제적으로 어려운 시기로 빠져드는 것은 어쩔 수 없는 일인 것 같다. 물론 내가 틀렸기를 바라지만 곳곳에 드러나는 근거들은 암울하기 그지없다.

내가 이 책을 펴는 목적은 여기에 있다. 이제 각자도생各自圖生의 시기가 도래할 가능성이 높아지면서(이미 도래했을 수도 있다) 스스로를 지키는 힘이 중요해졌다. 그중에서도 나를 이용하거나 갈취하려는 사람들로부터 지켜내는 것은 스스로를 지키는 방법 중 일부분이기는 하지만 가장 기본이 되는 일이다. 나는 이 책이 여러분들에게 그런 힘을 기르는데 도움 주기를 기대한다. 또한 여러분들에게 공감능력을 유지하고 양심을 가지는 것이 개인에게 있어서든 사회에 있어서든 얼마나 중요한 것인지 알려 주고 싶었다.

그러나 앞의 니체의 말처럼 괴물과 싸우다가 스스로 괴물이 되지 말았으면 한다. 사이코패스를 연구하는 사람들이 자주 호소하는 것은, 그들과 자주 인터뷰를 하고 만나다 보면 스스로 공감능력이 줄어드는 것 같아 괴롭다는 것이다. 나 자신도 이런 것들을 자주 경험한다. 입원한 환자들 중에는 공감제로들이 심심치 않게 있다. 이들을 상대하기 위해서는 나 자신이 공감능력을 접어야 할 때가 많다. 그래야 그들에게 상처받지 않고 실망하지 않기 때문이다. 그러나 이런 일이 반복되다 보면 나 스스로가 괴물이 되지 않을까 두려울 때가 있다.

그럴 때 나 자신을 회복하고 감정을 다시 충만하게 만들어 주는 사람들은 바로 내가 사랑하는 사람들이다. 나는 내 주위의 사랑하는 사람들을 통해서 믿음을 회복하고 서로 공감하며 행복을 느낀다. 이게 우리가 살아가는 이유라고 생각한다. 그러므로 공감제로들을 경계하고 피한다는 것은, 피하는 그 자체가 목적이 아니라 내가 가진 사랑과 행복을 지키기 위한 수단이다. 여러분들이 항상 바라봐야 할 곳은 여러분들이 사랑하는 사람들이지 공감제로들이 아니다.

그러나 그들이 다가올 때 울리는 경보기가 없는 한 경계를 게을리 할 수는 없다. 각자 경계의 수준이 높아진다면 그들이 발붙일 곳은 점점 줄어들게 된다. 그럴 때 그들도 서서히 변화될 것이다. 이 책이 절대로 완벽한 내용을 담은 건 아니지만, 조금이나마 여러분들이 자신과 가족의 행복을 지키는데 일조하기를 바란다. 또한 착한 당신은 꼭 행복하길 바란다.